中国旅游日
China Tourism Day

2014

# 中国旅游财务信息年鉴

中华人民共和国国家旅游局
NATIONAL TOURISM ADMINISTRATION
OF THE PEOPLE'S REPUBLIC OF CHINA

中国旅游出版社

THE YEARBOOK OF CHINA TOURISM FINANCIAL

# 《中国旅游财务信息年鉴》
# 编辑委员会

# 前　言

《2014中国旅游财务信息年鉴》是一本在2014年编辑的反映2013年度中国旅游企业财务信息的工具性、学术性年刊。本年鉴通过对年度旅游企业财务效益、资产营运、偿债能力和发展能力等主要财务指标，以及人均增加值、人均财政贡献等补充指标进行统计梳理和分析评价，希望能为广大旅游财务信息使用者提供行业平均参考数据，为管理决策、行业研究、产业发展贡献微薄的力量。

2013年是我国旅游业发展史上具有深刻影响和重大意义的一年。《中华人民共和国旅游法》的颁布、《国民旅游休闲纲要》的印发、旅游行业核心价值观的推出等，对行业发展产生深远的影响。全行业坚决贯彻党中央、国务院有关精神和部署，有效应对发展过程中的矛盾与挑战，实现了旅游业持续健康较快发展。年鉴数据显示，2013年旅游企业规模仍然保持平稳增长趋势，总资产规模、固定资产规模等指标均较上年有所增长。传统旅游企业在新的市场环境下虽出现经营效益下滑，但是现金流、资金周转率等财务指标处于健康的水平，为旅游企业转型升级提供了财务保障。此外，整个行业内亮点频现，呈现出大量的新模式、新业态、新产业，一批新的旅游企业和旅游业态日益成长，为旅游产业的转型升级注入充足活力。

本年鉴由三部分组成，第一部分“研究报告”以财务信息年鉴数据、旅游类上市企业财务数据为样本，对当前旅游企业的发展形势进行研判，提出了新形势下推动旅游产业转型升级的对策建议。第二部分“统计分析”主要结合2013年度旅游企业财务信息数据从资本结构、经营规模、财务效益、社会贡献等方面对旅游企业的经营发展情况进行纵向对比评价。第三部分“行业数据”全面汇总了年度旅游企业财务信息数据，力求从多个维度客观反映旅游企业年度财务状况。

年鉴编写工作是在中国旅游及相关领域的学术界、实务界和政府管理部门的大力支持和积极参与下完成的。中国社科院财经战略研究院旅游与休闲研究室主任戴学锋及其课题组成员、宏源证券股份有限公司旅游酒店行业研究员孙妍基于年鉴数据所做的研究报告，进一步提升了旅游财务信息年鉴的学术价值。各地旅游管理部门积极组织旅游企业填报报表，为年鉴数据的最终形成做了大量基础性工作。此外，为确保数据质量，北京中瑞达财税咨询有限公司、北京久其软件股份有限公司对年鉴数据进行了审核和技术筛查工作，在此一并表示感谢。

由于统计系统仍待完善，汇总企业数据还未能反映旅游业的全貌，加之时间和水平限制，年鉴编辑中难免会存在缺憾，敬请广大读者批评指正。研究报告中有关观点只代表课题组专家意见，仅供研究分析参考。

《中国旅游财务信息年鉴》编辑委员会

2014年9月

# 目　　录

# 研 究 报 告

# 2013年中国旅游企业财务状况与行业微观透视

中国社会科学院财经战略研究院
国家旅游局规划财务司

旅游业是我国发展最早、市场化程度最高的行业之一，但如同其他行业一样，其发展过程中，难免打上社会转型发展的时代烙印。2013年，尽管受到大环境的影响，旅游企业经济效益普遍下滑，但与此前的几次下滑一样（1989年、2003年等），旅游企业抗风险能力普遍较强，旅游企业财务状况基本面良好。同时，大浪淘沙和逆水行舟的社会大环境，也为促进旅游企业重新洗牌、寻找新的增长点进而推动整个产业的转型升级提供了契机和动力。

## 一、财务效益下滑：产业转型的必要阵痛

2013年，从财务数据上看，旅游企业经营状况普遍下滑，旅游企业盈利能力并不理想。

这一财务状况是多重因素所致，既有宏观经济下滑的影响，也有各项成本升高、营改增政策实施等原因，更重要的还在于我国长期以来形成的

旅行社市场扭曲畸形的经营管理模式、饭店市场过度依赖政府消费的市场特征，从根本上已不适应社会经济转型发展的形势。因此在《旅游法》颁布、中央“八项规定”实施等政策刺激下，非理性旅游消费泡沫被进一步挤出，传统旅游企业的市场生存空间被压缩，一定程度上拉低了旅游行业的财务效益水平。

尽管旅游企业经济效益下滑，但是旅游企业的现金流、资金周转率等财务指标都处于健康水平。主要是我国市场化最早的旅游企业具有相当的抵御风险能力，各旅游企业采取各种措施，积极应对，财务状况基本面总体良好，为旅游企业转型升级提供了财务保障，为未来的资本市场收益奠定了基础，因此旅游投资依然火热。

更为重要的是，新的经济形势和政策环境，为旅游企业转变经营模式，为旅游行业调整市场结构，最终为旅游产业转型升级提供了新的发展契机，为旅游业健康可持续发展奠定产业基础。

因此，2013年中国旅游企业财务效益下滑是整个旅游产业转型发展的必要阵痛。当前旅游企业财务效益状况低迷，并不是旅游业行业财务投资回报以及行业长期发展方向的真实反映，而是旅游产业转型升级中必要的短期调整。

### （一）总体状况：旅游企业财务效益下滑

从纳入编报范围的旅游企业数据来看，2013年旅游企业的盈利水平普遍下滑，旅游企业营业利润、净利润和净资产收益率等指标均出现较为明显下降。其中，2013年全国旅游企业净资产收益率平均为3.06%，比2012年的5.04%下降了1.98个百分点；全国旅游企业总资产报酬率平均为3.08%，比2012年的3.99%下降了0.91个百分点；全国旅游企业营业利润率平均为2.52%，比2012年的4.18%下降了1.66个百分点。特别是一些以政府消费市场为主导的高端旅游业态受到较大的冲击，少数企业甚至出现现金流短缺问题。从调研情况看，2014年上半年旅游企业仍然延续了财务效益下滑的趋势。

## （二）基本认识：过度依赖畸形市场造成了经济效益下滑

### 1. 源于宏观经济态势和社会转型结构性变化的影响

任何行业的发展都难以独立运行于经济体系之外，宏观经济的波动，外部市场的变革，外部环境新特征的出现都会传导至经济中的任何一个行业，旅游业是国民经济的重要组成部分，旅游企业的发展不可避免受到整个宏观经济的影响。

2013年中国宏观经济面临下行压力，经济结构处于调整之中，这些总的宏观态势和外部大环境是旅游企业效益下滑的重要原因之一。不仅如此，当前经济、社会等领域也都处于转型改革之中，诸多问题交织在一起，整个中国消费市场呈现虚高特征，这一畸形的消费市场结构和消费行为特征，也进一步反映在旅游行业当中，使得旅游消费呈现虚高特征，政府公务消费甚至成为支撑旅游市场的重要力量之一。由此，在中央“八项规定”政策和“提倡消费节约”的环境之下，整个旅游企业不可避免受到冲击。但这种旅游市场畸形特征，并不能反映整个旅游业自身发展态势，更多是由于整个中国消费市场和宏观经济发展因素所致。

### 2. 源于旅游企业成本负担加重

旅游企业效益下滑另外一个重要原因在于企业经营成本负担日益加重，特别是在营业收入下降的情况下，逐年高企的经营成本使企业的盈利状况更加恶化。具体而言，2013年旅游企业的贷款利息支出和资产折旧费用、能源价格、劳动力成本等持续上升，使得企业营业成本压力明显。

首先，旅游行业，特别是旅游饭店和旅游景区，都属于高资本投入的行业，旅游企业往往需要承担巨额投资所形成的较高贷款利息支出和资产折旧费用。以北京某五星级饭店为例，2013 年该饭店发生固定资产折旧 6075 万元，比上年同期的 5039 万元增加 1036 万元，增幅高达 20.56%，而支付的借款利息则高达 2535 万元。

其次，近年来中国能源成本费用逐年上涨，对旅游企业造成极大压力。以饭店业的水、电、气费为例，旅游饭店餐饮业适用商业用电价格，一般商业用电比工业用电高 0.04 元 / 度，电价呈逐年上涨的趋势；水价方面，自 2014 年 5 月 1 日起，水价为每立方米 7.15 元，上调了 0.94 元 / 立方米，自 2015 年 1 月 1 日起，水价将继续上调为每立方米 8.15 元；天然气方面，2013 年 6 月起，天然气每立方米单价由 2.84 元上涨为 3.23 元，上调了 0.39 元 / 立方米①。

再次，旅游企业的人力成本高企。旅游业特别是饭店行业，大多是劳动密集型企业，劳动力成本占据较高的比重。劳动力成本的上升，直接给旅游企业带来了明显的成本上升。以某五星级饭店为例，2013 年该饭店劳动力成本高达 10036 万元，占总成本比为 32.76%，同比增加 0.97 个百分点。

3. 源于营改增带来新的成本问题

2013 年 8 月交通运输业和部分现代服务业营业税改征增值税试点开始在全国范围推广试行。这次税制改革试点有利于减少重复征税，但也带来一些新问题，部分企业税负出现了不降反增的情况，给旅游企业带来新的负担。

① 数据来源于课题组调研中旅游企业所提供的数据。

从增值税试点改革的范围来看，旅行社会展业务受本次试点改革影响较大，经测算，营改增后，旅行社会展业务的实际税收负担增加。归纳起来，影响会展业务税负的因素主要有：第一，改革尚处于试点阶段，试点只在少数服务行业展开，更多服务行业和众多会展服务环节所处领域还没有被全面纳入改革系列，会展场馆租赁、酒店餐饮等未试改服务行业无法取得增值税发票；第二，境外会展服务商及纳入试点改革行业的小额纳税人无法开具增值税发票；第三，有些预付、代付款项不能及时获得增值税专用发票，影响了当期抵扣；第四，有关政策规定不一致、不协调，不同地区有关会展税收优惠政策规定不尽一致，地方会展优惠政策尚未获得中央政策的认可，现有国家税改特殊抵扣政策没有涵盖会展行业，小额纳税人发票不能抵扣；第五，境外会展服务减免税收程序过于繁杂，有些规定和手续不太切合会展行业实际，实际受惠面有限。

4. 源于旅游市场畸形，高端市场、政府市场下降明显，但促使旅游消费回归常态

受整个中国经济发展和社会消费膨胀的刺激，整体上看我国旅游消费市场存在明显偏高的非理性特征，旅游消费的发展水平远超前于经济发展，这其中突出表现在出境旅游方面，中国出境旅游人次和出境消费水平的超速扩张已使得中国旅游贸易逆差成为极为重要的问题。旅游市场的非理性还体现于旅游消费结构的畸形特征，旅游消费中存在大量的非个人消费诸如政府消费、集团消费和企业消费，这些并非正常意义上的旅游消费，被许多旅游企业过度依赖。

因此，2012 年 12 月中央出台“八项规定”和“六项禁令”后，大量公务消费被有效遏制，相应地，那些过度依赖政府消费市场的旅游企业在 2013 年受到严重冲击，许多高档酒店、高档餐饮企业经营效益下降明显，

而那些以大众旅游消费市场为主的旅游企业则表现相对良好。

相关数据显示，某中央单位机关会议费同比下降51.7%，公务接待费同比下降73.6%；113家央企会议费同比下降38.5%，业务招待费同比下降27%，境外考察费同比下降22.8%。而从旅游企业来看，以某五星级饭店为例，2013年该饭店经营下滑明显，全年营业收入30637万元，较上年减少1576万元，减幅4.9%[①]，这其中很重要的原因在于政府市场过去是该饭店一个重要收入来源，“八项规定”出台后，政府公务旅游团队明显减少，其中临时取消已登记的政府性活动高达70多场次，直接涉及金额达1400多万元，全年来自政府市场的收入为5100万元，同比减少了2500万元，降幅达33%，政府市场占整体收入的比重也从2012年的23.6%下降到2013年的16.6%，减少了7个百分点；餐饮和会展业务收入也大幅下降，分别下降了8.8%和9.6%，这些是影响2013年整体收入下降的决定性因素。旅游消费中政府消费市场、高端旅游市场的份额下降明显，促使旅游业向“去公务化”市场特征转型，有助于旅游消费的正常回归。

5. 新的环境政策带来旅游业的调整，促使旅游发展回归理性

旅游市场的畸形特征，旅游消费的超前发展和虚高，也使得一些旅游企业出现非规范的经营状态，特别是在旅行社行业，出现零负团费、自费项目、强迫购物等非正常的经营模式，如在出境旅游市场中，由于出境旅游超前发展以及国内经济发展水平整体较低，部分旅游者并不具备出境旅游消费支付能力，仅仅出于贪图便宜心理而参加低价旅游团，从而产生零负团费并引发恶性竞争、市场混乱等一系列问题。

2013年《旅游法》的出台，对旅游者、旅游经营者及旅游主管部门各自行为做了明确规范，从根本上限制了这些非规范的经营模式，切断了

① 数据来源于课题组在调研中旅游企业提供的数据。

这部分旅游的非法利益链条。短期来看，必然导致一些原有的传统旅游企业难以适应市场要求，出现经营下滑的状况，甚至被市场淘汰，部分非法经营的小旅行社关门歇业、导游转行，整个旅行社的经营模式进入了一个新的转型时代，旅行社市场进一步分化，甚至重新洗牌。2013 年全国旅行社的平均营业利润由 2012 年的 16.3 万元下降至 12.2 万元，降幅为 25.2%。

但是，从长期来看，《旅游法》的出台能够促使旅游活动和消费的价格理性回归，消除这些现有市场虚高的消费泡沫，促进旅行社经营模式进入了一个新的转型时代，这对旅行社行业乃至旅游业的健康发展总体有利。因此，短期出现旅游企业经营状况的波动和震荡，是旅行社乃至旅游业转型发展的不可避免的调整过程。

6. 传统旅游企业拉低了行业整体效益水平

现阶段旅游行业中部分企业在经营领域、管理理念、经营模式、技术手段等方面都相对落后。具体而言，在经营领域上，传统旅游企业经营业务主要集中在饭店、旅行社、观光、团队游等传统业务上，很少涉及养老旅游、房车营地等新兴旅游业务。在管理理念上，传统旅游企业重视旅游产品和服务，忽视研发、营销管理和品牌建设等环节；在经营模式上，传统旅游企业盈利手段单一，盈利能力较差；在技术手段上，传统旅游企业主要是劳动密集型企业，不注重对新技术的运用，如互联网技术、移动信息技术、物联网技术等。

在政府消费支撑下，传统旅游企业得以生存和发展。面对市场结构的巨大转变和互联网等新技术的迅猛冲击，传统盈利渠道受阻，收益迅速下降，客户流失情况严重，财务效益下滑十分明显。由此，在 2013 年旅游企业财务数据中，我们能够看到，尽管旅游市场扩展迅速，甚至一些新业态的旅游企业效益良好，但大量传统旅游企业依然拉低了旅游行业整体的经营效益水平，使得 2013 年旅游企业总体效益出现下滑。

## （三）倒逼机制：旅游企业调整、转型和发展的契机

从表面上看，旅游业似乎正面临着新的发展危机，但这种“危机”反过来也为旅游产业的转型提供了契机，形成一个旅游业转型与调整的倒逼机制，进一步推动整个旅游业调整、转型和升级。无论从历史发展经验还是从现实情况来看，面对各种外部危机的刺激，旅游企业经营下滑只是暂时的，旅游业独特的自我修复能力强的特点，能够帮助整个行业尽快恢复并迈上新的发展平台，并与中国整体改革一起，迎来新的改革“红利”。

### 1. 旅游市场定位调整

近年来我国旅游消费市场明显偏高，旅游消费中存在大量非个人消费诸如政府消费、集团消费和企业消费，旅游消费呈现过度依赖政府的畸形消费特征，旅游市场与真实市场需求偏离明显，如果继续按照之前模式发展，将会使这种消费泡沫越吹越大，旅游行业结构越来越失衡。2013 年随着政府消费的限制和萎缩，原先依赖于政务消费的高端旅游企业迎来了严峻的考验，生存和发展的压力逼迫这些企业开始重新调整市场定位，敏锐地捕捉到市场的各种信号，积极主动适应市场变化，加快转型升级。

以北京某著名饭店为例，在政府市场受限制的情况下，该饭店积极拓展国际会议市场，努力跟上市场转变的步伐，一定程度上减缓了饭店的下滑趋势。一些高星级饭店、高档的餐饮店开始放下身价迅速转型，积极开发大众市场的产品，从以往高消费型转为高服务质量、大众化型饭店。虽然单个顾客的利润降低了，但实惠的价格往往能吸引更多的顾客，通过增加流水量仍然可以提升饭店利润。

过去几年中旅游市场扩张迅速，旅游消费过于超前，存在大量的消费泡沫，市场结构畸形。一部分地处欠发达地区的高端酒店，原本就不是正常的市场需求催生出来的，而是由政府需求催生出来的，其所在区域从一开始就没有相应的市场需求。通过对旅游市场定位重新调整，让旅游市场回归大众消费、理性消费，让那些背离市场需求的企业淘汰，让有竞争能力、创新能力的企业脱颖而出，促进旅游行业健康可持续发展。

2. 享受深化改革“红利”

中国旅游业是伴随改革开放成长起来的，甚至在很多方面引领了经济社会的改革，超前于经济社会的发展，中国旅游业的发展也一直享受着改革的“红利”，旅游业的发展史也是改革开放的历史，一直与国家经济社会体制改革紧密结合在一起。

早在 1978 年改革开放之初，邓小平就提出“旅游事业大有文章可做，要突出地搞，加快地搞”，提出“搞旅游业要把旅馆盖起来，下决心要快，第一批可以找侨资、外资，然后自己发展”，进而将旅游业与改革开放进程结合在一起，使旅游业引领了改革开放和市场化进程的推进。之后的发展历程，更进一步证明，旅游业的发展总是与国家整体的发展结合在一起，只要是社会经济进入新的关键时刻，旅游业总会被置于一个关键的地位，这个时候对于旅游业来说也都是极好的发展契机。如 1986 年中国经济出现外汇短期、外贸出口下滑等问题，国家便将旅游业纳入国家经济发展计划，设立了每年 5 亿元的旅游发展基金；1998 年亚洲金融危机、2003 年非典危机、2008 年的全球金融危机，这些经济社会发展的关键时刻，也都是旅游业创新发展的核心节点，一系列改革和创新也都是在这个时点推出的。

经过 30 多年的发展，旅游业日渐成熟，市场机制在旅游业发展中的基础配置作用日益加强，这一市场化的进程也持续地改善了旅游资源的配置状态，提升了旅游企业的绩效，推进了旅游产权的多元化。

2013 年，我国经济社会发展跨入新的阶段，面临经济下行、消费不振、效益降低等问题，旅游企业财务效益出现下滑。但从另一方面看，中国政治、经济、社会、文化等多方面均进入改革攻坚期，整个社会都迎来了改革的新阶段，中国旅游业被迅速卷入到变革大潮之中，更多地和金融、财政、土地、城乡体制等大改革紧密结合在一起，甚至成为一些关键领域改革的前沿阵地。中国旅游业改革正与中国整体改革一起，向纵深发展，走向攻坚期，迎来新的改革“红利”。

3. 旅游企业能迅速适应市场的变革和调整

2013 年旅游企业面对市场状况的新变化，面对宏观经济的新形势，都在积极调整和转型升级，不仅在市场定位方面从政府市场转向非政府市场，而且在业务经营方面也不断调整，根据新的市场定位及自身资源，调整经营手段和方向，以适应新的市场需求。具体调整包括以下几个方面：

一是新的经济形势压力让旅游企业逐渐改变以往的经营模式，将主营业务重新转向旅游业务本身。以中青旅为例，过去几年中青旅将很大一部分业务集中于房地产领域，房地产业务成为其收入的主要来源，旅行社和景区等旅游业务经营效益不佳。2013 年中青旅集团开始调整主营业务方向，将业务重点重新放回旅游业务中来，确立了“以旅行社业务为主体，以景区、饭店业务为两翼”发展战略。2013 年中青旅在房地产行业开发成本比 2012 年同比下降了 91.74%，房地产业务投入占总成本比由 2012 年的 16.94% 下降至 1.54%，而旅游业务的比重则有大幅的增长[①]。

二是积极开拓国际市场。以北京国际饭店为例，2013 年国际饭店积极拓展国际会议市场，引进安装了 Delphi 会议管理软件和 MeetingBroker

① 数据来源于《中青旅控股股份有限公司 2013 年年度报告》。

模块等先进的会议管理工具，不断推进饭店向国际化的商务会议型酒店转型，并成功接待了几个大型国际性会议，一定程度上缓轻了饭店会展收入上的损失。

三是推进产品转型与升级。为了适应市场环境，许多企业推进产品的转型。如一些高端饭店开始转型为商务功能、家庭客、会奖旅游服务，一些饭店推出养生主题、艺术主题、文化主题等，在激烈的市场竞争中分得了一杯羹，还有部分高端饭店与旅行社、景区联手，推出一系列特色服务和优质产品，以在市场上取得更多主动权。如一些高端饭店推出“周末价”“限时抢购”“家庭房”和“观景房”等特色产品。

四是充分利用闲置资源转型。面对需求量的下降，一些企业开始尝试将部分闲置资源按照市场需求进行转型。例如一些饭店将部分闲置客房转为写字楼。由于会议业务的减少，一些饭店将原来能容纳几百人的会议室切割开来，做成娱乐项目和配套设施。

五是进一步推动业态创新。旅游市场需求格局的转变，使得旅游企业重新将重点锁定在大众游客市场，旅游企业通过不断探究游客新需求，开辟产品细分市场，从而衍生出许多旅游新业态，如会奖旅游、游轮游艇、海岛旅游、房车露营等，这些新兴旅游方式受到了游客们的关注和青睐。以中青旅为例，2013年中青旅大力发展海岛旅游，巩固马尔代夫、长滩、关岛等海岛市场领先地位，并成功开拓了斐济、毛里求斯等海岛目的地市场。游客需求不断催生新业态的产生，日益激烈的市场竞争逼迫旅游企业不断开辟市场蓝海。

六是旅游企业运作更加规范。诚信规范运作是旅游企业实现稳健发展的立身之本。从医药行业开始的反商业贿赂调查以及限制“三公”消费的不断深入，使得行业秩序不断净化，规范的效应将在未来逐步体现。在社会转型发展期，在内外发展环境日益复杂的情况下，推进企业规范化运作，不仅是事关企业风险控制的大事，而且是旅游企业健康与可持续发展和持续提升公司品牌和形象的需要。

4. 旅游业将迈入一个新的发展阶段

从历史的发展来看，旅游业极具敏感性，但同时具有极强的风险抵御能力。面对各种外部危机的冲击，旅游业不可避免地会受到影响，但是旅游业总是能够最快恢复发展，并且获得更大的发展契机。

30多年来，旅游业经历过大大大小无数的发展危机，如1989年的政治风波、1997年的亚洲金融危机、1998年的特大洪灾、2003年的非典危机、2008年的全球金融危机，乃至其他恐怖性袭击事件，都迅速地波及中国旅游业。在这些危机的应对中，旅游业显示出极强市场适应力和生命力，每次旅游业都能够率先复苏并很快迈上一个新的台阶，甚至都引领整个经济社会走出危机。这是因为旅游业是市场化程度高、与多个产业相联系的服务行业，对于外部环境反应极为敏感，这种敏感一是体现在产业的脆弱性方面，外部环境的变化及极端事件的发生都将对行业发展带来打击；二是表现为产业的坚韧性方面，在各种危机事件中，从容面对并迅速调整、反弹和复苏，保持较好的财务结构，即使是传统旅游企业，依然能够迅速调整自己的经营方向、市场结构和产品结构，适应市场发展需要。

因此，2013年旅游业尽管受到宏观经济增长下行压力，受到“八项规定”带来的市场结构调整影响，但这种下滑只是暂时的，旅游业一定能够很快企稳，并进入新的发展阶段。

## 二、行业微观面：内容和结构较好

当前旅游企业财务效益状况的低迷并不是旅游业行业财务投资回报

以及行业长期发展方向的真实反映，而是旅游产业转型中的必要的短期调整。大量传统旅游企业在新的环境下生存困难，进而拉低了整个行业的财务效益。从旅游业的微观运作来看，旅游行业整体内容和结构依然向好，整个行业内亮点频现，呈现出大量的新需求、新市场、新商机、新模式、新业态，折射出了中国旅游业未来的发展方向。

### （一）新阶段下旅游业基本面向好

1. 市场判断：旅游业进入全民休闲时代，迈入快速发展通道

中国经济的飞速增长，社会和个人生活的持续变革，人们旅游需求的持续释放，旅游已成为人们的基本生活方式之一，旅游日益大众化、平民化，不同收入水平和阶层的国民都能够参与到旅游活动中来，一个庞大的游客群体日渐形成，整个中国进入旅游休闲时代。2013 年中国国内旅游人次突破 30 亿人次，达到 32.6 亿人次①，比上年增长 10.3%。大众化全民化旅游休闲时代的到来，国内居民旅游需求的进一步释放，为中国旅游业的发展带来了庞大的市场和消费空间，为中国旅游业进入爆发式的高速发展阶段奠定了坚实基础。

2. 市场调整：旅游消费回归常态

2013 年新的经济形势和政策环境，凸显了传统旅游发展模式的弊端和虚高的消费态势，极好地挤出旅游市场的各种泡沫，打破了传统以政府市场为主的消费格局。借助于这一市场倒逼机制，许多旅游企业开始调整市场定位，改变以往过度依赖政府消费、集团消费和企业消费等非个人消费的市场格局，使旅游消费回归正常，为旅游企业经营模式的转变以及整

① 数据来源于国家统计局：《2013年我国国民经济和社会发展统计公报》。

个行业的健康可持续发展奠定基础。

3. 行业现象：资本日益进入旅游业，旅游业仍然在扩张

虽然2013年全国旅游企业财务效益不理想，但是中国旅游市场巨大的潜力依然吸引了大量的旅游投资，越来越多的资本进入旅游业中。在宏观经济下行的大环境之下，中国旅游企业的投资规模持续扩大，整个旅游行业正在逆市而上。

从纳入财务信息编报范围的旅游企业数据来看，2013年旅游企业平均实收资本净额持续上升，全国旅游企业实收资本净额平均为1093.08万元，相比2012年的1005.42万元呈现增加态势。2013年全国旅游企业的资本积累率和总资产增长率分别达到8.13%和10.45%。这些数据表明，2013年旅游业仍然处于扩张态势。

从行业发展来看，高端饭店依然发展迅速。万豪在中国有100多家饭店正在筹建之中，预计到2016年，万豪国际集团将在亚洲区内16个国家及地区管理约330家饭店；喜达屋酒店集团计划2014年底在三亚和海口拥有的饭店将达到15家，并正在中国二三线城市积极扩张；凯悦酒店集团在中国也有超过40个饭店项目在建设之中；万达集团从2012年开始投资饭店，两年间数量已达54家。据不完全统计，2014年将有10余家高端饭店在京开业。其中既有华尔道夫、文华东方等外资奢华品牌，也有万达嘉华、诺金等内资品牌。

从社会资本投资来看，现时越来越多的资本在进入旅游业，房地产行业的前100名房企中至少已有三分之二介入了旅游，这其中包括华侨城、世茂股份、宋城股份、中坤集团，招商、保利、万达、龙湖、金融街、雅居乐等。

## （二）旅游企业财务运营良好

1. 旅游企业财务结构总体良好

尽管2013年旅游企业整体的财务效益不好，企业盈利能力不理想，但是从企业的财务状况来看，企业的资本结构、企业偿债能力、企业资产利用率等其他的财务指标较为健康，企业的财务结构总体良好。数据显示，2013年全国旅游企业资产负债率为55.69%，与2012年的55.74%基本持平；2013年全国旅游企业流动比率为108.66%，比2012年的110.86%略微下降，短期偿债风险不大；2013年全国旅游企业的速动比率为108.66%，保持了较为合适的水平；2013年全国旅游企业流动资产周转率平均为150.56%，相对较高，资产利用效率表现良好，但比2012年的156.32%小幅下降；2013年全国旅游企业存货周转率为3.52次，比2012年的2.0次有所增长。从总体上看，旅游企业资产的流动性较好，财务结构指标较为健康。

2. 传统和新兴旅游企业财务效益呈现结构性分化特点

不同类型、不同业态的旅游企业之间的经济效益存在着显著的差异，大量传统旅游企业在经营领域、管理理念、盈利方式、技术手段等方面较为落后和保守，其盈利能力较弱，拉低了行业整体效益水平，而另外有一批新兴旅游企业迅速成长，财务效益状况普遍良好，显示出了极高的成长性。

以旅行社企业为例，传统旅行社以自身能力为限，只能经营“线下”游客的招徕、接待服务等工作，盈利点十分有限；而新兴旅行社，兼备“线上、线下”的旅游业务，而且能提供票务预订、差旅管理、虚拟旅游等服务内容，盈利点大大增加。如携程、去哪儿、途牛等在线旅游企业，通过互联网，使用网络平台，提供各类旅游服务，满足游客的个性化需求。数据显示，2013 年全国旅行社平均营业利润为 12.21 万元，比 2012 年下降 25%。2013 年携程营业利润分别为 83800 万元，相比 2012 年增长 28%。类似的同程网、蚂蜂窝、穷游网、在路上、面包旅行等中小型在线旅游公司也在 2013 年迎来了较快的增长。

## （三）旅游企业出现新亮点、新趋势

### 1. 在线旅游等新的运营模式发展迅速

旅游市场需求结构的转型导致了旅游企业商业模式的转型。近年来特别是 2013 年以来，发展速度最快、发展态势最好的是依托现代技术、面向散客和大众市场的业态，如经济型酒店、在线旅游服务等。

以在线旅游为例，2013 年在线旅游公司继续保持快速发展。艾瑞咨询数据显示，2013 年中国在线旅游市场交易规模达 2181.2 亿元，同比增长 27.7%[①]。以几家上市公司销售额为例，携程、去哪儿、艺龙、途牛在 2013 年全年营收额分别高达 57 亿、8.5 亿、10.79 亿、19.62 亿元，比 2012 年分别增长 30%、69.6%、35%、75.2%，增长较为明显。此外去哪儿网和途牛旅游网成功登陆纳斯达克更是给在线旅游行业打了一剂强心针。

在线旅游的迅速崛起也促使一些传统旅游企业转变经营模式。以中青旅为例，2013 年中青旅积极导入互联网思维，确立遨游网的平台化发展方向，探索三大渠道线上线下有效融合的协同模式，打造方便快捷的 O2O 旅游电商平台，进一步深化旅行社业务的整合与协同。2013 年，在国内经济增速下滑、严控“三公”消费、华东地区禽流感、四川地震等多重不利因素的叠加下，公司旅行社业务收入较 2012 年保持平稳增长。

① 艾瑞咨询报告：《2014年中国在线旅游行业年度监测报告》。

2. 新型旅游业态成长良好

随着旅游业与其他产业的不断融合，很多新兴旅游业态应运而生。这些新兴业态在原来传统旅游业态的基础上经过产业间不断发展、演变、融合、创新，逐渐成为构建整个“大旅游业”的新生力量和主力军。与传统旅游业态提供同质化的产品和服务不同，新兴旅游业态主要是面向大众市场，满足旅游者的个性化需求，产品差异化明显。由于新兴业态定位在大众消费市场，所以受政府消费冲击不大，新型旅游业态效益明显高于传统旅游企业。

以游轮旅游为例，据去哪儿网发布的《2013 游轮旅游市场报告》①，2013 年国内游轮游迎来大爆发，市场规模增速达 103%。国内旅客人数增长 20%，达到 140 万人次。2013 年年底，国内最大的在线旅游公司携程便一口气推出了 15 艘独家游轮航次的 2014 年游轮规划，创造了我国游轮旅游行业的新纪录。从携程网的统计来看，2014 年春节游轮游客占总出境游人数近一成，人数比 2013 年翻番。游轮旅游良好的发展势头有望得以延续。

3. 旅游企业的资本运营效益较好

很多的旅游项目投资，往往不是简单的一般性项目投资，而是一种长远的资本项目投资。从资本效益角度来看，旅游业是一个适合长远投资的极佳行业，一是行业内有很多沉睡的资源在等待发掘并转换为优质资产，如未开发景区；二是旅游业和其他行业的融合度高、可转换性强，一旦市场发生变化，可以迅速向健康、养老、教育、地产等行业转换；三是行业现金流强，系统性风险低。因此，在高通胀、投资渠道不畅的社会经济环境下，旅游业目前能够为闲置的社会资本提供良好的避风港，未来会以倍

① 数据来源：2013年8月去哪儿网发布的《2013游轮旅游市场报告》。

增速度给投资者带来良好的资本杠杆效益。以乌镇旅游的投资为例，2009年7月1日，国际著名风险投资机构IDG以4412万元人民币入股了乌镇旅游，占其15%的股份。4年之后，2013年7月23日，IDG成功退出，以4.14亿元的价格将股份转给了中青旅，4年的收益率高达800%多，震撼了资本市场。

旅游企业良好的资本运营效益受到了资本市场的高度关注，越来越多的资本开始进入旅游业。以在线旅游为例，在2013年，资本力量和互联网巨头开始纷纷染指在线旅游行业。阿里巴巴投资穷游网、八爪鱼在线旅游获得1.5亿元融资、途牛融资6500万美元等，在线旅游行业在资本的注入之下，造血功能得到强化，竞争力也在不断增强。

在资本市场火爆的同时，一些关于旅游资本运作的平台也应运而生。2013年9月29日，全国第一家旅游资源交易平台北京旅游资源交易平台在北京产权交易所正式启动。资本市场的青睐改变了旅游资本经营模式，通过资本运作对旅游业进行整合成为未来旅游业发展的一个新趋势。

4. 新技术型旅游企业增长迅速

随着科学技术的进步，信息技术和智能化应用逐渐改变着人们的生产和生活方式，人们的出游方式、资讯来源、交易手段都发生了翻天覆地的变化。与此同时，一些新的技术也被不断地运用到旅游业中来。例如，很多旅游目的地和景区开始运用手机APP客户端、微信、微博以及微电影等进行营销推广，部分景区还应用互动电子LED展示系统、自动售票平台、云服务后台管理系统等技术进行智能升级。

高新技术对旅游业的渗透，也使旅游业呈现出了前所未有的新面孔。越来越多的旅游企业开始以技术为导向进行创新，一些新技术旅游企业迅速发展。例如，慧评网是一家通过分析旅游饭店类网站的点评数据，为饭店提供提升方案的网站。其利用先进的中文语义分析技术，针对饭店需求，聚合并分析网络上的顾客消费体验，创立了反映顾客真实情感的“观点数据库”，精准地匹配人的需求。以此为基础，慧评网相继推出了酒店慧评、酒店名片等一系列服务产品，帮助饭店提升品牌形象和服务品质，提高直销能力和收益能力。

5. 新的市场运营空间扩大

“八项规定”“六项禁令”等厉行节约措施的出台让很多过去火爆的市场出现异常的冷清，然而在危机的背后同样出现了很多新的商机。以公车改革为例，本次公车改革，将取消副部级以下领导干部用车和一般公务用车，对参改人员适度发放公务交通补贴。公车改革将促生一批专门为机关单位服务的租车公司，政府未来的一些公务用车需求将由社会化的租车公司来提供，这也让旅游汽车公司迎来了新的市场空间。

## 三、对策建议：打造中国旅游产业的升级版

新的形势下，如何推动旅游产业的转型升级则是关键所在。未来，需要进一步推动旅游业的改革，推动旅游业转型升级，包括理念、市场、产品、管理、政策等方面的转型升级，以打造中国旅游产业的升级版。为此，应做好以下几方面的工作。

### （一）推进旅游市场定位转型：大众旅游

随着国民大众旅游消费时代的到来，旅游业发展方式在悄然转型。从长期看，旅游消费需求将保持持续稳定增长，老百姓常态化的旅游需求将

是未来一段时间内我国旅游市场需求的主力。大众旅游消费光明的前景，为旅游企业的转型指明了方向。过去几年，旅游业的发展过于依赖政府市场，企业偏向高端定位，脱离了市场的实际需求。这次公务消费的改革给旅游餐饮行业敲响了警钟。在未来的转型中，旅游企业应及早谋变，转变思路，深耕市场，把更多产品和服务定位在以散客、个人为目标群体的大众旅游需求上，让旅游重新服务于大众。

## （二）加快旅游产品转型：产业融合

旅游业是一个关联性极强的产业，它与很多产业之间存在着交叉，并有很强的互补性。这使得旅游业可以与健康产业、养老产业等相关产业融合，发展出具有高附加值的旅游产品。这些旅游新产品、新业态及由其引致的新需求在内涵和外延两方面能丰富旅游产业集群的内容，培育和提升旅游产业的核心竞争力，从而实现“部门经济”到“产业联动”的转变，推进旅游产业结构化的优化与升级。旅游业和其他相关产业相互渗透，融合发展，不断创造出新的旅游产品和旅游业态是旅游业未来发展的一个新方向。

## （三）扩大旅游企业开放，吸引社会资本进入，发展混合所有制

旅游企业的资本结构也是制约旅游业发展的一个重要问题。2013 年旅游企业资本中，国家资本依然占据较大的比重，高达 25%。旅游业本应该是一个竞争非常激烈的行业，但由于当前国有资产在旅游业行业所占比重过高，且国有资产单体巨大，严重制约了旅游行业的市场化，使旅游行业无法实现充分完全竞争，这是旅游行业企业效率较低的重要原因，在一定程度上制约了旅游业的发展。

因此，旅游业的发展需要扩大旅游市场面向社会资本的开放程度，积极发展混合所有制经济。国有资本、集体资本、非公有资本等交叉持股、相互融合的混合所有制经济，是基本经济制度的重要实现形式。它有利于国有资本放大功能、保值增值、提高竞争力，有利于各种所有制资本取长补短、相互促进、共同发展，可以增强企业的活力，改善和优化运营效率，提高经济效益。

党的十八届三中全会作出了全面深化改革的重大决策部署，把发展混合所有制经济作为完善基本经济制度、深化经济体制改革的重要举措。旅游行业应该积极响应政府决定，优化旅游业内部的资产结构，加快发展混合所有制经济，积极吸收社会资本进入，增强旅游业的活力，保障旅游行业的充分竞争。

### （四）进一步推动资本的运营和运作，实现旅游资产证券化

旅游业内存在许多优质的旅游资产，存在着极大的商业开发价值，但由于资本流动不畅，旅游企业的潜在资本价值不能得到充分体现，众多的优质旅游资产处于“沉淀”状态，未能在资本市场中充分显现其效益。

2013 年北京旅游资源交易平台的建立以及各大投行对旅游行业的高度关注，证明了旅游资本市场的巨大吸引力。新的市场经济时代要求旅游资产能够有效地流动和重组，并在资本运作和流动中获得重新配置和最大升值。

为此，未来中国旅游业应进一步加快对旅游企业产权交易平台和旅游资产证券化等新型旅游资本运作模式的研究，构建及时、有效、安全的国际化产权交易平台和市场，促进资产的有效流动，借助产权交易，释放旅游资产能量，推动旅游业跨越式大发展。

## （五）组建大型旅游集团，实现产业链整合

当前我国旅游业存在经营分散、规模弱小、管理落后、活力不足、效益低下等问题。旅游产业要想实现融合发展，需要进行跨所有制、跨产业和行业的整合，需要对整个产业链进行整合，由于旅游集团具有规模优势和资源整合能力，通过组建大型旅游集团，可以迅速推进旅游产业链组合。具体而言，首先旅游集团可以组建财务公司，将旗下各企业的富余现金集合在一起，然后将其以较低的贷款利率在集团内部借贷，为企业提供资金保障；其次，集团借助规模优势，通过与银行合作，以获得银行大规模的整体综合授信额度，为旗下企业融资提供便利；再次，旅游集团旗下有多个业态资源，比如景区、旅行社、旅游饭店、汽车租赁等，这样可以将旗下的一些闲置资源整合再利用，最大化地盘活资源；此外，旅游集团还拥有成本优势、品牌影响力优势等。一个大型的旅游集团往往能够成为带动整个区域旅游行业的发展引擎，能够提升旅游业的整体竞争力。因此，条件成熟的地方政府应加快组建大型旅游集团的步伐，以推进地方旅游产业的转型升级。

## （六）强化旅游公共服务供给

当前，中国旅游业和旅游市场正进入到一个突变的改革阶段，旅游市场日益革新，游客散户化、休闲化特征明显。相比于团队游客，自助的散客更加需要一个健全的旅游公共服务体系，为其整个旅游过程提供更便捷的服务。而现实中旅游公共服务发展却相对滞后，在供给总量和质量上都存在诸多的不足。因此，政府应围绕旅游公共信息服务、旅游公共交通服务、旅游集散体系、旅游服务中心、旅游厕所、停车场、旅游监控综合

平台、旅游安全救援、自驾营地、旅游卡、旅游志愿者服务、旅游公益惠民等建设重点，在供给的总量和质量上不断提升旅游公共服务的供给水平；将旅游公共服务建设纳入政府的职责范围之中，纳入城市公共服务建设中，纳入城市规划中，纳入政府的财政预算中，为旅游公共服务提供良好的基础发展环境；明确旅游公共服务的责任部门，建立一个跨部门的建设机制，以及社会化的多元供给机制；将旅游公共服务体系发展与游客需求、旅游市场变化以及旅游业的演进结合在一起，使得旅游公共服务体系真正服务民生，进而将旅游公共服务体系发展导入正轨、面向前景。

### （七）加大并落实政策支持

旅游市场需求潜力巨大，但是这些潜在需求的释放需要政策支持和相应的制度保障。现阶段，保障机制的缺失是当前旅游业发展面临的一个重要症结，特别是我国旅游行业正处于转型期，面临着消费市场格局的巨大变革，一些企业面临着收入大幅减少，人工成本、能源价格不断上涨、贷款利率优惠取消等诸多困难，企业经营形势较为严峻，甚至影响到了企业的生存和发展，旅游企业亟须政府出台相关政策予以扶持。具体来说：

一是推进高速公路收费改革以释放短途旅游需求。近几年来，短途休闲游市场发展迅速，但是在我国现行高速公路收费制度下，收费高、服务差是高速公路的两大顽疾，高速公路费用增加了短途旅游的交通成本，在一定程度上影响了短途旅游的市场需求。若高速公路能够在周末实行免费，就能将短途旅游需求在平时的周末很好地释放，而非在节假日集中释放，高速公路收入的损失可以通过延长收费期限进行补偿。

二是进一步调整优化假期制度的安排，释放居民旅游需求。长线旅游需要稍长假期的时间保障，现阶段只有在黄金周才能满足，但是巨大的长线旅游需求在黄金周集中释放会带来很多问题。如果带薪休假制度得以实施，就能让这些需求持续稳定地释放，这对旅游业的发展是一个极大的支持。

三是继续强化税收政策支持力度。旅游企业需要一个宽松的税收环境，适当进行税费减免或返还，同时在营改增的税收改革上考虑一些旅游特定行业如会展业的实际情况，真正做到为旅游企业减轻负担。

四是落实能源价格政策。在能源价格方面，需要政府根据《关于加快发展旅游业的意见》（国发〔2009〕41号）等文件精神，对“宾馆饭店与一般工业企业同等的用水、用电、用气价格”进行落实。

五是加大对旅游企业和旅游项目的金融支持，这包括加大对旅游企业和旅游项目的融资授信支持，合理确定贷款期限和贷款利率；符合条件的旅游企业可享受中小企业贷款优惠政策；对有资源优势和市场潜力但暂时经营困难的旅游企业，金融机构要按规定积极给予信贷支持；进一步完善旅游企业融资担保等信用增强体系，加大各类信用担保机构对旅游企业和旅游项目的担保力度。

六是落实优化旅游开发用地土地政策。在确定年度地方土地供应时，要适当增加旅游业发展用地；进一步细化利用荒地、荒坡、荒滩、垃圾场、废弃矿山、边远海岛和石漠化土地开发旅游项目的支持措施；鼓励农村集体经济组织以集体经营性建设用地使用权入股、联营等形式与其他单位、个人共同开办旅游企业。

### （八）强化社会闲置资源的再利用

随着社会经济的不断发展，企业生产能力的不断过剩和市场竞争的不断加剧，一些特殊行业的企业普遍存在部分资源闲置的问题。这些资源即使处于闲置的状态，也同样会有折旧、损耗或者耗费人员的管理成本。因此，如何盘活此类闲置资产、提高资产的利用率，进而为企业增加经济效益，将是整个社会共同面临的问题。旅游企业具有很高的融合性，很多闲置资源都能够融入旅游中进行再利用。例如，我国高铁淡旺季明显，在淡季时上座率非常低，车厢闲置现象十分严重，造成大量的资源浪费，如果高铁能够与旅行社合作，将闲置车厢以相对较低的价格出售给旅行社，让旅行社为其带来大量的客源，就可以更好地利用资源，让合作双方皆收益。

# 2013年上市旅游企业财务效益研究报告

宏源证券股份有限公司
国家旅游局规划财务司

## 一、上市旅游企业的基本特征

我们从上市公司业态、企业性质、企业规模及空间分布四个方面，对29家样本上市旅游企业2013年的财务数据进行了比较分析，发现旅游类上市企业中景区类企业占比最高，企业性质多以国有企业为主，规模以大型企业为主，空间分布主要集中在东部发达城市。另外，我们还结合8家国外上市的旅游企业的财务数据，分析国内上市企业和国外上市企业的差异及其产生差异的原因。国外上市的旅游类企业包括3家国内企业和5家国外企业。具体分析如下：

### （一）样本情况

表1　2013年国内上市旅游企业业态分布

| 企业类别 | 样本企业数量（家） | 所占比例（%） |
| --- | --- | --- |
| 旅游景区类 | 12 | 41.38 |
| 旅游饭店类 | 6 | 20.69 |
| 旅行社类 | 5 | 17.24 |

续表

| 企业类别 | 样本企业数量（家） | 所占比例（%） |
|---|---|---|
| 餐饮类 | 3 | 10.34 |
| 其他旅游企业 | 3 | 10.34 |

资料来源：宏源证券、上市公司公告

**表2　2013年在国外上市旅游企业业态分布**

| 企业类别 | 样本企业数量（家） | 所占比例（%） |
|---|---|---|
| 旅游景区类 | 1 | 12.50 |
| 旅游饭店类 | 2 | 25.00 |
| 旅行社类 | 5 | 62.50 |

资料来源：宏源证券、上市公司公告

根据上市公司主营业务中各业务的分类，同时参照公司的经营战略，我们把旅游类上市企业划分为5大类：把景区业务收入占比超过50%的上市企业划分为旅游景区类上市企业，主要包括丽江旅游、黄山旅游、宋城股份、峨眉山A、大连圣亚、三特索道、北京旅游、西藏旅游、桂林旅游、张家界、世纪游轮、云南旅游12家上市企业。把宾馆酒店业务收入占比超过50%以上的企业划分为旅游饭店类上市企业，共包括新都酒店、华天酒店、金陵饭店、锦江股份、东方宾馆、首旅酒店6家上市企业。餐饮业务占比达到50%以上的企业划分为餐饮类旅游上市企业，主要有全聚德、湘鄂情和西安饮食3家上市公司。把旅行社业务占比超过50%的上市企业划分为旅行社类上市企业，主要有中青旅、中国国旅、国旅联合和众信旅游、腾邦国际5家上市公司。另外，把业务种类比较复杂，主要是地产业务和旅游服务占比较高的上市企业划分为其他类上市企业，共3家，包括华侨城A、九龙山、西安旅游。

从样本上市旅游企业数据的结果分析来看，2013年上市旅游企业以旅游景区为主，其所占比例达到41.38%，旅游饭店类和旅行社类上市企业占比相当。

从全国旅游企业的分布来看，旅行社数量所占的比率达到了60%以上，但上市的旅行社家数却只有5家，说明我国的旅行社还是呈现数量多、规模小、集中度低的特点，具有重要影响力的企业数量有限。旅游景区类的企业在所有旅游企业中占比不到10%，但旅游景区类上市企业却占据了旅游行业上市企业的一半，其中多为国有性质的传统景区企业。

报告中引入的国外上市的旅游类企业分别是景区类企业迪士尼；旅游饭店类企业如家、洲际；综合旅游类企业携程、艺龙、Expedia、Tripadvisor、Priceline。

引入的8家国外上市公司的主营业务介绍如下表所示：

**表3　国外上市公司主营业务介绍**

| 公司名称 | 主营业务 |
|---|---|
| 迪士尼 | 电影与电视、音乐、主题公园、度假酒店、玩具、儿童书籍、周边商品等 |
| 如家 | 经济型连锁酒店 |
| 洲际 | 星级酒店、精品酒店及酒店管理 |
| 携程 | 旅游服务网站（酒店预订、机票预订、旅游度假、美食订餐及旅游资讯） |
| 艺龙 | 在线旅游服务（提供酒店、机票和度假等全方位的旅行产品预订服务） |
| Expedia | 旅游服务网站（提供机票预订、酒店预计、汽车出租、游船等服务） |
| Tripadvisor | 旅游服务网站（旅游信息、酒店索引、酒店选择工具、酒店房价比价搜索等服务） |
| Priceline | 旅游服务网站（机票、酒店、租车、旅游保险） |

资料来源：宏源证券、上市公司年报

## （二）企业性质：以国有企业为主

**表 4　2013 年国内上市旅游企业性质结构比例**

| 企业类别 | 样本企业数量（家） | 所占比例（%） |
|---|---|---|
| 国有及国有控股企业 | 19 | 65.52 |
| 私营企业 | 9 | 31.03 |
| 中外合资 | 1 | 3.45 |

资料来源：宏源证券、上市公司公告

从企业的性质来看，上市旅游企业中国有及国有控股企业较多，共有 19 家，占到了上市旅游企业的 65.52%，较 2012 年比例有所下降；私营企业所占比例为 31.03%，在我国鼓励民间资本投资旅游业的大背景下，私营旅游企业有望在未来有更多的上市机会。相比而言，外资和中外合资类的上市旅游企业很少，只有 1 家。

## （三）企业规模：以大型企业为主

**表 5　2013 年国内上市旅游企业规模分布情况**

| 企业类别 | 样本企业数量（家） | 所占比例（%） |
|---|---|---|
| 大型企业 | 28 | 96.55 |
| 中型企业 | 1 | 3.45 |

资料来源：宏源证券、上市公司公告

从企业的规模来看，上市旅游企业以大型企业为主，大型企业占到了 96.55%，中型企业占比为 3.45%。①

① 对于企业规模的划分是参照企业的从业人数和销售额来划分的，大型旅游企业的标准是从业人数在300人以上，年销售额在10000万元以上；中型旅游企业的标准是从业人数在100～300人之间，年销售额在2000万元至10000万元之间；小型旅游企业标准是从业人数在100人以下，年销售额在2000万元以下。

## （四）区域分布：主要集中在东部发达地区

**表6　2013年国内上市旅游企业区域分布**

| 地　区 | 样本企业数量（家） | 所占比例（%） |
|---|---|---|
| 北　京 | 7 | 24.14 |
| 广　东 | 4 | 13.79 |
| 上　海 | 2 | 6.90 |
| 云　南 | 2 | 6.90 |
| 湖　南 | 2 | 6.90 |
| 江　苏 | 2 | 6.90 |
| 陕　西 | 2 | 6.90 |
| 四　川 | 1 | 3.45 |
| 湖　北 | 1 | 3.45 |
| 西　藏 | 1 | 3.45 |
| 辽　宁 | 1 | 3.45 |
| 重　庆 | 1 | 3.45 |
| 广　西 | 1 | 3.45 |
| 浙　江 | 1 | 3.45 |
| 安　徽 | 1 | 3.45 |

资料来源：宏源证券、上市公司公告

从空间分布来看，我国上市旅游企业多分布在东部沿海地区，北京、广东、上海和江苏都有多家上市旅游企业。北京上市旅游企业最多，占到了24.14%；广东所占比率也较高，达到13.79%。西部地区上市旅游企业相对较少，但随着国家西部大开发战略的深入，中西部地区可以依托自己独特的旅游资源和文化提升地区在旅游行业的竞争力，未来中西部地区的上市旅游企业数量有望进一步提升。

# 二、上市旅游企业财务效益分析

## （一）上市旅游企业整体情况分析

表 7　2013 和 2012 年上市旅游企业效益情况

单位：%

| 财务指标 | | 全国旅游行业企业 | | 全国旅游上市公司 | | 旅游上市公司（加国外） | |
|---|---|---|---|---|---|---|---|
| | | 2013 年 | 2012 年 | 2013 年 | 2012 年 | 2013 年 | 2012 年 |
| 盈利能力 | 净资产收益率（%） | 3.06 | 5.06 | 11.66 | 12.84 | 14.26 | 15.48 |
| | 总资产报酬率（%） | 3.08 | 3.99 | 7.26 | 7.71 | 11.24 | 11.86 |
| 营运能力 | 销售利润率（%） | 2.52 | 4.18 | 14.39 | 14.33 | 20.47 | 20.69 |
| | 成本费用利润率（%） | 3.54 | 4.92 | 19.40 | 18.56 | 26.31 | 26.74 |
| | 总资产周转率（%） | 59.62 | 63.53 | 47.46 | 51.98 | 54.54 | 56.62 |
| | 流动资产周转率（%） | 150.56 | 156.32 | 86.03 | 98.90 | 173.78 | 184.29 |
| | 存货周转率（次） | 3.52 | 2.00 | 85.04 | 105.26 | 460.09 | 550.85 |
| | 应收账款周转率（次） | 16.44 | 20.03 | 24.66 | 24.07 | 7.08 | 7.03 |
| 偿债能力 | 资产负债率（%） | 55.68 | 55.74 | 55.21 | 54.90 | 46.35 | 48.30 |
| | 流动比率（%） | 108.66 | 110.86 | 133.67 | 141.40 | 142.94 | 133.65 |
| | 速动比率（%） | 93.75 | 88.57 | 53.90 | 61.15 | 108.62 | 104.26 |
| | 长期资产适合率（%） | 160.69 | 160.75 | 246.61 | 252.14 | 256.23 | 250.94 |
| 发展能力 | 销售增长率（%） | –0.86 | 13.19 | 7.95 | 17.49 | 6.65 | 7.91 |
| | 资本积累率（%） | 8.13 | 7.99 | 15.36 | 10.49 | 13.34 | 4.19 |
| | 总资产增长率（%） | 10.45 | 11.17 | 15.95 | 10.79 | 10.08 | 7.67 |

资料来源：国家旅游局、上市公司公告、宏源证券

1. 从企业盈利能力来看，旅游类上市企业明显高于旅游行业企业的平均水平。这一现象的主要原因一方面是由于上市企业本来就是行业内的佼佼者，本身的盈利能力就强于行业内的其他公司；另一方面，相关公司要上市，必须在净利润方面达到固定数额，只有盈利能力强、利润高的企业才能够成为上市企业。也就是说，盈利能力本来就是遴选上市企业的重要标准，所以旅游行业上市企业的盈利水平远高于旅游企业也就是显而易见了。对比 2012 年数据，2013 年上市企业的盈利数据都有不同程度的下滑，加入国外上市公司后，相关数值有明显提高。以净资产收益率为例，峨眉山、张家界、桂林旅游 2013 年的净资产收益率同比下降均超过 100%，导致了 2013 年国内上市企业的数据下滑；而迪士尼的净资产收益率为 14.41%，Tripadvisor 的净资产收益率为 25.82%，Priceline 的净资产收益率为 35.03%，洲际酒店的净资产收益率甚至高达 73.57%，与 2012 年相比基本持平，因此国外上市企业较高的净资产收益率拉升了总体的净资产收益率，从趋势上看并没有明显的下降。

2. 从企业营运能力来看，上市企业和一般企业在总资产周转率方面差别不是很大；流动资产周转率、存货周转率、应收账款周转率略高于国内行业平均水平；旅游行业中不同子行业的存货水平也存在比较大的差距，相对来说，景区类的上市企业存货水平占总资产的水平比较低，而餐饮、酒店类上市企业存货占总资产的比率相对比较高，因而子行业所呈现出来的不同特点还要再进行分析。对比 2012 年数据，上市企业的营运能力指标变化不大。加入国外上市企业后，总资产周转率有所下滑，流动资产周转率、存货周转率、应收账款周转率均上升明显。具体来看，如家、洲际、首旅酒店的高存货周转率提升了总体的存货周转率。

3. 从企业偿债能力来看，2013 年上市企业的资产负债率略有上升，与全行业企业数据基本持平。上市公司的流动比率较高，体现出流动资产对流动负债较强的保障能力，而速动比率较低，主要由于上市样本公司中华侨城涉及大量房地产业务而带来的较大存货值。长期资产适合率从企业资源配置结构方面反映了企业的偿债能力，从维护企业财务结构稳定和长期安全性角度出发，该指标数值较高比较好，但过高也会带来融资成本增加的问题，理论上认为该指标≥ 100%较好。由于上市企业所有者权益数值相对较大，因而上市企业在长期资产适合率方面高于一般的旅游行业企业。加入国外上市企业后，资产负债率有所下降，而流动比率、速动比率均有所上升。

4. 从企业增长能力来看，2013 年上市企业与一般旅游企业的销售增长率都明显下滑。具体来看，上市企业的销售增长率下滑 9.54 个百分点至 7.95%，而全行业销售增长率由 2012 年的 13.19% 下降至 –0.86%。可以看出，上市企业不但在过去的盈利水平上高于一般企业，从企业的成长状况和发展能力上来看同样具有明显的优势。资本积累率是企业所有者权益增长额同年初所有者权益的比率，反映了企业当年资本的积累能力，该指标越高，表明企业的资本积累越多，企业资本保全性越强，应付风险、持续发展的能力越大。相比一般企业，上市企业在股权融资上的优势更大，选择更多，因而在资本积累方面明显占优，其持续发展的能力也更强。总资产增长率衡量的是企业本期资产规模的增长情况，用以评价企业经营规模总量上的扩张程度。上市企业总资产增长率略高于一般企业，反映了上市企业整体上并不存在着盲目扩张的问题。加入国外上市公司后，资本积累率和总资产增长率都有一定程度的下降，可以看出国内旅游业的资产投资仍较为旺盛。

对比 2012 年的数据，全国旅游上市公司的总资产增长率和资本积累率均有明显的上升，这是由于年内中国国旅投资三亚海棠湾免税城、宋城股份布局三亚千古情、丽江千古情等多处主题演艺，使得所有者权益及资产规模迅速增加；上市企业的存货周转率在 2013 年有明显下滑，主要源于华侨城年内存货增加。2013 年国内上市企业净利润同比增长 7.95%，加入国外上市企业后，增长能力出现下降，主要由于收入规模较大的洲际酒店、迪士尼的销售增长率明显低于国内上市企业总体水平。值得关注的是，在行业整体销售增长率不高的情况下，新兴的在线旅游企业携程、Priceline 仍分别实现了 24.57%、39.47% 的高增长，展现出强劲的发展势头和潜力。

## （二）旅游景区类上市企业分析

### 1. 观光型旅游景区的盈利能力下降明显

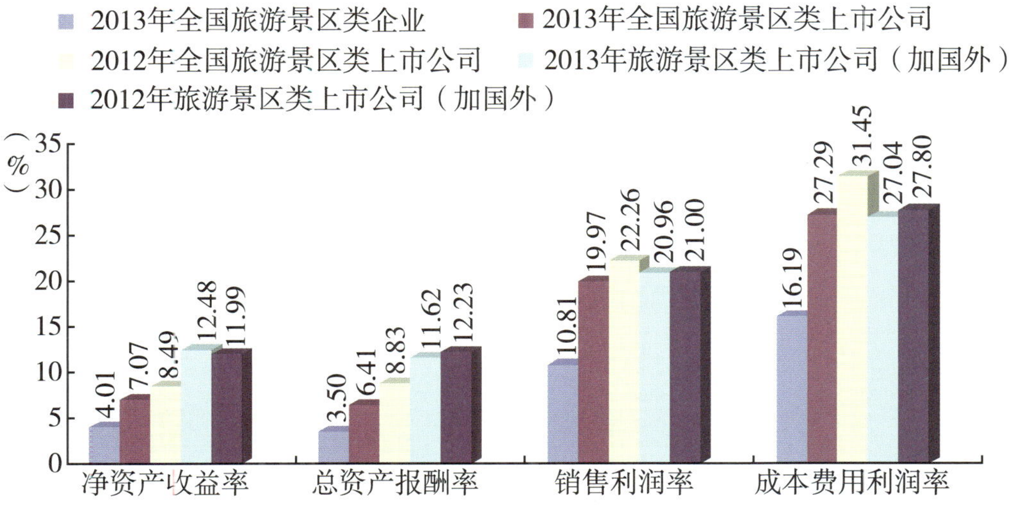


图 1　旅游景区类上市企业盈利能力

资料来源：宏源证券、国家旅游局、上市公司公告

**表 8　国内旅游景区类上市旅游企业盈利能力**

单位：%

| | 净资产收益率 | | 总资产报酬率 | | 销售利润率 | | 成本费用利润率 | |
|---|---|---|---|---|---|---|---|---|
| 年　份 | 2013 | 2012 | 2013 | 2012 | 2013 | 2012 | 2013 | 2012 |
| 景区类上市企业平均 | 7.07 | 8.49 | 6.41 | 8.83 | 19.97 | 22.26 | 27.29 | 31.45 |
| 北京旅游 | 3.89 | 3.33 | 3.92 | 3.15 | 17.67 | 9.37 | 28.17 | 10.83 |
| 丽江旅游 | 15.75 | 16.71 | 15.10 | 17.30 | 36.29 | 40.37 | 59.05 | 72.05 |
| 黄山旅游 | 7.32 | 13.23 | 8.08 | 12.35 | 17.86 | 19.01 | 23.36 | 24.67 |
| 宋城演艺 | 10.24 | 9.18 | 12.12 | 10.50 | 56.12 | 51.26 | 148.03 | 113.32 |
| 峨眉山 A | 8.62 | 19.29 | 8.56 | 18.09 | 16.49 | 23.75 | 20.47 | 33.21 |
| 云南旅游 | 7.61 | 4.20 | 5.89 | 4.23 | 11.98 | 10.14 | 14.72 | 12.28 |
| 世纪游轮 | 0.83 | 6.72 | 1.02 | 6.97 | 0.13 | 12.23 | 1.61 | 14.06 |
| 张家界 | 12.77 | 30.50 | 14.67 | 29.87 | 14.75 | 19.53 | 18.42 | 25.23 |
| 桂林旅游 | 0.75 | 4.15 | 1.84 | 4.63 | –2.03 | 12.20 | 1.74 | 13.74 |
| 大连圣亚 | 10.71 | 4.43 | 9.86 | 4.71 | 15.08 | 5.11 | 22.35 | 5.85 |
| 西藏旅游 | 1.19 | 1.72 | 1.43 | 2.21 | 6.59 | 10.09 | 8.39 | 11.87 |
| 三特索道 | 5.64 | 11.05 | 7.20 | 10.34 | 20.22 | 24.77 | 21.39 | 28.51 |

资料来源：宏源证券、上市公司公告

**表 9　国外旅游景区类上市旅游企业盈利能力**

单位：%

| | 净资产收益率 | | 总资产报酬率 | | 销售利润率 | | 成本费用利润率 | |
|---|---|---|---|---|---|---|---|---|
| 年　份 | 2013 | 2012 | 2013 | 2012 | 2013 | 2012 | 2013 | 2012 |
| 景区类上市企业（加国外）平均 | 12.48 | 11.99 | 11.62 | 12.23 | 20.96 | 21.00 | 27.04 | 27.80 |
| 迪士尼 | 14.41 | 14.73 | 12.77 | 13.24 | 21.73 | 21.33 | 27.03 | 27.71 |

资料来源：宏源证券、上市公司公告

上市的旅游景区类企业属于知名度高、盈利能力较强的5A级旅游景区，因而旅游景区类上市企业的盈利能力要明显强于旅游景区类企业的整体水平。具体来看，旅游景区类上市企业之间盈利能力水平差距较大。受当地旅游环境影响，游客接待量下降，桂林旅游净利润同比下降81.79%，导致其净资产收益率仅为0.75%；而最高的丽江旅游为15.75%，张家界、宋城演艺等净资产收益率则分别为12.77%、10.24%。从销售利润率来看，数据同样差距较大，其中宋城演艺销售利润率56.12%、丽江旅游36.29%，而桂林旅游由于销售利润为负，其利润率为–2.03%。可以看出，虽同样拥有5A级优质景区资源，但盈利能力仍可能存在较大差距，一方面盈利能力较强的景区企业通常坐拥门票、索道、客运等盈利能力较强的资产，另一方面企业的管理制度、费用控制、战略规划等软实力同样会对公司的盈利能力产生较大影响。

2013年旅游景区类上市公司的各项总体指标同比都有所下降，这与全国旅游景区类企业的趋势一致。传统景区黄山旅游、峨眉山A、张家界、桂林旅游各项指标均出现大幅下降，主要原因是产品结构较为单一（仍以观光型为主），抗风险能力较弱。不过也有逆势增长的企业，如宋城演艺、北京旅游、云南旅游、大连圣亚等，各指标均有所上升。以宋城演艺为例，其在杭州宋城千古情演艺的基础上，积极开拓市场，打造亲子产品烂苹果动漫乐园、异地扩张开业三亚千古情，同时布局丽江、九寨等地，将进一步打开其成长空间，精准的市场定位和高效的管理能力将保证公司持续的、较好的盈利能力。

加入国外旅游景区类上市公司后，2013年和2012年的净资产收益率和总资产收益率均出现上升，而销售利润率和成本费用利润率则出现下滑。这主要是由于迪士尼的净利润占国内外上市旅游景区类企业净利润总额的 97.32%，所以迪士尼的净资产收益率和总资产报酬率对景区总体的净资产收益率和总资产报酬率具有决定性影响，提升了景区总体的净资产收益率和总资产报酬率，同样迪士尼的销售利润率和成本费用利润率均低于未加入国外上市企业的总体水平，所以加入后拉低了全部景区类上市公司的销售利润率和成本费用利润率水平。值得一提的是，迪士尼在资产规模已经很大的情况下，依然能保持比较高的净资产和总资产回报率，这与迪士尼业态多元化有很大的关系，除了主题公园外，迪士尼大力发展轻资产且收益率较高的影视业、玩具业等。其主营业务之一媒体网络的营业收入已经超过了主题公园的营业收入，媒体网络的营业收入占到总营业收入的近 50%，另外还开拓了影视娱乐、消费者商品等衍生性盈利渠道。

2. 景区收入下滑导致其营运类指标下降

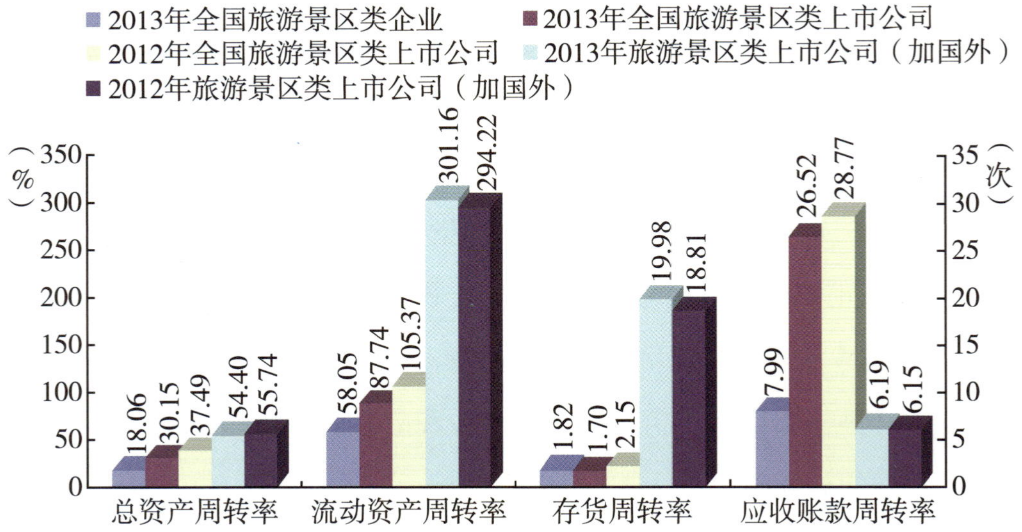


图 2　景区类上市企业运营能力

资料来源：宏源证券、国家旅游局、上市公司公告

**表 10　国内旅游景区类上市企业营运能力**

| | 总资产周转率（%） | | 流动资产周转率（%） | | 存货周转率（次） | | 应收账款周转率（次） | |
|---|---|---|---|---|---|---|---|---|
| 年　　份 | 2013 | 2012 | 2013 | 2012 | 2013 | 2012 | 2013 | 2012 |
| 景区类上市企业平均 | 30.15 | 37.49 | 87.74 | 105.37 | 1.70 | 2.15 | 26.52 | 28.77 |
| 北京旅游 | 14.82 | 17.47 | 27.84 | 40.29 | 8.62 | 9.71 | 43.71 | 28.16 |
| 丽江旅游 | 37.57 | 40.12 | 117.72 | 118.57 | 8.92 | 17.77 | 67.10 | 136.76 |
| 黄山旅游 | 38.57 | 57.78 | 103.92 | 148.36 | 0.79 | 1.32 | 34.37 | 35.68 |
| 宋城演艺 | 19.64 | 18.79 | 53.68 | 33.49 | 160.79 | 200.99 | 153.99 | 133.38 |
| 峨眉山 A | 42.77 | 75.57 | 116.55 | 320.46 | 13.63 | 18.11 | 57.90 | 66.37 |
| 云南旅游 | 33.33 | 41.51 | 56.61 | 62.26 | 0.77 | 0.66 | 16.92 | 57.75 |
| 世纪游轮 | 56.37 | 57.16 | 174.32 | 130.61 | 3.37 | 26.44 | 15.45 | 22.60 |
| 张家界 | 83.00 | 142.04 | 625.97 | 840.61 | 87.12 | 131.76 | 298.91 | 1070.09 |
| 桂林旅游 | 16.00 | 21.24 | 57.32 | 75.61 | 0.87 | 1.75 | 6.67 | 5.21 |
| 大连圣亚 | 34.23 | 31.96 | 128.92 | 129.71 | 70.32 | 10.26 | 86.86 | 180.61 |
| 西藏旅游 | 15.27 | 15.53 | 125.78 | 50.33 | 4.63 | 6.97 | 6.37 | 4.37 |
| 三特索道 | 20.50 | 28.15 | 108.21 | 110.64 | 3.17 | 1.14 | 51.27 | 72.64 |

资料来源：宏源证券、上市公司公告

**表 11　国外上市旅游景区类企业营运能力**

| | 总资产周转率（%） | | 流动资产周转率（%） | | 存货周转率（次） | | 应收账款周转率（次） | |
|---|---|---|---|---|---|---|---|---|
| 年　　份 | 2013 | 2012 | 2013 | 2012 | 2013 | 2012 | 2013 | 2012 |
| 景区类上市企业（加国外）平均 | 54.40 | 55.74 | 301.16 | 294.22 | 19.98 | 18.81 | 6.19 | 6.15 |
| 迪士尼 | 55.44 | 56.45 | 319.24 | 308.40 | 23.93 | 21.74 | 6.08 | 6.03 |

资料来源：宏源证券、上市公司公告

旅游景区类上市企业在应收账款周转率、总资产周转率、存货周转率以及流动资产周转率方面都要高于全行业数据，体现了上市企业更好的资金周转能力和效率。其中，各家上市公司的指标差异较大，从存货周转率来看，上市企业经营资产的不同导致存货周转率差别较大，其中，张家界由于总资产、流动资产、存货和应收账款值较小，从而各项数值均明显高于行业平均水平；宋城演艺由于营业收入与营业成本较高，而应收账款及存货值较小，也体现出较高的应收账款周转率及存货周转率；而主营业务涉及房地产业务的企业则存货周转率比较低，比如黄山旅游商品房销售收入占主营业务收入的 12.64%，存货周转率比较低。

对比 2012 年，2013 年旅游景区总体营运能力的各项指标均出现下降。其中丽江旅游存货周转率下降系公司库存商品增加所致；在资产规模基本持平的前提下，由于 2013 年营业收入的下降，黄山旅游、峨眉山 A、张家界的各项指标也均有大幅下滑；而宋城演艺凭借较高的游客接待量，2013 年营业收入同比增长 15.79%，因此其流动资产周转率、应收账款周转率均实现近 20 个百分点的上涨。

加入国外上市公司后，旅游景区总体的总资产周转率、流动资产周转率、存货周转率出现大幅上升。前文中已经分析到，迪士尼的总资产等各项财务数据占景区总体的绝对比重较高，所以加入迪士尼后，景区总体的各项周转率水平受其影响比较大。

3. 资本市场融资平台助力、上市企业偿债能力强

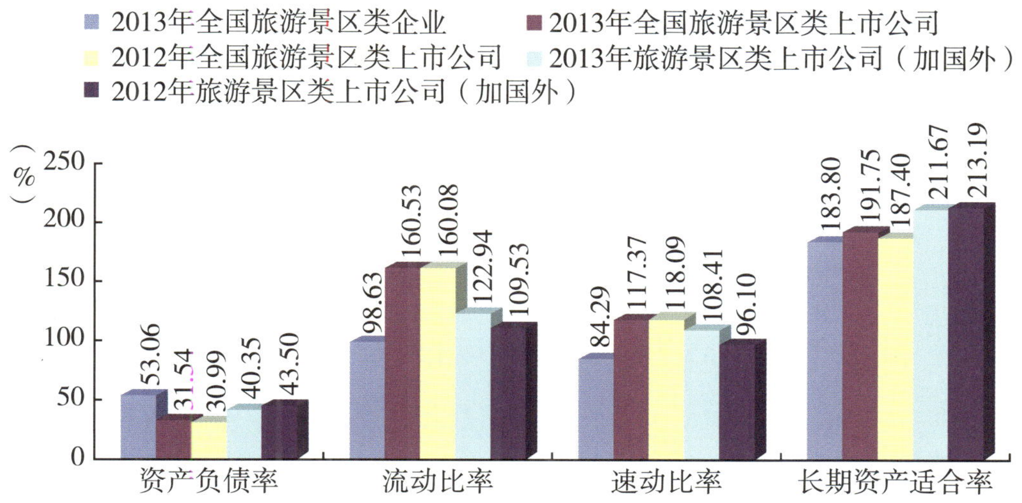


图 3 旅游景区类上市企业偿债能力

资料来源：宏源证券、国家旅游局、上市公司公告

**表 12 国内旅游景区类上市企业偿债能力**

单位：%

| | 资产负债率 | | 流动比率 | | 速动比率 | | 长期资产适合率 | |
|---|---|---|---|---|---|---|---|---|
| 年 份 | 2013 | 2012 | 2013 | 2012 | 2013 | 2012 | 2013 | 2012 |
| 景区类上市企业平均 | 31.54 | 31.95 | 160.53 | 149.05 | 117.37 | 134.99 | 191.75 | 179.14 |
| 北京旅游 | 22.27 | 13.21 | 287.69 | 493.17 | 283.23 | 482.68 | 371.37 | 238.12 |
| 丽江旅游 | 36.02 | 39.18 | 254.65 | 205.53 | 246.61 | 202.37 | 176.17 | 193.58 |
| 黄山旅游 | 38.69 | 43.08 | 102.95 | 89.20 | 31.89 | 29.45 | 112.19 | 108.69 |
| 宋城演艺 | 7.91 | 8.33 | 462.36 | 637.15 | 461.91 | 636.60 | 301.26 | 356.93 |
| 峨眉山 A | 16.93 | 18.40 | 223.10 | 153.32 | 212.27 | 137.50 | 178.16 | 147.43 |

续表

| 年份 | 资产负债率 | | 流动比率 | | 速动比率 | | 长期资产适合率 | |
|---|---|---|---|---|---|---|---|---|
| | 2013 | 2012 | 2013 | 2012 | 2013 | 2012 | 2013 | 2012 |
| 云南旅游 | 36.34 | 27.44 | 247.37 | 269.41 | 132.39 | 109.90 | 319.57 | 338.33 |
| 世纪游轮 | 14.28 | 2.49 | 226.44 | 1340.83 | 121.69 | 1268.84 | 127.46 | 326.84 |
| 张家界 | 28.07 | 25.51 | 112.95 | 65.31 | 107.55 | 62.60 | 214.96 | 141.53 |
| 桂林旅游 | 44.28 | 32.23 | 91.20 | 117.89 | 56.90 | 81.80 | 163.86 | 152.12 |
| 大连圣亚 | 52.79 | 56.85 | 86.42 | 67.04 | 85.68 | 63.14 | 156.38 | 127.38 |
| 西藏旅游 | 42.11 | 40.52 | 90.08 | 173.95 | 78.79 | 166.58 | 621.10 | 527.44 |
| 三特索道 | 48.87 | 57.88 | 71.34 | 76.08 | 58.55 | 45.67 | 139.67 | 135.31 |

资料来源：宏源证券、上市公司公告

**表 13　国外上市旅游景区类企业偿债能力**

单位：%

| 年份 | 资产负债率 | | 流动比率 | | 速动比率 | | 长期资产适合率 | |
|---|---|---|---|---|---|---|---|---|
| | 2013 | 2012 | 2013 | 2012 | 2013 | 2012 | 2013 | 2012 |
| 景区类上市企业（加国外）平均 | 40.35 | 43.50 | 122.94 | 109.53 | 108.41 | 96.10 | 211.67 | 213.19 |
| 迪士尼 | 40.73 | 43.98 | 120.55 | 106.99 | 107.84 | 95.00 | 212.87 | 214.71 |

资料来源：宏源证券、上市公司公告

从企业偿债能力上看，由于上市企业具有更强的股权融资能力，因而资产负债率远低于一般景区类企业；从短期偿债能力来看，上市企业流动资产对流动负债的保障能力也更强，主要原因是上市企业对负债筹集资金的依赖性并不强，短期负债相对较少；同时，上市企业的所有者权益在长期资产适合率中所占比例更高，财务结构更加安全。从资产负债率看，宋城演艺的资产负债率最低，仅为 7.91%，峨眉山 A 次之为 16.93%。同时，宋城演艺、峨眉山的流动比率、速动比率均高于行业数据，体现出更好的短期偿债能力；而黄山旅游、桂林旅游、大连圣亚、三特索道则明显低于行业水平。

2013 年旅游景区类上市公司总体资产负债率 31.54%，与 2012 年基本持平，流动比率、长期资产适合率有小幅上升，速动比率略有下降。其中宋城演艺资产负债率下降是由于其资产增速快于负债增速，2013 年宋城景区二期及三亚千古情乐园的开业导致其固定资产同比增长 8.03%；同时，其流动负债同比上升 15.71%，而流动资产下降 16.03%，导致流动比率下降明显。世纪游轮资产负债率上升明显，主要由于其新增 5000 万元短期借款，这也导致了其流动比率及速动比率下降明显。

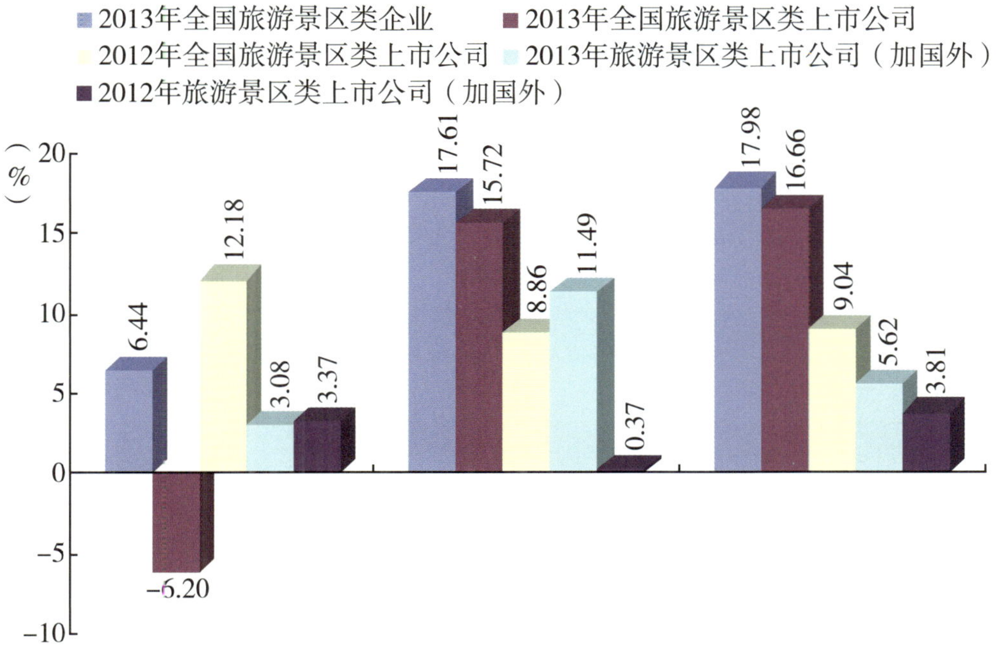


图 4　旅游景区类上市企业增长能力

资料来源：宏源证券、国家旅游局、上市公司公告

加入国外上市公司后的数据可以看出，国外上市企业的资产负债率平均水平高于国内，且流动比率、速动比率、长期资产适合率也低于国内水平。表明国外上市企业的偿债能力弱于国内上市企业。

4. 传统景区面临增长瓶颈，销售收入出现负增长

表14　国内旅游景区类上市企业增长能力

单位：%

| | 销售增长率 | | 资本积累率 | | 总资产增长率 | |
|---|---|---|---|---|---|---|
| 年　　份 | 2013 | 2012 | 2013 | 2012 | 2013 | 2012 |
| 景区类上市企业平均 | −6.20 | 12.18 | 15.72 | 8.86 | 16.66 | 9.04 |
| 北京旅游 | −1.96 | −5.78 | 3.27 | 2.91 | 15.24 | 0.65 |
| 丽江旅游 | 13.16 | 6.18 | 14.05 | 14.73 | 6.24 | 31.89 |
| 黄山旅游 | −29.72 | 15.00 | 6.82 | 10.08 | −0.73 | 12.89 |
| 宋城演艺 | 15.79 | 16.18 | 8.64 | 6.75 | 8.03 | 5.17 |
| 峨眉山A | −13.16 | 4.79 | 51.09 | 17.02 | 48.38 | 7.09 |
| 云南旅游 | 52.09 | 80.85 | 43.61 | 2.28 | 27.05 | 8.22 |
| 世纪游轮 | 13.36 | 9.06 | −0.13 | 2.78 | 13.61 | 2.40 |
| 张家界 | −26.69 | 22.52 | 13.38 | 36.61 | 17.50 | 14.52 |
| 桂林旅游 | −11.52 | −2.03 | −0.55 | 1.79 | 22.23 | −7.58 |
| 大连圣亚 | 20.71 | 32.89 | 10.34 | 4.04 | 4.16 | 13.96 |
| 西藏旅游 | 9.73 | −19.59 | 0.47 | 1.74 | 3.68 | 16.45 |
| 三特索道 | −7.31 | −1.49 | 8.48 | 13.48 | 17.76 | 17.53 |

资料来源：宏源证券、上市公司公告

**表 15　国外上市旅游景区类企业增长能力**

单位：%

| | 销售增长率 | | 资本积累率 | | 总资产增长率 | |
|---|---|---|---|---|---|---|
| 年　　份 | 2013 | 2012 | 2013 | 2012 | 2013 | 2012 |
| 景区类上市企业（加国外）平均 | 3.08 | 3.37 | 11.49 | 6.24 | 5.62 | 3.81 |
| 迪士尼 | 3.32 | 3.16 | 11.29 | 6.12 | 5.19 | 3.62 |

资料来源：宏源证券、上市公司公告

从增长能力指标来看，2013 年旅游景区类上市企业的销售增长率、资本积累率、总资产增长率同比均出现大幅下滑，低于全国一般景区企业，并且出现近年来首次负增长。具体分析来看，一方面，受经济增长放缓、限制公款消费等影响，旅游经济发展中不健康、不可持续的泡沫正在被挤出。另一方面，上市公司的资产规模、净资产规模已经达到比较高的水平，受基数效应影响，同比增速很难持续保持较高的水平。

我们选取销售增长率来分析上市企业之间的差异（见表 14），黄山旅游、峨眉山 A、张家界此类优质景区首次出现负增长，其中黄山旅游 2013 年接待游客数同比下降 8.68%，导致其门票、索道业务收入的下降，再加上商品房结算收入的下降，导致其 2013 年销售收入同比下滑 29.72%；峨眉山 A 因受 4 月雅安地震及 7 月暴雨的影响，接待游客数同比下降 19.4%，导致其销售收入同比下滑 13.16%；张家界受恶劣天气、客源地地震及禽流感影响，2013 年环保车游客接待量同比下降 15.06%，同时宝峰湖、十里画廊接待游客数分别下降 30.85%、27.4%，直接导致公司销售收入下降 26.69%。而丽江旅游、世纪游轮的销售增长率较 2012 年有明显提高，其中丽江旅游玉龙索道接待游客量同比增长 20.28%、世纪游轮 2013 年新增运营游轮 2 艘，保证了公司较高的销售增长率。

加入国外上市公司后，成长能力指标均出现下滑，主要是迪士尼资产规模比较大，在基数效应的作用之下，其各项增长能力指标都处于长期稳健状态，因此拉低了总体指标水平。

5. 景区发展重点着力于丰富业态、提振人均消费

我们选取了景区类上市企业中有代表性的三家企业：峨眉山 A、宋城演艺以及丽江旅游，下表中列出了这三家上市企业中主营业务收入中各产品的毛利率水平，同时，我们还给出了全国旅游景区类企业主要业务的毛利率水平及平均门票价格。我们希望通过一些重点补充指标来说明景区类上市企业盈利能力突出的原因。

**表 16　国内旅游景区类上市企业主营业务毛利率**

单位：%

| | 主营业务产品 | 2013 年毛利率 | 2012 年毛利率 |
|---|---|---|---|
| 丽江旅游 | 索道运输 | 84.92 | 84.96 |
| | 印象演出 | 73.23 | 74.77 |
| | 酒店经营 | 72.86 | 72.28 |
| 宋城演艺 | 宋城景区 | 76.76 | 79.07 |
| | 杭州乐园景区 | 53.42 | 37.34 |
| | 烂苹果乐园 | 68.27 | 64.59 |
| | 三亚千古情 | 54.12 | — |
| | 设计策划收入 | 94.30 | — |
| 峨眉山 A | 游山门票 | 42.05 | 41.61 |
| | 客运索道 | 80.37 | 84.08 |
| | 宾馆酒店 | 10.79 | 21.60 |

资料来源：宏源证券、上市公司公告

**表 17　国内旅游景区类企业业务毛利率及平均门票价格**

| 景区餐饮毛利率（%） | 景区商品毛利率（%） | 景区娱乐毛利率（%） | 平均门票价格（元） |
|---|---|---|---|
| 38.86 | 37.86 | 43.39 | 35.27 |

资料来源：宏源证券、上市公司公告

**表 18　国内旅游景区类上市企业人均消费**

| | 营业收入（万元） | | 游客数（万人） | | 人均消费（元） | |
|---|---|---|---|---|---|---|
| 年　份 | 2013 | 2012 | 2013 | 2012 | 2013 | 2012 |
| 峨眉山 A | 82596.38 | 95111.00 | 223.10 | 276.90 | 370.22 | 343.49 |
| 丽江旅游 | 66717.34 | 58958.23 | 294.77 | 283.77 | 226.34 | 207.77 |
| 宋城演艺 | 67871.59 | 58615.71 | 827.00 | 810.00 | 82.07 | 72.37 |

资料来源：宏源证券、上市公司公告

宋城景区以演艺业务为主，因游客中过夜游人数少，且其入园游客及观演游客重复统计，所以游客数有部分高估，导致人均消费水平偏低；峨眉山 A 的门票、索道消费较为刚性，因此其人均消费在行业中处于较高水平，达到 370.22 元；丽江旅游的游客人数主要以索道游客和印象丽江游客为主，两部分游客的重合部分占比较大，此处以索道游客数代表丽江旅游的总游客数，因此人均消费存在高估的可能性。

可以看到，这三家上市企业的一个显著特点是主营业务收入中前三名的业务产品毛利率都很高，不少业务产品的毛利率超过了 70%。对比全国的数据来看，虽然全国旅游景区类企业在餐饮、商品和娱乐方面的毛利率水平很高，领先于旅行社类企业的毛利率水平，但相比于上市企业来说，还是落后的比较多，这一点也可以从全国景区的平均票价上看出，其数值仅为 35.27 元，而上市旅游景区企业的平均票价近 200 元。

传统的餐饮和商品销售的毛利率相对较低，而旅游景区娱乐的毛利率较高。参考上市企业的数据可以发现，除了传统的索道业务保持很高的毛利率外，上市企业内部也具有较高盈利水平的增长点，比如说丽江旅游的印象演出业务、宋城股份的“宋城千古情”。这些新业务偏向于文化和旅游的大融合，符合旅游产业发展的现状和目标，其经营毛利率达到了 70% 甚至接近于 80%。

**表 19　国内旅游景区类上市企业各业务收入占比**

单位：%

| | 峨眉山 A | | 宋城演艺 | | 丽江旅游 | |
|---|---|---|---|---|---|---|
| 年　份 | 2013 | 2012 | 2013 | 2012 | 2013 | 2012 |
| 门　票 | 39.31 | 37.23 | 36.30 | 21.89 | — | — |
| 索　道 | 27.14 | 26.97 | — | — | 46.25 | 40.38 |
| 演　艺 | — | — | 61.16 | 70.72 | 37.29 | 41.38 |
| 酒　店 | 19.13 | 22.41 | — | — | 16.46 | 18.24 |
| 其　他 | 13.58 | 13.39 | 2.53 | 7.39 | — | — |

资料来源：宏源证券、上市公司公告

从各业务的占比情况可以看出，索道业务和门票收入是旅游景区类上市企业收入的两大主要来源，这与全国旅游景区类上市企业有着比较大的趋同度。但值得注意的是，这几家代表性的上市公司同时还拥有自己的特色业务。宋城股份的演艺业务收入占比 61.16% 以上，丽江旅游中印象丽江收入占比 37.29%，而且这部分业务还具有较高的毛利率，提高了公司的盈利能力。

对于旅游景区类企业来说，传统的门票收入和索道收入虽然能给企业带来相对稳定的收入，但由于旅游市场的竞争日趋激烈，如何改变业务单一经营，使自己的业务多元化，为企业带来新的增长点是旅游景区类企业迫切需要解决的问题。同时，减少公司对单一业务的依赖，对于平衡上市企业的收入，抵御不可控风险至关重要。

从两年的对比数据来看，峨眉山A、丽江旅游的各项业务收入占比较为稳定，宋城演艺的演艺业务占比有所下滑，取而代之的是其门票收入的上升，这部分提升主要是杭州烂苹果动漫乐园收入持续超预期，这也是公司业务多元发展的体现。

## （三）旅游饭店类上市企业

### 1. 轻资产的酒店管理公司盈利能力较强

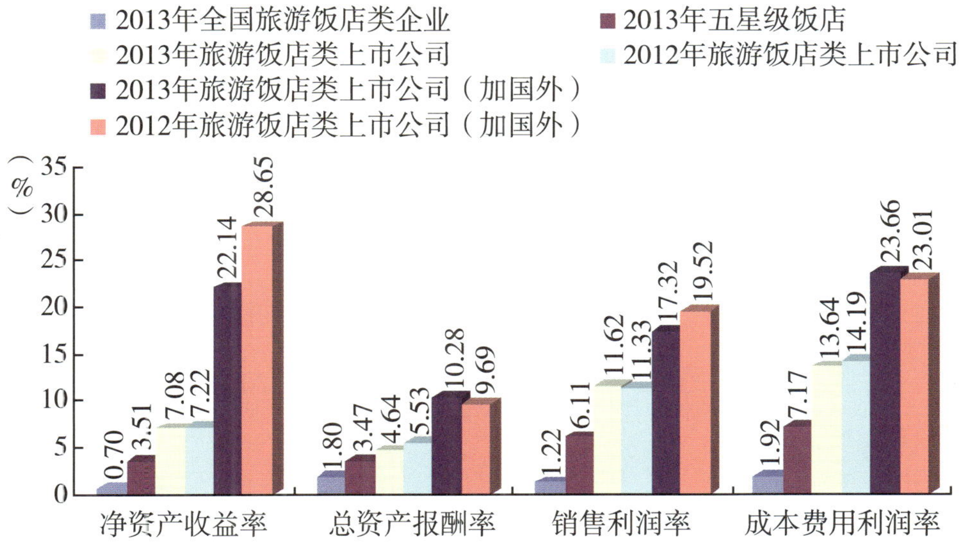


图5　旅游饭店类上市企业盈利能力

资料来源：宏源证券、国家旅游局、上市公司公告

### 表 20　国内上市的旅游饭店类企业盈利能力

单位：%

| | 净资产收益率 | | 总资产报酬率 | | 销售利润率 | | 成本费用利润率 | |
|---|---|---|---|---|---|---|---|---|
| 年　　份 | 2013 | 2012 | 2013 | 2012 | 2013 | 2012 | 2013 | 2012 |
| 旅游饭店类上市企业平均 | 7.08 | 7.22 | 4.64 | 5.53 | 11.62 | 11.33 | 13.64 | 14.19 |
| 新都酒店 | 1.29 | –9.06 | 0.62 | –2.40 | 2.78 | –34.26 | 3.87 | –27.88 |
| 东方宾馆 | 5.51 | 5.16 | 5.76 | 5.34 | 14.24 | 12.41 | 17.53 | 14.93 |
| 华天酒店 | 7.43 | 6.66 | 3.95 | 4.53 | 10.51 | 6.98 | 13.05 | 8.04 |
| 金陵饭店 | 5.44 | 8.79 | 3.09 | 6.23 | 17.14 | 24.18 | 19.58 | 29.63 |
| 首旅酒店 | 11.36 | 11.11 | 9.21 | 9.96 | 5.94 | 6.10 | 6.36 | 6.57 |
| 锦江股份 | 8.79 | 9.01 | 8.45 | 8.84 | 17.50 | 19.04 | 21.40 | 22.99 |

资料来源：宏源证券、上市公司公告

### 表 21　国外上市的旅游饭店类企业盈利能力

| | 净资产收益率 | | 总资产报酬率 | | 销售利润率 | | 成本费用利润率 | |
|---|---|---|---|---|---|---|---|---|
| 年　份 | 2013 | 2012 | 2013 | 2012 | 2013 | 2012 | 2013 | 2012 |
| 旅游饭店类上市企业（加国外）平均 | 22.14 | 28.65 | 10.28 | 9.69 | 17.32 | 19.52 | 23.66 | 23.01 |
| 如　家 | 4.68 | –0.68 | 4.91 | –0.25 | 7.69 | 2.50 | 7.40 | 5.31 |
| 洲　际 | 294.30 | 171.92 | 21.20 | 16.70 | 23.23 | 33.24 | 42.55 | 45.39 |

资料来源：宏源证券、上市公司公告

上市公司饭店资产基本以五星级饭店为主，其盈利能力明显高于全国饭店类企业的平均水平，同时也高于全国五星级饭店平均水平。从净资产收益率分析，旅游饭店类上市企业的收益水平参差不齐，其中，轻资产模式的酒店管理公司首旅酒店净资产收益率为 11.36%，为业内最高，高出全国五星级饭店近 8 个百分点；以经济型酒店为主的锦江股份净资产收益率为 8.79%，位居第二。

与 2012 年相比，旅游饭店类上市企业的盈利能力出现了小幅下滑，主要原因是宏观经济增速放缓、限制公务消费等导致的旅游饭店消费的减少。其中，东方宾馆 2013 年销售利润率增长 1.83 个百分点，原因是其成本控制良好，同时购买银行理财产品新增约 400 万元的投资收益；华天酒店传统的餐饮、客房收入虽略有下降，但 2013 年其新增的 4.78 亿元的酒店公寓销售带来销售利润率逆势上涨 3.53 个百分点。

加入国外上市企业后，旅游饭店总体的净资产收益率、总资产报酬率、销售利润率、成本费用利润率明显提升，主要是源于洲际酒店较强的盈利能力。洲际酒店的高净资产收益率和其经营战略有很大的关系，洲际酒店采取轻资产的商业模式，其所拥有的酒店数目只有 10 家，但是经营管理的酒店数目则高达 4602 家，绝大多数是通过特许经营协议或者代为经营而管理的酒店，因此其所有者权益很低。如家酒店 2011 年 10 月收购了 168 家汽车旅店的全部股权，导致 2012 年的净利润为负值，但 2013 年我们看到公司各项盈利指标均大幅回升，虽然其销售利润率仍远低于经营业态类似的锦江股份，但好于五星级饭店。

2. 经济型酒店营运能力表现突出

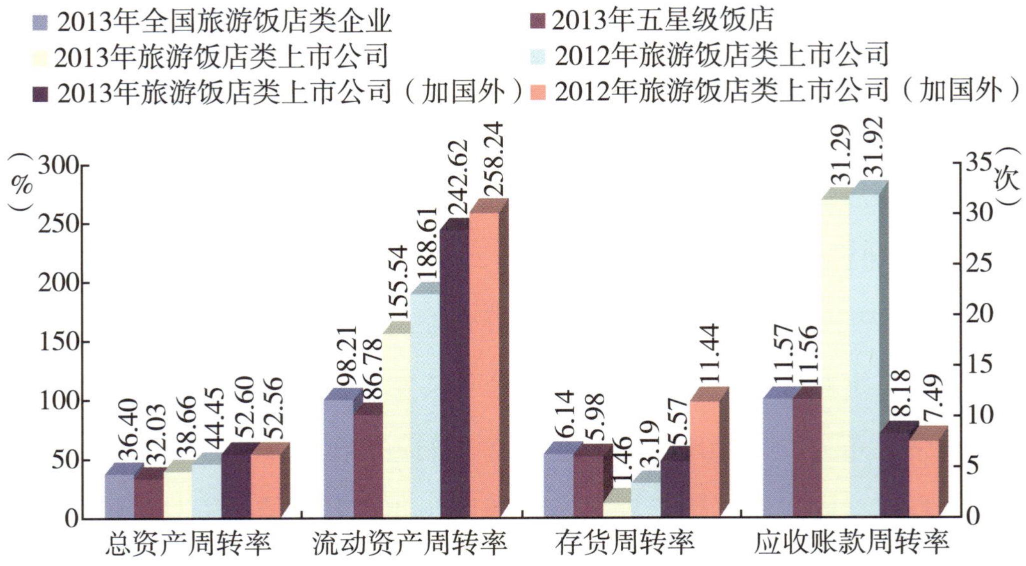


图 6　旅游饭店类上市企业营运能力

资料来源：宏源证券、国家旅游局、上市公司公告

**表 22　国内上市的旅游饭店类企业营运能力**

| | 总资产周转率（%） | | 流动资产周转率（%） | | 存货周转率（次） | | 应收账款周转率（次） | |
|---|---|---|---|---|---|---|---|---|
| 年　　份 | 2013 | 2012 | 2013 | 2012 | 2013 | 2012 | 2013 | 2012 |
| 旅游饭店类上市企业平均 | 38.66 | 44.45 | 155.54 | 188.61 | 1.46 | 3.19 | 31.29 | 31.92 |
| 新都酒店 | 14.21 | 13.60 | 84.21 | 59.95 | 27.84 | 25.04 | 11.08 | 5.57 |
| 东方宾馆 | 41.60 | 45.12 | 218.68 | 174.97 | 27.29 | 22.61 | 46.58 | 48.41 |
| 华天酒店 | 22.15 | 26.91 | 66.46 | 120.90 | 0.32 | 0.93 | 23.34 | 22.00 |
| 金陵饭店 | 17.79 | 24.98 | 55.96 | 57.87 | 0.92 | 1.21 | 9.65 | 10.70 |
| 首旅酒店 | 136.50 | 134.81 | 475.47 | 445.12 | 108.08 | 88.97 | 56.79 | 98.37 |
| 锦江股份 | 37.90 | 44.93 | 306.13 | 276.05 | 9.13 | 9.52 | 38.78 | 50.60 |

资料来源：宏源证券、国家旅游局、上市公司公告

**表 23　国外上市的旅游饭店类企业营运能力**

| | 总资产周转率（%） | | 流动资产周转率（%） | | 存货周转率（次） | | 应收账款周转率（次） | |
|---|---|---|---|---|---|---|---|---|
| 年　份 | 2013 | 2012 | 2013 | 2012 | 2013 | 2012 | 2013 | 2012 |
| 旅游饭店类上市企业（加国外）平均 | 52.60 | 52.56 | 242.62 | 258.24 | 5.57 | 11.44 | 8.18 | 7.49 |
| 如　家 | 61.76 | 60.49 | 343.23 | 427.02 | 121.86 | 114.59 | 24.01 | 23.01 |
| 洲　际 | 64.44 | 56.24 | 324.74 | 278.03 | 196.00 | 193.00 | 4.37 | 4.05 |

资料来源：宏源证券、上市公司公告

在营运能力方面，旅游饭店类上市企业的总资产周转率、流动资产周转率、应收账款周转率均高于全行业平均水平，而存货周转率略低于全行业数值。从各家旅游饭店类上市企业来看，华天酒店和金陵饭店过低的存货周转率拉低了上市企业的平均值。由于房地产开发成本的增加，华天酒店存货增加了115.78%，导致其存货周转率偏低；首旅酒店由于旅行社业务带来较大的营业成本，同时公司的存货资产占比较低，导致存货周转率较高。首旅酒店、锦江股份的应收账款资产占比较低，仅为2.4%、0.98%，导致其应收账款周转率较高，体现出公司较强的营运能力。

与2012年相比，2013年旅游饭店类上市企业营运能力的各项指标均有所下降，这与分析盈利能力时提到的宏观环境带来的需求下降有一定关系，上市企业现金流的减少以及成本的上升降低了企业资金运转的效率。

加入国外上市企业后，除了应收账款周转率下降外，其他指标均明显上升，表明国外旅游饭店类上市企业的营运能力优于国内旅游饭店类上市企业。洲际酒店高存货周转率拉高了总体的指标，而低应收账款周转率拉低了总体的指标；2013年如家的营业收入59.6亿元，而流动资产仅为

17.4 亿元，因此流动资产周转率高达 343.23%，同时其应收账款的资产占比仅为 2.57%，使其应收账款周转率为 24.01%。这些指标都体现了公司较强的营运能力。

3. 上市旅游饭店企业偿债能力较强

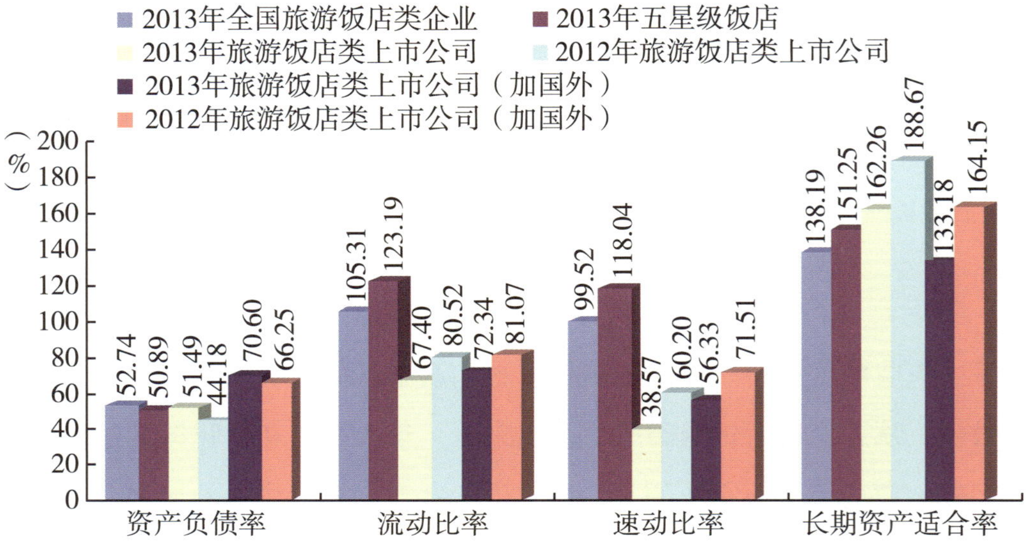


图 7 旅游饭店类上市企业偿债能力

资料来源：宏源证券、国家旅游局、上市公司公告

**表 24 国内上市的旅游饭店类企业偿债能力**

单位：%

| | 资产负债率 | | 流动比率 | | 速动比率 | | 长期资产适合率 | |
|---|---|---|---|---|---|---|---|---|
| 年　份 | 2013 | 2012 | 2013 | 2012 | 2013 | 2012 | 2013 | 2012 |
| 旅游饭店类上市企业平均 | 51.49 | 44.18 | 67.40 | 80.52 | 38.57 | 60.20 | 162.26 | 188.67 |
| 新都酒店 | 51.88 | 42.86 | 166.90 | 154.04 | 164.37 | 151.59 | 183.16 | 145.55 |

续表

| 年　　份 | 资产负债率 | | 流动比率 | | 速动比率 | | 长期资产适合率 | |
|---|---|---|---|---|---|---|---|---|
| | 2013 | 2012 | 2013 | 2012 | 2013 | 2012 | 2013 | 2012 |
| 东方宾馆 | 16.02 | 17.78 | 165.53 | 230.86 | 159.47 | 224.42 | 134.74 | 161.36 |
| 华天酒店 | 76.37 | 73.19 | 62.34 | 42.97 | 15.95 | 17.77 | 113.80 | 106.82 |
| 金陵饭店 | 33.24 | 23.73 | 190.69 | 223.65 | 141.30 | 166.10 | 872.46 | 618.97 |
| 首旅酒店 | 40.44 | 45.21 | 94.82 | 105.64 | 92.00 | 102.67 | 146.28 | 155.55 |
| 锦江股份 | 38.15 | 20.82 | 36.94 | 103.03 | 35.56 | 99.69 | 155.66 | 326.24 |

资料来源：宏源证券、上市公司公告

**表25　国外上市的旅游饭店类企业偿债能力**

单位：%

| 年　　份 | 资产负债率 | | 流动比率 | | 速动比率 | | 长期资产适合率 | |
|---|---|---|---|---|---|---|---|---|
| | 2013 | 2012 | 2013 | 2012 | 2013 | 2012 | 2013 | 2012 |
| 旅游饭店类上市企业（加国外）平均 | 70.60 | 66.25 | 72.34 | 81.07 | 56.33 | 71.51 | 133.18 | 164.15 |
| 如　　家 | 53.92 | 55.67 | 94.81 | 72.77 | 92.55 | 70.39 | 127.27 | 187.46 |
| 洲　　际 | 102.51 | 90.29 | 71.99 | 84.62 | 71.50 | 80.13 | 102.22 | 187.03 |

资料来源：宏源证券、上市公司公告

在偿债能力方面，上市企业的资产负债率低，长期资产适合率高。略有不同的是上市企业的流动比率、速动比率相对于该子行业中所有企业平均水平要低。由于参与房地产开发，华天酒店的资产负债率高于行业平均值；锦江股份由于2013年新增13.3亿元银行短期借款，使其流动比率、速动比率均低于行业值；金陵饭店长期借款占比高达14.26%，而固定资产占比仅为6.3%，因此长期资产适合率远高于行业总体值。

各家上市企业 2013 年的流动比率和速动比率普遍下降，显示了上市企业短期偿债能力有一定幅度的下降。其中，锦江股份流动比率和速动比率出现较大下降是因为公司增加了 13.3 亿元的短期借款所导致，进而其资产负债率也上升近 18 个百分点。

加入国外上市公司后，旅游饭店类总体资产负债率上升明显，而流动比率、速动比率略有上升，长期资产适合率明显下降，这说明国外上市企业的长期偿债能力明显低于国内，短期偿债能力与国内差别不大。具体分析来看，资产负债率上升明显的主要原因是洲际酒店的轻资产经营模式，使其所有者权益较少。

4. 经济型酒店销售增长率逆市上涨，抗风险能力强

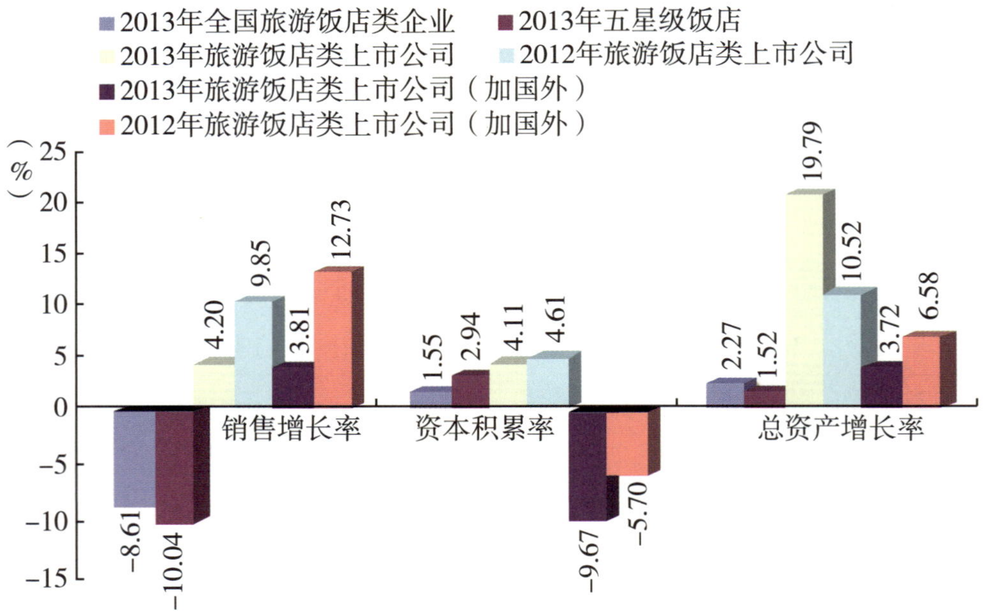


图 8　旅游饭店类上市企业增长能力

资料来源：宏源证券、国家旅游局、上市公司公告

**表 26 国内上市的旅游饭店类企业增长能力**

单位：%

| 年份 | 销售增长率 | | 资本积累率 | | 总资产增长率 | |
|---|---|---|---|---|---|---|
| | 2013 | 2012 | 2013 | 2012 | 2013 | 2012 |
| 旅游饭店类上市企业平均 | 4.20 | 9.85 | 4.11 | 4.61 | 19.79 | 10.52 |
| 新都酒店 | 19.81 | –7.55 | 1.30 | –8.67 | 20.28 | –8.96 |
| 东方宾馆 | –3.68 | 5.90 | 4.95 | 2.94 | 2.74 | 3.42 |
| 华天酒店 | 8.26 | 5.12 | 6.28 | –3.77 | 19.79 | 19.93 |
| 金陵饭店 | –11.85 | –13.38 | 2.88 | 9.19 | 21.97 | 2.99 |
| 首旅酒店 | –2.51 | 19.70 | 5.97 | –9.40 | –3.72 | –4.32 |
| 锦江股份 | 14.92 | 10.39 | 2.29 | 7.53 | 30.87 | 8.56 |

资料来源：宏源证券、上市公司公告

受宏观经济增速放缓，“八项规定”“六项禁令”等综合影响，2013 年全国旅游饭店类企业总体的销售增长率比 2012 年下降了 4.65 个百分点，这与全行业的趋势一致。具体来看，锦江股份 2013 年实现了 14.92% 的销售增长率，与 2012 年基本持平，仍保持比较高的增速，主要源于公司经济型连锁酒店业务和食品、餐饮业务继续保持增长。华天酒店商品公寓的销售也使其实现了 8.26% 的销售增长率。

上市企业 2013 年整体的资本积累率明显好于行业均值，不过较 2012 年略有下滑；总资产增长率大幅高于行业均值，并较 2012 年有明显上升。具体来看，各上市企业的总资产增长率差距较大，由于新增的地产业务，华天酒店依然保持很高的总资产增长率，新都酒店的总资产增长率也由负转正，锦江股份旗下经济型酒店的快速扩张，使其总资产增长率大幅上升。从公司的业务来看，总资产增长率较高的公司往往采取了扩张业务、加快开店的经营策略，因而总资产上升的速度比较快。可见在旅游饭店行业，总资产增加的快慢程度与公司采取的策略有很大的关系。

## 表 27　国外上市的旅游饭店类企业增长能力

单位：%

| | 销售增长率 | | 资本积累率 | | 总资产增长率 | |
|---|---|---|---|---|---|---|
| 年　份 | 2013 | 2012 | 2013 | 2012 | 2013 | 2012 |
| 旅游饭店类上市企业（加国外）平均 | 3.81 | 12.73 | –9.67 | –5.70 | 3.72 | 6.58 |
| 如　家 | 10.06 | 45.71 | 10.74 | 2.31 | 7.80 | –6.24 |
| 洲　际 | 0.59 | 3.79 | –541.63 | –42.88 | –13.92 | 9.94 |

资料来源：宏源证券、上市公司公告

由于收入、资产规模占比较大的洲际酒店 2013 年新开店策略更为谨慎，同时关闭 25000 间酒店客房，其各项增长指标较 2012 年都有大幅下滑，加入国外上市公司后，行业总体的销售增长率、资本积累率和总资产增长率均下降。

5. 星级饭店入住率下滑明显

## 表 28　旅游饭店类上市企业平均出租率与平均房价

| | | 金陵饭店 | 华天酒店 | 东方宾馆 | 锦江股份 | 首旅（民族） | 首旅（京伦） | 全国 |
|---|---|---|---|---|---|---|---|---|
| 2013 | 客房出租率（%） | 72.18 | — | — | 83.18 | 71.07 | 66.77 | 55.60 |
| | 平均房价（元） | 835.87 | — | — | 179.79 | 729.65 | 593.83 | 346.20 |
| 2012 | 客房出租率（%） | 74.30 | 82.27 | 72.75 | 84.43 | 75.99 | 75.58 | 60.21 |
| | 平均房价（元） | 876.83 | 462.21 | 612.47 | 180.87 | 680.20 | 595.04 | 324.57 |
| 2011 | 客房出租率（%） | 78.70 | 63.39 | 64.22 | 86.71 | 74.80 | 81.94 | 61.49 |
| | 平均房价（元） | 870.14 | 615.23 | 667.71 | 178.09 | 676.42 | 527.89 | 321.50 |

资料来源：宏源证券、国家旅游局

从上表中可以看到，上市企业的平均客房出租率水平虽高于全国平均水平，但较 2012 年有所下滑。从平均房价来看，各家上市企业的平均房价远高于全国旅游饭店类企业的平均水平。其中，金陵饭店的平均房价遥遥领先。以经济型连锁酒店为主的锦江股份平均出租率与平均房价与上年基本持平，这也体现了其较强的抗风险能力。同时，与全国五星级饭店平均客房出租率 54.09%、平均房价 679.62 元相比，2013 年上市星级饭店 ( 包括金陵饭店、首旅酒店 ) 客房出租率明显高于全国五星级饭店的客房出租率，平均房价则与全国五星级饭店基本持平。 2013 年星级饭店的客房出租率有所下滑。

## （四）旅行社类上市企业

### 1. 多业态经营旅行社类企业盈利能力较强

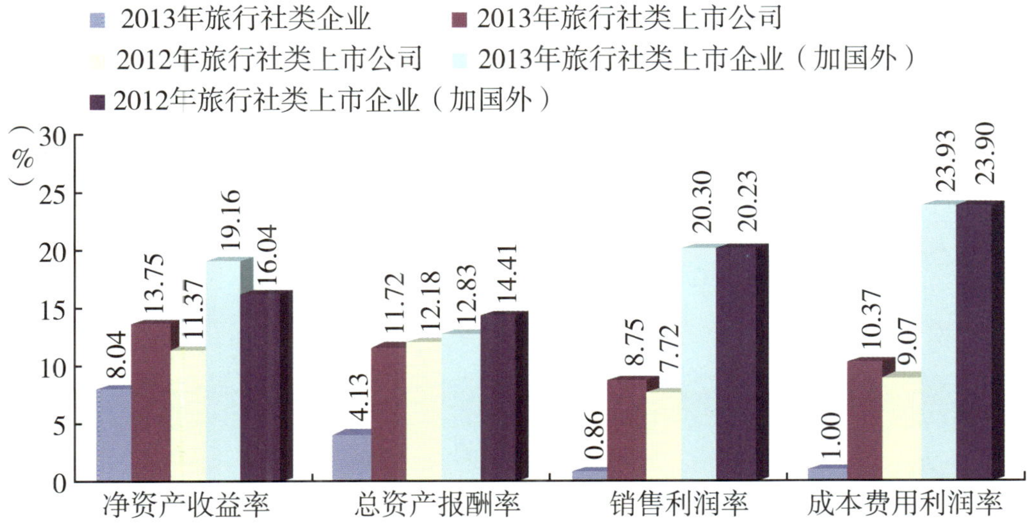


图 9　旅行社类上市企业盈利能力

资料来源：宏源证券、国家旅游局、上市公司公告

### 表 29 国内上市的旅行社类企业盈利能力

单位：%

| | 净资产收益率 | | 总资产报酬率 | | 销售利润率 | | 成本费用利润率 | |
|---|---|---|---|---|---|---|---|---|
| 年 份 | 2013 | 2012 | 2013 | 2012 | 2013 | 2012 | 2013 | 2012 |
| 旅行社类上市企业平均 | 13.75 | 11.37 | 11.72 | 12.18 | 8.75 | 7.72 | 10.37 | 9.07 |
| 中青旅 | 11.07 | 10.90 | 8.48 | 9.02 | 5.25 | 6.70 | 7.23 | 7.37 |
| 中国国旅 | 17.65 | 19.56 | 17.03 | 18.15 | 10.85 | 8.97 | 12.67 | 9.93 |
| 国旅联合 | 2.31 | -11.56 | 6.79 | -2.60 | 34.58 | -39.19 | 18.38 | -31.62 |
| 腾邦国际 | 8.35 | 6.47 | 8.06 | 6.04 | 30.14 | 30.11 | 47.66 | 47.11 |
| 众信旅游 | 35.40 | 35.83 | 19.25 | 18.60 | 3.83 | 3.78 | 4.04 | 4.00 |

资料来源：宏源证券、上市公司公告

### 表 30 国外上市的旅行社类企业盈利能力

单位：%

| | 净资产收益率 | | 总资产报酬率 | | 销售利润率 | | 成本费用利润率 | |
|---|---|---|---|---|---|---|---|---|
| 年 份 | 2013 | 2012 | 2013 | 2012 | 2013 | 2012 | 2013 | 2012 |
| 旅行社类上市企业（加国外）平均 | 19.16 | 16.04 | 12.83 | 14.41 | 20.30 | 20.23 | 23.93 | 23.90 |
| 携 程 | 13.29 | 10.56 | 7.74 | 9.19 | 15.54 | 16.57 | 26.39 | 25.32 |
| 艺 龙 | -8.41 | 0.02 | -4.26 | -0.66 | -17.04 | -8.73 | -9.17 | -7.66 |
| Expedia | 10.52 | 12.51 | 5.24 | 6.44 | 8.87 | 11.31 | 7.06 | 12.28 |
| Trip advisor | 25.82 | 38.03 | 21.27 | 27.43 | 30.12 | 37.41 | 43.79 | 14.51 |
| Priceline | 35.03 | 43.87 | 27.97 | 34.26 | 34.29 | 33.60 | 52.42 | 51.35 |

资料来源：宏源证券、上市公司公告

2013 年样本中新增了票务在线旅游企业腾邦国际、出境旅游批发商众信旅游。从盈利能力来看，旅行社类上市企业在四个指标上都大幅高于平均水平，体现了旅行社类上市企业良好的盈利能力。其中，专注旅游产品批发、零售及会展业务的众信旅游净资产收益率最高，为 35.4%；其次为多元化业态的中国国旅、中青旅，2013 年净资产收益率分别为 17.65%、11.07%。从销售利润率来看，由于腾邦国际将票务佣金确认为营业收入，导致其较高的销售利润率；而以销售产品营业额确认收入的众信旅游则利润率较低，同时以同样准则确认收入的中青旅、中国国旅的销售率却显著高于众信旅游，这是由于其涉足了利润率较高的景区业务、免税业务从而拉高了整体平均的利润率水平。

对比 2012 年，各上市公司的盈利能力指标基本持平。其中，2013 年中国国旅非公开增发募集资金 25 亿元，使其当年所有者权益大幅增加，而募投项目的净利润贡献短期还未完全显现，导致其净资产收益率较上年下降了近 2 个百分点；同时 2013 年公司成本、费用控制良好，当年的销售利润率仍实现了近 1 个百分点的增长。

加入国外上市公司后各项盈利能力指标均有所上升，这是由于 Tripadvisor 和 Priceline 高盈利能力对总体指标的提升作用。Tripadvisor 和 Priceline 都是属于轻资产类的公司，其中 Tripadvisor 2013 年近 80% 的收入来源于通过点击率带来的广告收入，其网站遍及世界 29 个国家和地区，有 6000 万固定访客、4400 万客户，除此之外还运营 20 多个其他品牌。Priceline 独创“客户自我定价系统”，可以给全球范围内的客户提供超过 29.5 万条酒店和住宿信息，2013 年营业收入 15.41 亿美元，相较于 2006 年实现近 6 倍的增长。

2. 商业、景区等重资产投资拉低旅行社企业资金周转率

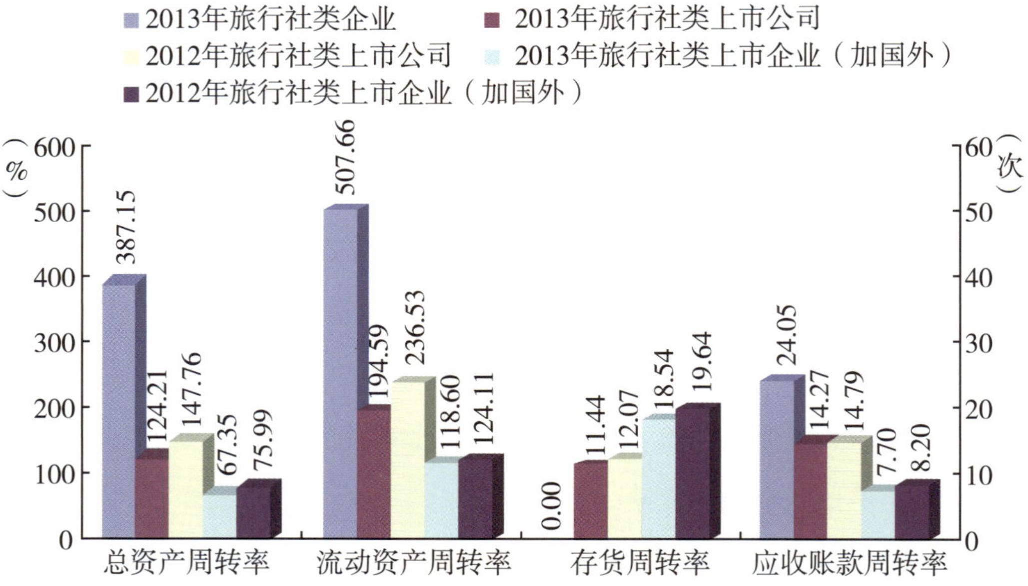


图 10　旅行社类上市企业营运能力

资料来源：宏源证券、国家旅游局、上市公司公告

**表 31　国内上市的旅行社类企业营运能力**

| | 总资产周转率（%） | | 流动资产周转率（%） | | 存货周转率（次） | | 应收账款周转率（次） | |
|---|---|---|---|---|---|---|---|---|
| 年　份 | 2013 | 2012 | 2013 | 2012 | 2013 | 2012 | 2013 | 2012 |
| 旅行社类上市企业平均 | 124.21 | 147.76 | 194.59 | 236.53 | 11.44 | 12.07 | 14.27 | 14.79 |
| 中青旅 | 112.79 | 126.04 | 259.28 | 237.95 | 9.85 | 6.71 | 8.31 | 11.81 |
| 中国国旅 | 134.62 | 194.07 | 174.48 | 260.97 | 10.21 | 13.44 | 23.11 | 20.27 |
| 国旅联合 | 11.25 | 13.00 | 28.95 | 38.00 | 6.20 | 3.69 | 20.01 | 20.45 |
| 腾邦国际 | 25.55 | 22.43 | 40.32 | 34.64 | — | — | 2.57 | 2.62 |
| 众信旅游 | 444.27 | 410.46 | 458.96 | 422.38 | — | — | 30.50 | 46.17 |

资料来源：宏源证券、上市公司公告

**表 32 国外上市的旅行社类企业营运能力**

单位：%

| | 总资产周转率（%） | | 流动资产周转率（%） | | 存货周转率（次） | | 应收账款周转率（次） | |
|---|---|---|---|---|---|---|---|---|
| 年　份 | 2013 | 2012 | 2013 | 2012 | 2013 | 2012 | 2013 | 2012 |
| 旅行社类上市企业（加国外）平均 | 67.35 | 75.99 | 118.60 | 124.11 | 18.54 | 19.64 | 7.70 | 8.20 |
| 携　程 | 25.87 | 41.15 | 37.50 | 42.00 | — | — | 1.98 | 4.23 |
| 艺　龙 | 38.41 | 34.06 | 43.77 | 38.00 | — | — | 3.77 | 5.82 |
| Expedia | 61.65 | 59.31 | 214.99 | 164.88 | — | — | 6.11 | 8.73 |
| Tripadvisor | 64.13 | 52.38 | 149.88 | 167.53 | — | — | 6.59 | 9.37 |
| Priceline | 65.04 | 99.82 | 90.81 | 120.26 | — | — | 10.56 | 14.32 |

资料来源：宏源证券、上市公司公告

从营运能力来看，在总资产周转率、流动资产周转率以及应收账款周转率方面，上市企业的周转速度均慢于同类企业的平均水平，主要是上市综合旅游类企业同时涉足景区运营、免税品销售等其他业态，总资产规模较大，较高的总资产水平拉低了公司的资金周转效率，而行业内旅行社大部分属于轻资产类型的企业。腾邦国际由于佣金制的收入确认准则，使其较小的收入规模却呈现出较低的资产周转率。

对比2012年，上市类企业的各项营运能力指标基本持平。其中，由于密云古北水镇及三亚海棠湾免税城较大的资金投入，2013年中青旅和中国国旅的总资产、流动资产周转率都有所下降。

加入国外综合旅游类上市公司后，总资产周转率、流动资产周转率以及应收账款周转率均出现下滑，由于国外综合类旅游类企业存货项目少，所以在此没有计算存货周转率，该指标的比较亦不作考虑。国外综合旅游类上市公司的营运能力各项指标平均水平明显低于国内，这主要是因为以Expedia、Tripadvisor、Priceline为代表的国外旅行社类上市企业多采用佣金制的收入确认准则，导致账面收入规模较小。

3. 上市旅行社类企业资产负债率较低、流动比率较高

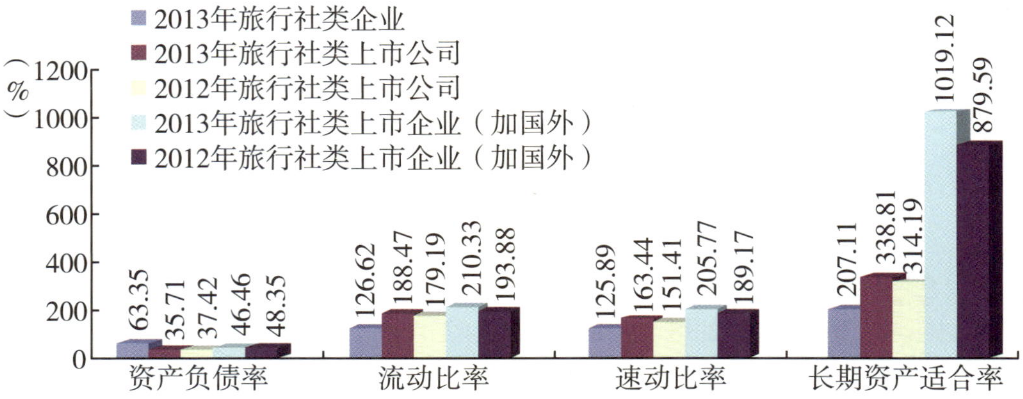


图 11　旅行社类上市企业偿债能力

资料来源：宏源证券、国家旅游局、上市公司公告

**表 33　国内上市的旅行社类企业偿债能力**

单位：%

| | 资产负债率 | | 流动比率 | | 速动比率 | | 长期资产适合率 | |
|---|---|---|---|---|---|---|---|---|
| 年　份 | 2013 | 2012 | 2013 | 2012 | 2013 | 2012 | 2013 | 2012 |
| 旅行社类上市企业平均 | 35.71 | 37.42 | 188.47 | 179.19 | 163.44 | 151.41 | 338.81 | 314.19 |
| 中青旅 | 50.99 | 43.90 | 93.07 | 114.32 | 73.41 | 86.82 | 132.46 | 169.11 |
| 中国国旅 | 25.12 | 30.64 | 307.48 | 245.50 | 267.45 | 209.48 | 1266.54 | 863.65 |
| 国旅联合 | 56.20 | 61.12 | 79.93 | 141.00 | 79.30 | 139.00 | 106.67 | 154.54 |
| 腾邦国际 | 17.98 | 12.91 | 375.12 | 531.48 | 375.12 | 531.48 | 769.57 | 669.67 |
| 众信旅游 | 57.00 | 61.17 | 169.82 | 158.86 | 169.82 | 158.86 | 4787.79 | 4120.72 |

资料来源：宏源证券、上市公司公告

**表 34　国外上市的旅行社类企业偿债能力**

单位：%

| | 资产负债率 | | 流动比率 | | 速动比率 | | 长期资产适合率 | |
|---|---|---|---|---|---|---|---|---|
| 年　份 | 2013 | 2012 | 2013 | 2012 | 2013 | 2012 | 2013 | 2012 |
| 旅行社类上市企业（加国外）平均 | 46.46 | 48.35 | 210.33 | 193.88 | 205.77 | 189.17 | 1019.12 | 879.59 |
| 携　程 | 58.07 | 43.57 | 225.59 | 195.47 | 225.59 | 148.83 | 643.39 | 302.97 |
| 艺　龙 | 25.02 | 17.56 | 351.89 | 507.44 | 351.89 | 472.47 | 1407.44 | 1781.54 |
| Expedia | 66.10 | 66.28 | 67.37 | 87.67 | 67.37 | 80.46 | 805.75 | 647.55 |
| Tripadvisor | 41.31 | 44.04 | 259.50 | 323.29 | 259.50 | 302.55 | 1428.32 | 771.45 |
| Priceline | 33.84 | 38.24 | 541.41 | 388.74 | 541.41 | 379.74 | 6412.53 | 5481.27 |

资料来源：宏源证券、上市公司公告

从企业偿债能力指标来看，旅行社类上市企业的资产负债率明显低于行业平均水平；而流动比率、速动比率以及长期资产适合率则略高于行业水平。其中，腾邦国际表现出较低的资产负债率及较好的短期偿债能力；中国国旅的流动比率、速动比率和长期资产适合率都远高于行业平均水平；另外值得注意的是，中青旅的流动比率、速动比率、长期资产适合率均低于旅行社类上市企业的平均水平，体现出公司较大的资金压力。

与2012年相比，旅行社上市企业的短期偿债能力都有小幅上升，资产负债率状况改善，长期资产适合率、长期偿债能力均有所上升。其中长期偿债能力上升，主要是中国国旅非公开增发募得资金导致其所有者权益大幅上升。

加入国外上市旅行社企业后，其资产负债率略有上升，流动比率、速动比率、长期资产适合率都明显提高，但是与2012年相比提升幅度小。对比艺龙和Expedia两家公司，艺龙的资产负债率较低，而Expedia由于较高的应付账款及长期债务，2013 年资产负债率为 66.1%。综合来看，艺龙公司的长短期偿债能力都远远高于总体平均水平，而 Expedia 的偿债能力则大幅度落后于总体平均水平，但另一方面也体现出较好的资金利用效率。

4. 多业态发展推动上市旅行社类企业高增长

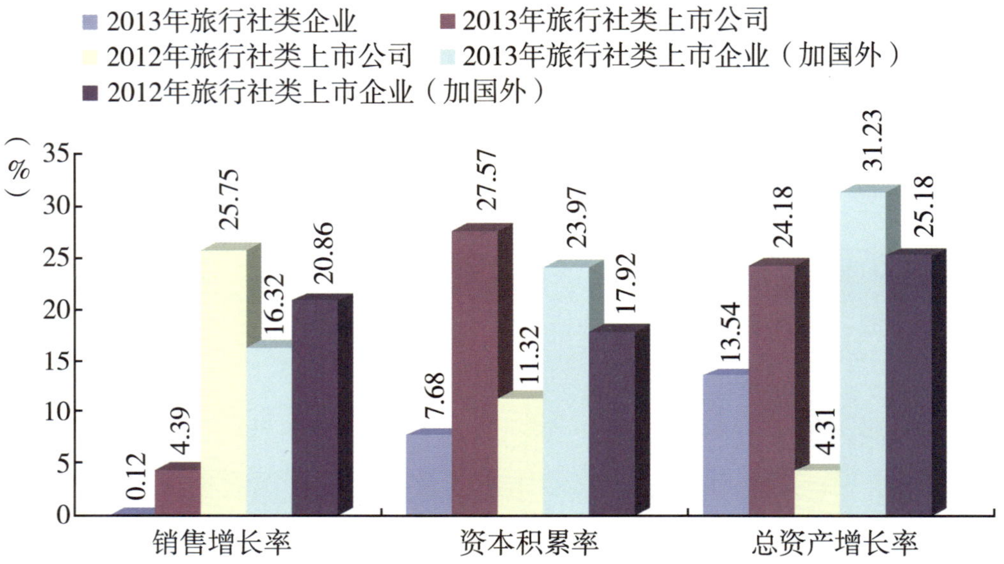


图 12　旅行社类上市企业增长能力

资料来源：宏源证券、国家旅游局、上市公司公告

**表 35　国内上市的旅行社类企业增长能力**

单位：%

| | 销售增长率 | | 资本积累率 | | 总资产增长率 | |
|---|---|---|---|---|---|---|
| 年　份 | 2013 | 2012 | 2013 | 2012 | 2013 | 2012 |
| 旅行社类上市企业平均 | 4.39 | 25.75 | 27.57 | 11.32 | 24.18 | 4.31 |
| 中青旅 | -9.38 | 22.07 | 2.15 | 12.31 | 6.19 | -8.85 |

续表

| | 销售增长率 | | 资本积累率 | | 总资产增长率 | |
|---|---|---|---|---|---|---|
| 年　份 | 2013 | 2012 | 2013 | 2012 | 2013 | 2012 |
| 中国国旅 | 8.15 | 27.09 | 61.86 | 19.67 | 45.14 | 16.03 |
| 国旅联合 | -21.16 | -0.09 | 2.33 | -11.01 | -9.14 | 5.01 |
| 腾邦国际 | 38.18 | 42.94 | 8.11 | 6.55 | 14.96 | 11.69 |
| 众信旅游 | 39.78 | 34.98 | 43.01 | 43.65 | 29.15 | 47.13 |

资料来源：宏源证券、上市公司公告

**表 36　国外上市的旅行社类企业增长能力**

单位：%

| | 销售增长率 | | 资本积累率 | | 总资产增长率 | |
|---|---|---|---|---|---|---|
| 年　份 | 2013 | 2012 | 2013 | 2012 | 2013 | 2012 |
| 旅行社类上市企业（加国外）平均 | 16.32 | 20.86 | 23.97 | 17.92 | 31.23 | 25.18 |
| 携　程 | 29.53 | 18.33 | 24.57 | -7.84 | 78.40 | 19.55 |
| 艺　龙 | 35.67 | 27.55 | -3.34 | 1.54 | 6.40 | 11.76 |
| Expedia | 14.83 | 16.86 | 6.12 | 3.65 | 5.62 | 8.91 |
| Tripadvisor | 20.10 | 31.26 | 13.31 | 147.66 | 9.07 | 55.43 |
| Priceline | 25.25 | 20.79 | 39.47 | 51.38 | 35.15 | 65.46 |

资料来源：宏源证券、上市公司公告

从增长能力来看，上市旅行社类企业的销售增长率、资本积累率、总资产增长率均高于行业水平。各上市企业的年度指标波动较大，这主要源于公司当年的业务结构变化。由于地产业务结算收入的下降，中青旅当年销售收入出现负增长，而专注在线旅游票务及会展业务的腾邦国际，专注出境游产品批发、零售及会展业务的众信旅游则实现近 40% 的高增长。

与 2012 年相比，上市旅行社类企业的销售增长率出现大幅下滑。具体来看，中青旅由于地产业务结算收入的下降，销售总收入出现负增长；中国国旅在2012年因新增的免税业务实现较高的销售增长率，在2013年由于基数效应销售增长率趋于常态。此外，由于中国国旅资产规模较大，因此其2013年资本积累率、总资产增长率的大幅上升，带动了行业总体数值的提高。

加入国外上市的旅行社类企业后，行业销售增长率出现了大幅提升。近两年由于自助游、度假游的兴起，在线旅游企业需求旺盛，截至2013年6月底，已经有1.33亿的网民在网上预订过机票、酒店、火车票和旅游线路，占网民比例的22.4%。携程、艺龙等在线旅游服务均持续两年实现近20%的高速增长。

5. 出境游产品收入占比高、盈利能力强

**表37　旅行社类上市旅游企业业务占比**

单位：%

| | | 入境旅游收入占比 | 国内旅游收入占比 | 出境旅游收入占比 |
|---|---|---|---|---|
| | 平均（2013年） | 7.09 | 56.90 | 35.20 |
| 2013 | 中 青 旅 | 8.60 | 40.90 | 50.40 |
| | 中国国旅 | 3.81 | 17.69 | 34.89 |
| | 众信旅游 | — | — | 80.85 |
| 2012 | 中 青 旅 | 14.16 | 29.00 | 57.09 |
| | 中国国旅 | 6.63 | 21.14 | 32.29 |
| | 众信旅游 | — | — | 79.41 |
| 2011 | 中 青 旅 | 21.49 | 31.76 | 46.75 |
| | 中国国旅 | 7.59 | 23.48 | 30.62 |
| | 众信旅游 | — | — | 81.04 |

资料来源：宏源证券、上市公司公告

表38　旅行社类上市旅游企业业务毛利率

单位：%

| | | 自联入境旅游收入毛利率 | 国内旅游收入毛利率 | 出境旅游收入毛利率 |
|---|---|---|---|---|
| | 平均（2013年） | 7.23 | 6.63 | 5.44 |
| 2013 | 中青旅 | — | 3.70 | 6.70 |
| | 中国国旅 | 5.76 | 6.58 | 16.80 |
| | 众信旅游 | — | — | 8.25 |
| 2012 | 中青旅 | 11.14 | 7.49 | 7.43 |
| | 中国国旅 | 16.27 | 4.60 | 7.34 |
| | 众信旅游 | — | — | 7.98 |
| 2011 | 中青旅 | 10.85 | 7.55 | 7.52 |
| | 中国国旅 | 12.56 | 5.81 | 6.89 |
| | 众信旅游 | — | — | 7.20 |

资料来源：宏源证券、上市公司公告

对比三家以旅行社业务为主的上市企业财务数据可以看出，全国旅行社业务收入主要集中在国内旅游，而上市旅行社业务则集中在出境旅游，众信旅游的出境旅游产品收入甚至占到其总收入的80.85%。从毛利率来看，中国国旅各类旅游业务的毛利率水平都高于全国平均水平；众信旅游的出境旅游批发产品的毛利率为8.81%，零售产品的毛利率为13.57%，略低于中国国旅。入境旅游的毛利率水平是最高的，但可以看到，入境旅游业务无论是在两家上市公司样本中还是在全国旅行社平均水平中占比都是最低的。

另外，中青旅和中国国旅的盈利能力远高于同类企业，不仅仅是因为两家企业在出入境旅游和国内旅游业务方面的高毛利率，两家企业其他的业务，如中青旅的乌镇项目和中国国旅的免税业务，对公司整体的盈利水平贡献是非常大的。传统的旅行社行业集中度低、盈利能力有限，年内上市的民营旅行社众信旅游专注出境旅游产品的批发、零售及会展业务，其对接资本市场后，有望借助资本的力量及其成熟的管理模式通过收购兼并快速提升自己的市场占有率。

## （五）其他类上市企业

在旅游行业，还有一些主营业务种类不同于上述传统业务的上市公司，主要是华侨城、九龙山以及西安旅游。华侨城的地产业务占比为51%，但旗下的欢乐谷、东部华侨城均属于行业内比较有发展潜力的主题公园类项目，同时公司计划投资文化演艺，进一步加大旅游服务相关的业务占比。九龙山旅游度假区的高尔夫、游艇、马会、赛车、赛马等俱乐部已建设完成并稳健运营，且陆续承办了诸多赛事及品牌推广活动，从而大大增加了度假区内的人流量。公司 2013 年的收入结构中包含房地产收入、旅游饮食服务、建筑业及其劳务，房地产收入占到了 74.64%，比 2012 年有所下降，随着公司业务结构的转型调整，公司或将转变成为旅游景区类上市企业。西安旅游未来将以品牌连锁酒店、旅行社、商业地产开发租赁和旅游景区度假开发为主，或将转变为综合类旅游企业。

1. 盈利能力

**表 39　其他类上市旅游企业盈利能力**

单位：%

| | 净资产收益率 | | 总资产报酬率 | | 销售利润率 | | 成本费用利润率 | |
|---|---|---|---|---|---|---|---|---|
| 年　份 | 2013 | 2012 | 2013 | 2012 | 2013 | 2012 | 2013 | 2012 |
| 其他类上市旅游企业平均 | 16.78 | 13.03 | 7.64 | 6.76 | 22.28 | 22.23 | 39.45 | 34.87 |
| 华侨城 A | 20.14 | 21.26 | 9.22 | 8.34 | 23.02 | 23.83 | 41.07 | 38.23 |

续表

| | 净资产收益率 | | 总资产报酬率 | | 销售利润率 | | 成本费用利润率 | |
|---|---|---|---|---|---|---|---|---|
| 年　份 | 2013 | 2012 | 2013 | 2012 | 2013 | 2012 | 2013 | 2012 |
| 九龙山 | 1.68 | −10.86 | 2.48 | −6.21 | −78.10 | −129.99 | 26.88 | −104.41 |
| 西安旅游 | 3.05 | 3.54 | 3.21 | 3.88 | 1.35 | 3.73 | 2.95 | 4.04 |

资料来源：宏源证券、上市公司公告

2013年，其他类上市企业总体的盈利能力较上年略有上升。其中，华侨城的盈利能力各项指标均处于行业领先位置，并且相对稳定，这主要得益于华侨城旅游综合服务业务、房地产业务、包装印刷业务的稳定发展。九龙山2013年新增3000万元的土地回收净收益及6700万元的投资收益，其净资产收益率由负转正至1.68%。西安旅游2013年的酒店收入有所下滑，同时，高利润率的房地产收入也于2012年结算完毕，大幅下滑的营业利润使得公司的销售利润率下滑2.38个百分点至1.35%。

2. 营运能力

**表40　其他类上市旅游企业营运能力**

| | 总资产周转率（%） | | 流动资产周转率（%） | | 存货周转率（次） | | 应收账款周转率（次） | |
|---|---|---|---|---|---|---|---|---|
| 年　份 | 2013 | 2012 | 2013 | 2012 | 2013 | 2012 | 2013 | 2012 |
| 其他类上市旅游企业平均 | 31.65 | 30.41 | 48.14 | 49.11 | 0.29 | 0.32 | 71.28 | 57.36 |
| 华侨城A | 32.04 | 32.83 | 48.06 | 51.54 | 0.29 | 0.32 | 72.50 | 70.22 |
| 九龙山 | 2.44 | 5.00 | 5.50 | 12.00 | 0.04 | 0.09 | 4827.74 | 221.27 |
| 西安旅游 | 104.47 | 131.74 | 310.69 | 529.48 | 145.04 | 143.25 | 39.46 | 36.60 |

资料来源：宏源证券、上市公司公告

2013 年，其他类上市企业的资金周转效率同比基本持平，具体来看，华侨城、九龙山、西安旅游多数的营运能力指标相对稳定。其中，九龙山总资产、流动资产、存货以及应收账款周转率下滑，最直接的原因就是公司的营业收入与 2012 年相比下滑 48.52%；另外，由于房地产算结算周期的影响，西安旅游营业收入同比下滑 21.11%，而货币资金的大幅增加使得流动资产同比增长 51.13%，因此导致流动资产周转率下滑到 310.69%。

3. 偿债能力

**表 41 其他类上市旅游企业偿债能力**

单位：%

| | 资产负债率 | | 流动比率 | | 速动比率 | | 长期资产适合率 | |
|---|---|---|---|---|---|---|---|---|
| 年 份 | 2013 | 2012 | 2013 | 2012 | 2013 | 2012 | 2013 | 2012 |
| 其他类上市旅游企业平均 | 67.37 | 68.60 | 133.07 | 141.16 | 28.74 | 34.11 | 299.57 | 305.56 |
| 华侨城 A | 68.53 | 69.95 | 133.67 | 144.00 | 28.50 | 34.73 | 295.13 | 301.76 |
| 九龙山 | 39.89 | 43.07 | 111.12 | 75.00 | 23.53 | 12.00 | 862.51 | 761.95 |
| 西安旅游 | 27.88 | 27.61 | 121.69 | 82.67 | 119.51 | 80.04 | 156.58 | 150.26 |

资料来源：宏源证券、上市公司公告

与 2012 年相比，其他类上市企业 2013 年的资产负债率变化不大，短期偿债能力指标小幅下降。华侨城房地产业务占比较高，从而对资金需求大，因而其资产负债率维持在 70% 左右；九龙山营业收入大幅下降 48.52%，流动资产同比增长 31.51%，导致其流动比率、速动比率上升明显；西安旅游货币资金的大幅增加使其流动比率、速动比率显著提高至 121.69%、119.51%。

4. 增长能力

表 42　其他类上市旅游企业增长能力

单位：%

| | 销售增长率 | | 资本积累率 | | 总资产增长率 | |
|---|---|---|---|---|---|---|
| 年　份 | 2013 | 2012 | 2013 | 2012 | 2013 | 2012 |
| 其他类上市旅游企业平均 | 24.19 | 25.85 | 23.97 | 17.92 | 19.33 | 15.30 |
| 华侨城 A | 26.35 | 28.63 | 19.79 | 22.28 | 20.38 | 16.31 |
| 九龙山 | –48.52 | –66.36 | 1.62 | –10.30 | –3.73 | –1.56 |
| 西安旅游 | –21.11 | 9.87 | 2.22 | 3.60 | 2.59 | –5.88 |

资料来源：宏源证券、上市公司公告

2013 年，其他类旅游类上市企业的销售增长率远远高于旅游景区、旅游饭店、旅行社类上市公司。其中华侨城 A 销售增长率的上升是由于报告期内公司房地产业务及旅游服务业务实现 27% 的高速增长。西安旅游的销售增长率下滑，主要是因为西安旅游国际中心房地产收入结算完毕，而其上年同期地产收入结算额达 1.44 亿元。

## 三、总体分析与结论

随着人均可支配收入的逐年提升，国人的旅游需求也正迎来升级，可以看到观光游需求逐年下降，取而代之的是高品质自由行；传统的旅游预定方式耗时较长且产品目录单一，而在线旅游服务商可以提供更透明的价格和更易于比较及多元化的产品。国人出游需求的变革带来的不仅是挑战，更多的是变革中蕴藏的机会，旅游行业的本质仍为现代服务业，而旅游服务的核心是产品设计，只有真正能够为游客提供更优质服务的产品，供应商才能分享到行业高速发展的果实。

纵观 2013 年，各子行业下降趋势明显，宏观经济增速的放缓、中央八项规定等因素一定程度上制约了旅游、宾馆、餐饮服务的高速增长，但从上市公司的个体数据来看，各子行业仍不乏持续高速增长的佼佼者。上市类旅游企业的盈利能力、营运能力、偿债能力及经营数据都优于全国均值，主要得益于如下几方面：1. 部分上市企业拥有不可复制的一流景区资源或其他特许经营权；2. 部分上市企业有足够的实力进行多业态经营，并及时进行战略调整；3. 上市公司多为大型企业，运营成本上拥有较强的市场溢价能力；4. 各级政府从项目、税收等方面给予了较大的扶持力度；5. 资本市场融资平台开放，为上市企业的做强做大扫清资金障碍。

借鉴国外经验，我们认为迪士尼作为主体类景区企业中业态多元化的成功典范，其主营业务之一媒体网络的营业收入已经超过了主题公园的营业收入，媒体网络的营业收入占到总营业收入的近 50%，另外还开拓了影视娱乐、消费者商品等衍生性盈利渠道。国内较为成功的案例有宋城演艺，其凭借拳头产品宋城千古情登陆资本市场，融资渠道打开后，公司积极布局扩张，首先发挥强项，将千古情产品延伸至三亚、丽江、九寨沟等地，为公司打造多地增长极；同时公司积极创新，在杭州开业的烂苹果动漫亲子乐园，通过其精心的设计、规划，高度吻合了市场需求，快速为公司贡献了业绩；2013 年公司同时公告与大盛国际影视制作公司的交叉持股合作方案，这一合作既可以通过影视剧作品进一步提升宋城景区知名度，也使得公司有机会参与媒体作品投资，进一步拓宽盈利渠道。

从已上市的旅游饭店类企业来看，轻资产的酒店管理公司及迎合大众消费需求的经济型连锁酒店经营数据喜人，而单体的五星级饭店抗风险能力较差，正面临经营瓶颈。借鉴海外公司经验，洲际酒店是轻资产运营模式的典范，其股东所拥有的酒店数量不过10余家，但是洲际酒店通过签订协议代为管理运营的酒店近5000家，2013年洲际的净资产收益率为294.3%，销售率润率为23.23%。锦江股份2013年销售实现同比增长14.92%，净资产收益率为8.79%，近几年，经济型连锁酒店销售收入持续增长，这也体现了大众旅游消费的旺盛需求。

从全国来看，旅行社类企业数量多、规模小、集中度较低，其中上市旅行社类企业盈利能力显著高于同行水平，一方面是由于其经营的规模效应，另一方面也与其借助资本市场融资平台，积极参与景区开发、特许商品销售等多领域业态有关。旅行社类高盈利的共同特点是开发了高回报率的业态类型：中青旅开发乌镇以及古北水镇；中国国旅发展三亚免税业务；国外上市的综合旅游类企业Tripadvisor的主要收入来源是在线广告收入，Priceline的营业收入的主要增长来源是代理预订业务，业务共同的特点是利用其积累的在线旅游客户，开发低成本的产品类型，其净资产收益率、销售利润率均远高于国内线下旅游企业。

综上可以看出，传统观光型景区产品结构单一、过度依赖门票、索道收入，抗风险能力较弱，而全国布局的主题类景区凭借其多元化的优质产品有望打开成长空间。因此只有更完善的管理制度、市场化的运营理念才能帮助传统景区走出增长瓶颈，充分发掘其拥有的优质资源的经济效益，更好地带动地区经济发展。同时，高星级饭店也应积极调整业务结构，推出更多迎合大众消费需求及消费能力的旅游产品，充分发挥其硬件优势，提升资产利用效率。2013年国内在线旅游企业也迎来较大发展，龙头公司携程、艺龙仍维持高速增长，同时穷游网、蚂蜂窝等细分在线旅游服务商业日益发展壮大，传统旅行社中青旅也正大力投入遨游网的建设及推广，可以看出线上旅游服务的竞争已日趋白热化，我们认为，传统旅游产品供应商应积极寻求与大型在线平台的合作，这不仅能为消费者提供较大便利，还能够进一步扩大自己的销售规模。同时，加快国内旅游企业上市步伐也必将对提升行业整体盈利能力、规范行业服务质量有着非常积极的推动作用，在《旅游法》的监督下，配合有力的政策支持、高效的管理制度、开放的融资渠道和优质的产品设计，旅游企业的盈利能力及全行业经济附加值必将提高。

# 统 计 分 析

# 2013年度中国旅游企业财务信息报告

中国社会科学院财经战略研究院
国家旅游局规划财务司

反映2013年度全国旅游企业财务状况、经营成果的经济效益评价结果公布如下：

## 一、旅游企业基本概况

### （一）旅游业态

在2013年度全国旅游行业财务信息汇编工作中，成功上报财务信息的旅游企业一共有27746家。其中，旅行社16923家，占61.0%；旅游饭店8288家，占29.9%；旅游景区2025家，占7.3%；旅游集团74家，占0.3%，其他旅游企业436家，占1.6%（见图1）。

2013年各个业态中旅游企业的详细情况如下：

——旅游饭店中，五星级饭店648家，占7.8%；四星级饭店1919家，占23.2%；三星级饭店3693家，占44.6%；二星级饭店1321家，占15.9%；一星级饭店49家，占0.6%；未定星级饭店658家，占7.9%。

——旅行社中，经营出境游旅行社1950家，占11.5%；经营非出境

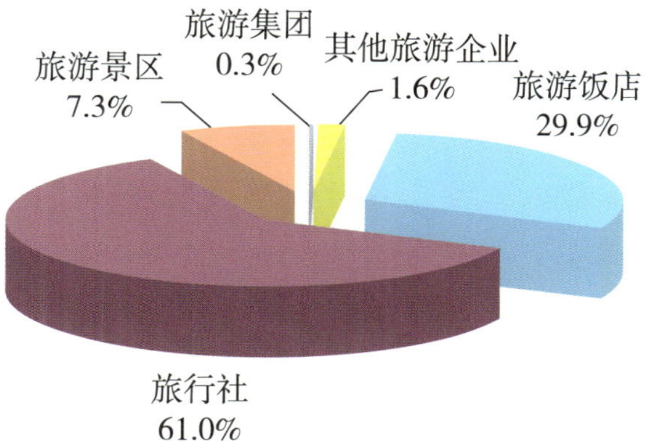


图1 按业态分2013年全国旅游企业

游旅行社14973家，占88.5%；信息不明旅行社3家。

——旅游景区中，5A级景区98家，占4.8%；4A级景区842家，占41.6%；3A级景区562家，占27.8%；2A级景区237家，占11.7%；1A级景区29家，占1.4%；非A级景区257家，占12.7%。

## （二）经济类型

按经济类型划分，2013年国有及国有控股企业4758家，占17.1%；集体企业1600家，占5.8%；联营企业397家，占1.4%；私营企业20409占73.6%；外商投资企业298家，占1.1%；港澳台资企业284家，占1.0%。

相比2012年，私营企业增长迅速，旅游业的民营化程度提高。其中国有及国有控股企业数量有所下降，减少148家，所占比例也下降0.7%，集体企业数量减少125家，私营企业增加了423家，所占比例增长了1.3%。外商投资企业和港澳台资企业数量保持在相对稳定的状态。

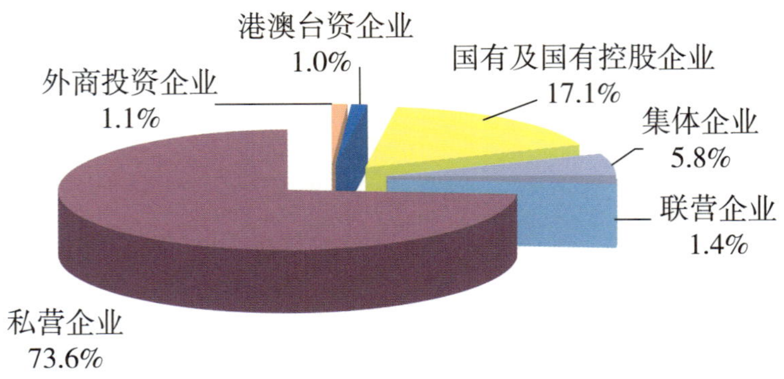


图 2　按经济类型分 2013 年全国旅游企业

## （三）企业规模

按企业规模分，2013 年全国旅游企业中，大型企业 432 家，占 1.6%；中型企业 3865 家，占 13.9%；小型企业 18196 家，占 65.6%；规模不明企业 5253 家，占 18.9%。

旅游产业以小型企业为主体的产业市场结构特征依然明显，旅游企业市场竞争程度日益提高。

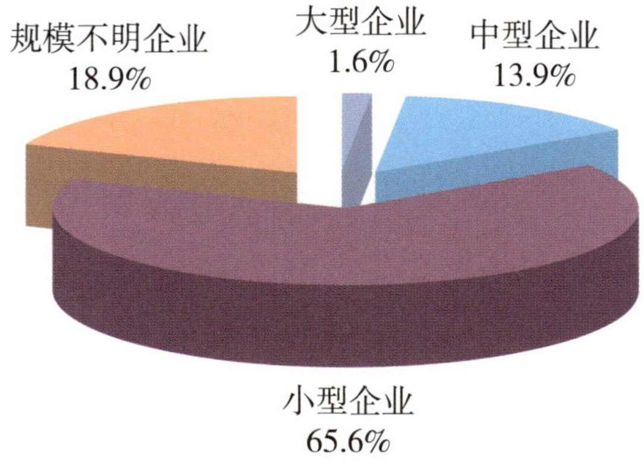


图 3　按企业规模分 2013 年全国旅游企业

## （四）地域分布

按各省、自治区、直辖市有效上报旅游企业数量排名，2013 年前十位的依次是浙江 2421 家（8.7%），江苏 2274 家（8.2%），山东 1973 家（7.1%），上海 1481 家（5.3%），湖北 1390 家（5.0%），河南 1198 家（4.3%），北京 1111 家（4.0%），福建 1078 家（3.9%），河北 1063 家（3.8%），广东 1063 家（3.8%）。从企业的数量来看，相比 2012 年，在区域分布上基本保持不变，东部地区位居前列。

在实收资本净额区域分布方面，江苏以 11.57% 的占比高居榜首，而 2012 年排名第一的广东则滑落至第七，占比仅为 4.9%①。旅游企业资本前十位的省份方面，湖南顶替云南进入前十。详细数据如表 1 所示。

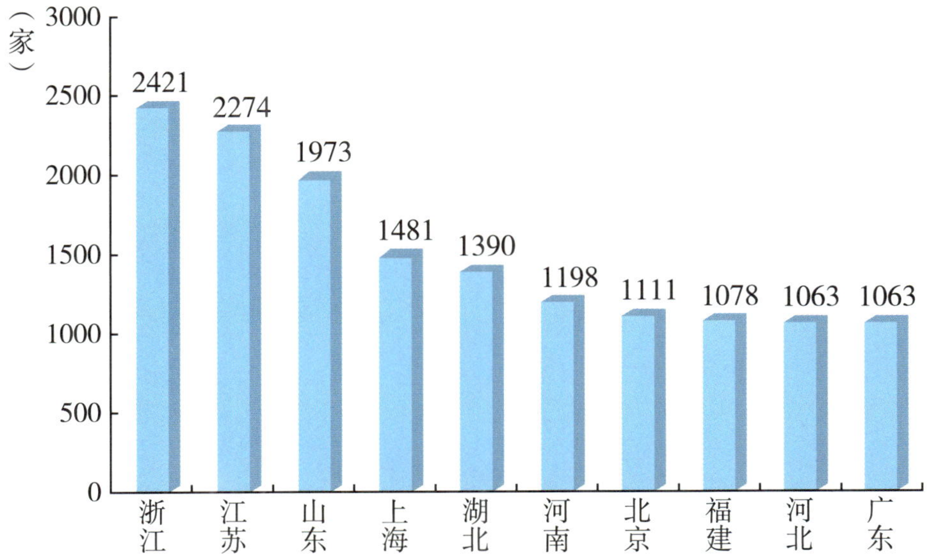


图 4　按地域分 2013 年全国旅游企业

① 因2013年企业上报样本数据的调整，2012年的旅游企业的相关财务数据已进行了重新校正和调整，本报告中所公布的2012年旅游企业数据均是同此。

**表 1　2013 年旅游企业实收资本净额区域分布对比表**

单位：%

| （2013 年） | | （2012 年） | |
|---|---|---|---|
| 区　域 | 旅游企业实收资本净额占全国实收资本净额比例 | 区　域 | 旅游企业实收资本净额占全国实收资本净额比例 |
| 江　苏 | 11.57 | 广　东 | 10.84 |
| 北　京 | 10.88 | 江　苏 | 10.49 |
| 浙　江 | 8.72 | 上　海 | 9.30 |
| 上　海 | 8.22 | 浙　江 | 8.22 |
| 山　东 | 5.70 | 北　京 | 7.84 |
| 福　建 | 5.05 | 山　东 | 4.97 |
| 广　东 | 4.90 | 福　建 | 4.40 |
| 湖　北 | 3.84 | 四　川 | 3.97 |
| 四　川 | 3.72 | 云　南 | 3.81 |
| 湖　南 | 3.19 | 湖　北 | 3.66 |
| 云　南 | 3.11 | 湖　南 | 2.93 |
| 陕　西 | 2.76 | 陕　西 | 2.93 |
| 海　南 | 2.74 | 重　庆 | 2.65 |
| 重　庆 | 2.55 | 河　南 | 2.29 |
| 河　南 | 2.36 | 安　徽 | 2.13 |
| 安　徽 | 2.25 | 广　西 | 2.08 |
| 广　西 | 1.99 | 海　南 | 2.04 |
| 河　北 | 1.96 | 内蒙古 | 1.92 |
| 内蒙古 | 1.83 | 山　西 | 1.57 |
| 辽　宁 | 1.78 | 河　北 | 1.53 |
| 山　西 | 1.62 | 江　西 | 1.52 |
| 江　西 | 1.54 | 天　津 | 1.44 |
| 新　疆 | 1.50 | 辽　宁 | 1.36 |

续表

| （2013年） | | （2012年） | |
|---|---|---|---|
| 区　域 | 旅游企业实收资本净额占全国实收资本净额比例 | 区　域 | 旅游企业实收资本净额占全国实收资本净额比例 |
| 天　津 | 1.30 | 新　疆 | 1.20 |
| 黑龙江 | 1.12 | 吉　林 | 1.16 |
| 甘　肃 | 1.08 | 黑龙江 | 1.13 |
| 吉　林 | 1.05 | 甘　肃 | 1.00 |
| 贵　州 | 0.83 | 贵　州 | 0.62 |
| 宁　夏 | 0.44 | 宁　夏 | 0.51 |
| 青　海 | 0.40 | 青　海 | 0.49 |
| 西　藏 | 0.02 | 西　藏 | 0.03 |

## 二、旅游企业资本结构情况

旅游企业资本结构方面，2013年全国旅游企业国有资本和法人资本位居首位。资本规模方面，2013年全国旅游企业平均实收资本净额规模呈现小幅上升，其中旅游景区依然受到资本的青睐，是各地旅游业发展的重点和投资热点。

### （一）旅游企业资本构成

从纳入编报范围的旅游企业资本构成来看，2013年全国旅游企业资本主要以法人资本和国家资本为主，其所占的比例分别为45%和25%。与2012年相比，旅游企业的资本构成基本保持不变，但是国家资本有小幅上升，个人资本和法人资本有小幅下降，详细数据如图5、表2和表3所示。

旅游业态方面，2013年不同业态的旅游企业内部的资本构成也呈现一些不同的特征：

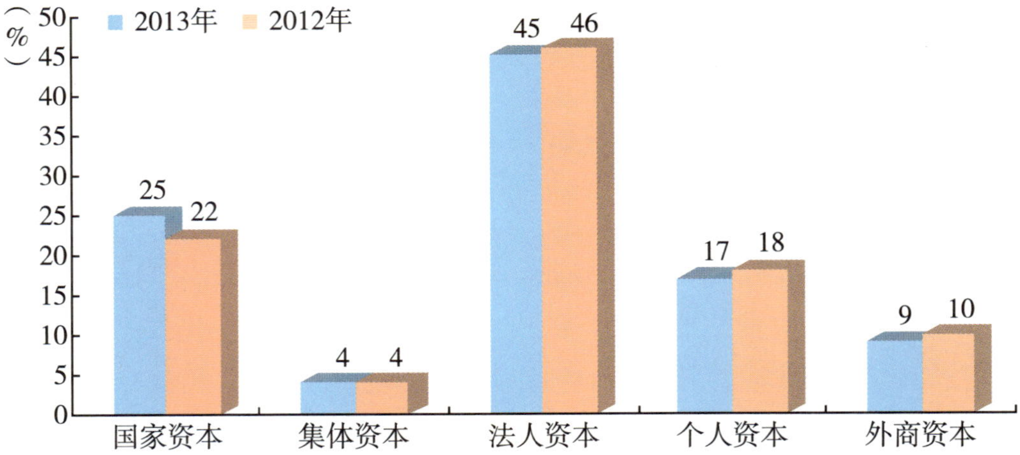


图5　2012～2013年全国旅游企业资本结构

**表2　2013年旅游企业资本构成比例**

单位：%

| 企业类别 | 内部构成 | 国家资本 | 集体资本 | 法人资本 | 个人资本 | 外商资本 |
|---|---|---|---|---|---|---|
| 旅游企业 | 旅游饭店 | 20 | 3 | 47 | 17 | 12 |
| | 旅行社 | 10 | 3 | 44 | 41 | 2 |
| | 旅游景区 | 23 | 6 | 49 | 15 | 7 |
| | 旅游集团 | 65 | 0 | 29 | 3 | 2 |
| | 其他旅游企业 | 44 | 2 | 36 | 15 | 2 |
| 旅游饭店 | 五星级饭店 | 15 | 2 | 54 | 9 | 21 |
| | 四星级饭店 | 23 | 3 | 47 | 18 | 9 |
| | 三星级饭店 | 25 | 6 | 40 | 27 | 3 |

续表

| 企业类别 | 内部构成 | 国家资本 | 集体资本 | 法人资本 | 个人资本 | 外商资本 |
|---|---|---|---|---|---|---|
| | 二星级饭店 | 19 | 8 | 31 | 39 | 2 |
| | 一星级饭店 | 30 | 13 | 34 | 23 | 0 |
| | 未评星级饭店 | 21 | 2 | 36 | 20 | 21 |
| 旅行社 | 经营出境游旅行社 | 14 | 2 | 53 | 29 | 2 |
| | 经营非出境游旅行社 | 6 | 3 | 36 | 53 | 2 |
| 旅游景区 | 5A 级景区 | 26 | 4 | 54 | 9 | 6 |
| | 4A 级景区 | 24 | 7 | 50 | 13 | 6 |
| | 3A 级景区 | 22 | 8 | 36 | 26 | 7 |
| | 2A 级景区 | 12 | 4 | 53 | 23 | 7 |
| | 1A 级景区 | 22 | 0 | 39 | 39 | 0 |
| | 非 A 级景区 | 18 | 6 | 45 | 21 | 11 |

**表 3　2013 年各地旅游企业资本构成比例（按区域）**

单位：%

| 区　域 | 国家资本 | 集体资本 | 法人资本 | 个人资本 | 外商资本 |
|---|---|---|---|---|---|
| 北　京 | 26 | 2 | 56 | 4 | 12 |
| 天　津 | 22 | 4 | 58 | 10 | 6 |
| 河　北 | 28 | 3 | 41 | 22 | 6 |
| 山　西 | 24 | 8 | 27 | 39 | 2 |
| 内蒙古 | 12 | 3 | 49 | 36 | 0 |
| 辽　宁 | 14 | 2 | 37 | 12 | 35 |
| 吉　林 | 43 | 1 | 24 | 21 | 11 |
| 黑龙江 | 28 | 2 | 49 | 15 | 6 |
| 上　海 | 13 | 2 | 61 | 10 | 14 |
| 江　苏 | 32 | 7 | 41 | 13 | 8 |

续表

| 区　域 | 国家资本 | 集体资本 | 法人资本 | 个人资本 | 外商资本 |
|---|---|---|---|---|---|
| 浙　江 | 20 | 3 | 53 | 18 | 6 |
| 安　徽 | 12 | 1 | 55 | 25 | 7 |
| 福　建 | 10 | 1 | 48 | 25 | 15 |
| 江　西 | 35 | 3 | 31 | 27 | 3 |
| 山　东 | 40 | 7 | 32 | 16 | 5 |
| 河　南 | 36 | 9 | 32 | 22 | 2 |
| 湖　北 | 16 | 6 | 54 | 20 | 5 |
| 湖　南 | 15 | 6 | 45 | 30 | 4 |
| 广　东 | 25 | 3 | 38 | 19 | 15 |
| 广　西 | 33 | 1 | 28 | 16 | 21 |
| 海　南 | 36 | 1 | 36 | 12 | 14 |
| 重　庆 | 35 | 2 | 35 | 20 | 8 |
| 四　川 | 33 | 2 | 36 | 21 | 8 |
| 贵　州 | 16 | 6 | 32 | 42 | 4 |
| 云　南 | 16 | 6 | 52 | 24 | 2 |
| 陕　西 | 30 | 2 | 39 | 16 | 13 |
| 甘　肃 | 34 | 5 | 41 | 19 | 1 |
| 青　海 | 54 | 2 | 19 | 24 | 0 |
| 宁　夏 | 22 | 9 | 37 | 26 | 6 |
| 新　疆 | 33 | 6 | 51 | 9 | 0 |
| 西　藏 | 12 | 15 | 49 | 24 | 0 |

——旅游集团仍然以国家资本为主，国家资本所占比例高达 65%，比 2012 年的 43% 有较大幅度的上升，对于旅游集团来说，国家资本是其核心的控股资本。

——旅游饭店、旅游景区内部资本结构大致以法人资本为主，在这两个业态企业中，法人资本所占比例分别为 47%、49%。在各个业态之中，外商资本仍然在旅游饭店中所占的比例最高，2013 年平均为 12%。

——旅行社主要以法人资本和个人资本为主，个人资本在旅行社内占据了较高的比例，其所占比例高达 41%。

在区域分布方面，2013 年各地旅游企业内部的资本结构也呈现出一些分布特征：

——各地区旅游企业资本构成大致以国家资本和法人资本为主。

——相对来说，西部和中部地区的旅游企业内部国家资本所占比例较高，比如青海、河南、山东等地旅游企业的国家资本所占比例均位居资本类型中的前列。此外，吉林、甘肃等地 2013 年国家资本所占比例上升也较快，分别为 43% 和 34%。

——对于外商资本来说，辽宁、广东、广西等沿海地区外商资本所占比例最高，特别是辽宁的外商资本 2013 年达到 35%。但总体看，各地区外商资本所占比例都有所下降。

——对于个人资本来说，贵州、山西 、内蒙古等地的个人资本所占比例较高，均超过 35%。特别是贵州地区 2013 年个人资本增长迅速，所占比例达到 42%。

## （二）旅游企业实收资本净额

从纳入编报范围的旅游企业来看，2013 年全国旅游企业实收资本净额规模相对不大，平均为 1093.08 万元，但相比 2012 年，中国旅游企业平均实收资本净额有所增长（2012 年旅游企业平均实收资本净额为 1030.31 万元）。

具体来说，从业态细分上看，2013 年旅游集团平均实收资本净额有所下降（2012 年为 33177.81 万元），旅游景区平均实收资本净额有所增加

（2012 年为 3401.73 万元），旅游饭店和旅行社的平均实收资本净额基本保持不变。详细数据如表 4 所示。

从旅游各业态分布来看，总体结构相比 2012 年变化不大。旅游企业吸纳的投资资本主要分布在旅游饭店中，其占据绝对比例（2013 年为 57.41%），其次是旅游景区（2013 年为 24.23%）。详细数据如表 5 所示。

但是从纵向发展来看，2013 年旅游饭店所占的比例有所下降，而旅游景区和旅游集团所占的比例有所增长。特别是旅游景区，近几年持续上升，日益受到各类资本的青睐，旅游投资也更多地集中在景区的打造和运营中。旅游景区仍然是中国旅游企业投资和发展的重要业态和抓手。

**表 4　全国旅游企业实收资本净额所占比例对比表**

单位：万元

| 企业类别 | | 企业平均实收资本净额（2013 年） | 企业平均实收资本净额（2012 年） |
|---|---|---|---|
| 全国旅游企业 | | 1093.08 | 1030.28 |
| 旅游企业 | 旅游饭店 | 2100.75 | 2017.57 |
| | 旅行社 | 107.80 | 107.62 |
| | 旅游景区 | 3629.50 | 3401.73 |
| | 旅游集团 | 30979.03 | 33177.81 |
| | 其他旅游企业 | 3328.15 | 2805.00 |
| 旅游饭店 | 五星级饭店 | 9275.70 | 8783.38 |
| | 四星级饭店 | 3122.52 | 3233.03 |
| | 三星级饭店 | 998.10 | 992.66 |
| | 二星级饭店 | 368.52 | 390.62 |
| | 一星级饭店 | 214.48 | 278.02 |
| | 未评星级饭店 | 1861.65 | 1986.40 |

续表

| 企业类别 | | 企业平均实收资本净额（2013 年） | 企业平均实收资本净额（2012 年） |
|---|---|---|---|
| 旅行社 | 经营出境游旅行社 | 449.54 | 503.27 |
| | 经营非出境游旅行社 | 63.29 | 63.69 |
| 旅游景区 | 5A 级景区 | 14430.01 | 13018.97 |
| | 4A 级景区 | 4577.76 | 4528.70 |
| | 3A 级景区 | 1630.26 | 1964.44 |
| | 2A 级景区 | 1344.20 | 1426.13 |
| | 1A 级景区 | 658.09 | 629.79 |
| | 非 A 级景区 | 3218.92 | 2524.29 |

**表 5　全国旅游企业实收资本净额所占比例对比表**

单位：%

| 企业类别 | 内部构成 | 旅游企业实收资本净额占全国实收资本净额比例（2013 年） | 旅游企业实收资本净额占全国实收资本净额比例（2012 年） |
|---|---|---|---|
| 旅游企业 | 旅游饭店 | 57.41 | 58.71 |
| | 旅行社 | 6.01 | 6.43 |
| | 旅游景区 | 24.23 | 23.47 |
| | 旅游集团 | 7.56 | 8.37 |
| | 其他旅游企业 | 4.78 | 3.03 |
| 旅游饭店 | 五星级饭店 | 19.82 | 18.04 |
| | 四星级饭店 | 19.76 | 21.65 |
| | 三星级饭店 | 12.15 | 12.72 |
| | 二星级饭店 | 1.61 | 2.03 |
| | 一星级饭店 | 0.03 | 0.06 |
| | 未评星级饭店 | 4.04 | 4.20 |

续表

| 企业类别 | 内部构成 | 旅游企业实收资本净额占全国实收资本净额比例（2013 年） | 旅游企业实收资本净额占全国实收资本净额比例（2012 年） |
|---|---|---|---|
| 旅行社 | 经营出境游旅行社 | 2.89 | 3.00 |
| | 经营非出境游旅行社 | 3.12 | 3.42 |
| 旅游景区 | 5A 级景区 | 4.66 | 3.57 |
| | 4A 级景区 | 12.71 | 12.24 |
| | 3A 级景区 | 3.02 | 4.00 |
| | 2A 级景区 | 1.05 | 1.23 |
| | 1A 级景区 | 0.06 | 0.05 |
| | 非 A 级景区 | 2.73 | 2.38 |

## 三、旅游企业基本规模情况

总体上看，2013 年旅游企业规模仍然保持平稳增长趋势。从纳入编报范围的旅游企业来看，2013 年旅游企业总资产规模、固定资产规模均有小幅增长。

### （一）旅游企业资产规模

1. 旅游企业总资产

2013 年纳入编报范围的全国旅游企业平均总资产为 3640.72 万元，比 2012 年增加 189.77 万元。总体上，旅游企业的总资产规模呈现增长趋势。

其中，旅游集团的企业平均总资产最大，为 247485.42 万元，远远超过了旅游企业的平均水平；其次是旅游景区，其平均总资产为 14320.97 万元；再其次是旅游饭店，其平均总资产为 4855.94 万元。而旅行社的企业总资产规模最小，平均总资产仅为 388.65 万元。



与 2012 年相比，旅游饭店企业总资产规模呈现下降态势，各类星级饭店的平均总资产均出现不同程度的下降。

相比之下，旅游景区发展迅速，旅游景区企业的平均总资产呈现增长态势，从 2012 年的 12762.96 万元增至 2013 年的 14320.97 万元。

旅行社企业的平均总资产基本保持稳定，其规模相对较小。

详细数据如表 6 所示。

**表 6　旅游企业平均总资产对比表**

单位：万元

| 企业类别 | 内部构成 | 平均总资产（2013 年） | 平均总资产（2012 年） |
|---|---|---|---|
| | 全国旅游企业 | 3640.72 | 3450.95 |
| 旅游企业 | 旅游饭店 | 4855.94 | 4943.41 |
| | 旅行社 | 388.65 | 377.31 |
| | 旅游景区 | 14320.97 | 11760.31 |
| | 旅游集团 | 247485.42 | 290284.32 |
| | 其他旅游企业 | 15775.91 | 13188.25 |
| 旅游饭店 | 五星级饭店 | 23481.44 | 24511.21 |
| | 四星级饭店 | 7303.35 | 7493.71 |
| | 三星级饭店 | 2069.88 | 2170.53 |
| | 二星级饭店 | 762.58 | 954.04 |
| | 一星级饭店 | 397.84 | 477.83 |
| | 未评星级饭店 | 3562.30 | 4930.64 |

续表

| 企业类别 | 内部构成 | 平均总资产（2013 年） | 平均总资产（2012 年） |
|---|---|---|---|
| 旅行社 | 经营出境游旅行社 | 2308.51 | 2456.73 |
| | 经营非出境游旅行社 | 138.61 | 146.41 |
| 旅游景区 | 5A 级景区 | 59006.20 | 52324.09 |
| | 4A 级景区 | 18759.41 | 16587.48 |
| | 3A 级景区 | 6893.44 | 6118.12 |
| | 2A 级景区 | 4095.30 | 4009.89 |
| | 1A 级景区 | 1382.70 | 2416.33 |
| | 非 A 级景区 | 9872.16 | 6202.22 |

2. 旅游企业固定资产净值

2013 年纳入编报范围的全国旅游企业平均固定资产净值为 1190.27 万元，相比 2012 年呈现小幅增长。

其中，2013 年旅游集团的企业平均固定资产净值最大，为 63105.40 万元，远远超过了旅游企业的平均水平。其次是旅游景区和旅游饭店，其平均固定资产净值分别为 4340.74 万元和 2055.45 万元，旅行社类旅游企业的平均固定资产净值最小，为 41.61 万元。

与 2012 年相比，总体上旅游企业的平均固定资产净值呈现小幅上升，旅游景区和旅游集团的平均固定资产净值呈现增长趋势，而旅游饭店、旅行社的平均固定资产净值出现下降趋势。

详细数据如表 7 所示。

表 7　旅游企业平均固定资产净值对比表

单位：万元

| 企业类别 | 内部构成 | 平均固定资产净值（2013 年） | 平均固定资产净值（2012 年） |
|---|---|---|---|
| | 全国旅游企业 | 1190.27 | 1149.80 |
| 旅游企业 | 旅行社 | 41.61 | 43.56 |
| | 旅游饭店 | 2055.45 | 2142.79 |
| | 旅游集团 | 63105.40 | 61901.17 |
| | 旅游景区 | 4340.74 | 3791.79 |
| | 其他旅游企业 | 4187.65 | 4519.44 |
| 旅游饭店 | 五星级饭店 | 9508.47 | 10430.51 |
| | 四星级饭店 | 3074.12 | 3221.46 |
| | 三星级饭店 | 920.27 | 964.95 |
| | 二星级饭店 | 375.59 | 448.81 |
| | 一星级饭店 | 191.35 | 291.87 |
| | 未评星级饭店 | 1627.23 | 2169.38 |
| 旅行社 | 经营出境游旅行社 | 199.36 | 251.22 |
| | 经营非出境游旅行社 | 21.07 | 20.50 |
| 旅游景区 | 5A 级景区 | 18086.16 | 17113.48 |
| | 4A 级景区 | 6099.96 | 5367.04 |
| | 3A 级景区 | 1839.32 | 2173.76 |
| | 2A 级景区 | 1050.84 | 1159.26 |
| | 1A 级景区 | 397.52 | 1037.80 |
| | 非 A 级景区 | 2284.45 | 1540.26 |

## （二）旅游企业营业总收入

2013 年纳入编报范围的全国旅游企业的平均营业总收入为 2067.96 万

元，比 2012 年有所下降。

从绝对规模上来看，在不同业态内部，旅游集团、旅游景区等旅游企业经营水平仍然具有绝对优势，2013 年这两类旅游企业的营业总收入显高于平均水平，而旅行社和旅游饭店的经营规模和营业水平相对不高。

从时间纵向来看，2013 年饭店和旅行社的营业总收入有小幅下降，旅游景区、旅游集团等旅游企业的营业总收入出现不同程度的增长。

详细数据如表 8 所示。

**表 8　2013 年旅游企业平均营业总收入**

单位：万元

| 企业类别 | 内部构成 | 平均营业总收入 | |
|---|---|---|---|
| | | 2013 年 | 2012 年 |
| | 全国旅游企业 | 2067.96 | 2082.10 |
| 旅游企业 | 旅游饭店 | 1748.11 | 2003.56 |
| | 旅行社 | 1414.90 | 1536.11 |
| | 旅游景区 | 2389.18 | 2152.03 |
| | 旅游集团 | 151247.22 | 123810.11 |
| | 其他旅游企业 | 6685.15 | 5532.59 |
| 旅游饭店 | 五星级饭店 | 7480.21 | 8785.46 |
| | 四星级饭店 | 2670.69 | 3167.81 |
| | 三星级饭店 | 883.03 | 1026.53 |
| | 二星级饭店 | 360.96 | 415.11 |
| | 一星级饭店 | 243.57 | 268.95 |
| | 未评星级饭店 | 1164.62 | 1733.43 |
| 旅行社 | 经营出境游旅行社 | 9151.25 | 10166.93 |
| | 经营非出境游旅行社 | 407.36 | 577.73 |

续表

| 企业类别 | 内部构成 | 平均营业总收入 | |
|---|---|---|---|
| | | 2013 年 | 2012 年 |
| 旅游景区 | 5A 级景区 | 10900.94 | 11671.80 |
| | 4A 级景区 | 2735.10 | 2716.52 |
| | 3A 级景区 | 1568.95 | 1290.73 |
| | 2A 级景区 | 908.97 | 653.07 |
| | 1A 级景区 | 526.02 | 516.39 |
| | 非 A 级景区 | 1379.01 | 1136.77 |

### （三）旅游企业平均从业人员

从纳入编报范围的旅游企业的从业人数和旅游企业的职工人数来看，2013 年全国旅游企业大都为小型经营的企业，旅游企业年末从业人数平均大致为 54 人，旅游企业全年平均职工人数为 54 人。与 2012 年相比，旅游企业平均从业人数和平均职工人数大致保持稳定。

1. 旅游企业年末从业人数

2013 年全国旅游企业年末从业人数平均为 54 人，其中，旅游集团年末从业人数平均为 2357 人；旅游饭店和旅游景区年末从业人数平均分别为 102 人和 101 人；旅行社年末从业人数最少，平均仅为 13 人。

2. 旅游企业年平均职工人数

2013 年全国旅游企业年平均职工人数为 54 人。其中，2013 年旅游集团年平均职工人数为 2388 人，旅游饭店和旅游景区年平均职工人数分别为 102 人和 100 人，旅行社年平均职工人数最少，仅为 12 人。其他旅游企业年平均职工人数为 126 人。相比 2012 年旅游集团的平均职工人数有所增加，其他类型的旅游企业职工人数保持稳定。

详细数据如表 9 所示。

**表 9　旅游企业年末从业人数和年平均职工人数对比表**

单位：人

| 企业类别 | 内部构成 | 企业年末从业人数 | | 企业年平均职工人数 | |
|---|---|---|---|---|---|
| | | 2013 年 | 2012 年 | 2013 年 | 2012 年 |
| 旅游企业 | 全国旅游企业 | 54 | 57 | 54 | 57 |
| | 旅游饭店 | 102 | 115 | 102 | 114 |
| | 旅行社 | 13 | 14 | 12 | 14 |
| | 旅游景区 | 101 | 103 | 100 | 101 |
| | 旅游集团 | 2357 | 2025 | 2388 | 2004 |
| | 其他旅游企业 | 121 | 125 | 126 | 125 |
| 旅游饭店 | 五星级饭店 | 308 | 351 | 310 | 351 |
| | 四星级饭店 | 156 | 179 | 154 | 177 |
| | 三星级饭店 | 70 | 80 | 69 | 80 |
| | 二星级饭店 | 33 | 39 | 33 | 38 |
| | 一星级饭店 | 27 | 30 | 22 | 26 |
| | 未评星级饭店 | 68 | 92 | 68 | 92 |
| 旅行社 | 经营出境游旅行社 | 56 | 62 | 54 | 62 |
| | 经营非出境游旅行社 | 7 | 8 | 7 | 9 |
| 旅游景区 | 5A 级景区 | 372 | 410 | 367 | 414 |
| | 4A 级景区 | 126 | 132 | 126 | 131 |
| | 3A 级景区 | 58 | 70 | 57 | 67 |
| | 2A 级景区 | 36 | 40 | 36 | 40 |
| | 1A 级景区 | 24 | 28 | 26 | 26 |
| | 非 A 级景区 | 79 | 64 | 77 | 63 |

## 四、旅游企业财务效益情况

2013年，受大环境影响，旅游企业经营状况普遍下滑，旅游企业盈利能力并不理想。这一财务状况是多重因素所致，既有宏观经济下滑的影响，也有各项成本升高因素，还有营改增等因素，更重要的还在于整个社会经济转型之下，我国旅游消费虚高以及过度依赖畸形的市场因素。旅游业过度依赖国内畸形消费市场特征，造成行业发展中存在一定市场泡沫，而在中央“八项规定”、《旅游法》等外部政策刺激下，消费市场中的各种泡沫被进一步挤出，大量传统旅游企业的市场生存空间被压缩，经营状况不理想，这也在很大程度上拉低了旅游行业的财务效益水平。具体说来：

一是源于宏观经济态势和社会转型结构性特征的影响。2013年中国宏观经济面临下行压力，经济结构处于调整之中，这些总的宏观态势和外部大环境是旅游企业效益下滑的重要原因之一。不仅如此，当前经济、社会等领域也都处于转型改革之中，诸多问题交织在一起，整个中国消费市场呈现虚高特征，这一畸形的消费市场结构和消费行为特征，也进一步反映在旅游行业当中，使得旅游消费也呈现虚高特征，政府公务消费、商务消费甚至成为旅游市场中的重要力量。而在中央“八项规定”政策和“提倡消费节约”的环境之下，整个旅游企业受到不可避免的冲击。

二是源于旅游企业成本负担的增加，特别是在营业收入下降的情况下，企业成本的逐年高企更加恶化了企业的盈利状况。2013年旅游企业的贷款利息支出和资产折旧费用、能源价格、劳动力成本等持续上升，使企业营业成本压力明显。

三是源于旅游市场畸形，高端市场、政府市场下降明显。受整个中国经济发展和社会消费膨胀的刺激，整体上看我国旅游消费市场存在明显偏高的非理性特征，旅游消费的发展水平远超前于经济发展阶段，这其中突出表现在出境旅游上面，中国出境旅游人次和出境消费水平的超速扩张已使得中国旅游贸易逆差成为极其重要的问题。旅游市场的非理性还体现于旅游消费结构特征，旅游消费中存在大量的非个人消费诸如政府消费、集团消费和企业消费，这也使得部分旅游企业过度依赖于政府消费。因此，2012 年 12 月中央出台“八项规定”和“六项禁令”后，大量公务消费被有效遏制，相应地，那些过度依赖政府消费、商务消费的旅游企业在 2013 年受冲击最为严重，许多高档酒店、高档餐饮企业经营效益下降明显。

此外，现阶段旅游行业中有部分企业在经营领域、管理理念、经营模式、技术手段等方面都相对落后。传统旅游企业过去在不可持续的消费支撑下，得以生存和发展。而面对市场结构的巨大转变和互联网等新技术的冲击，传统的盈利渠道受阻，收益迅速下降，客户流失情况严重，财务效益下滑十分明显。由此，在 2013 年旅游企业财务数据中，我们能够看到，旅游行业中大量的传统旅游企业拉低了旅游行业整体的经营效益水平，尽管旅游市场扩展迅速，甚至一些新业态的旅游企业效益良好，但从总体行业面来看，旅游企业的效益 2013 年出现下滑。

2013 年尽管旅游企业的收益明显下滑，但是旅游企业的现金流、资金周转率等财务指标都处于健康的水平。说明在经济效益下滑的大背景下，作为我国最早市场化的旅游企业具有相当的抵御风险的能力，各旅游企业采取了各种措施积极应对，财务状况总体良好，为旅游企业转型升级提供了财务保障，也为旅游企业在资本市场上的收益奠定了基础。

因此，当前旅游企业财务效益状况呈现下滑状态，表面看来旅游业似乎正迎来一个新的发展危机，但事实上，这一过程反而能较好地挤出旅游市场中的不可持续、不健康的消费泡沫，倒逼并加速传统运营模式的变革，为旅游企业转变经营模式，为旅游市场结构的调整，为旅游产业的转型提供了一个新的契机。借助于这一契机，旅游行业将重新洗牌，筛选出那些真正能够适应市场需求的旅游企业、旅游模式、旅游业态，打破传统的市场消费格局，不断推动旅游业可持续健康地发展。无论是从历史发展经验还是从现实情况来看，面对各种外部危机的刺激，旅游企业经营下滑只是暂时的，旅游业极强的恢复性使其能够很快重新站上新的发展平台，且在新的改革和变革阶段，尽管财务效益出现了下滑，但中国旅游业改革正与中国整体改革一起，迎来新的改革“红利”。所有这些事实上都为旅游业的发展提供了一个调整和转型的新契机。

总体来看，2013年中国旅游企业财务效益下滑是整个旅游产业转型发展的必要阵痛。当前旅游企业财务效益状况的低迷，并不是旅游业行业财务投资回报以及行业长期发展方向的真实反映，而是旅游产业转型中的必要的短期调整。而且从现实中旅游业的微观运作来看，整体旅游业的行业内容和结构依然向好。相比于那些传统的旅游企业来说，整个行业内亮点频现，呈现出大量的新需求、新市场、新商机、新模式、新业态、新产业，一批新的旅游企业和旅游业态日益成长起来。尽管这些新兴的旅游企业数量、市场规模相对较小，但是其效益较高，极大地适应了市场的变化，反映出了中国旅游业未来的发展方向。

### （一）旅游企业盈利能力

与2012年相比，2013年纳入编报范围的旅游企业盈利能力指标有所下降，特别是旅游企业的营业利润、净利润、净资产收益率等核心指标均呈现下降态势。

1. 旅游企业营业利润和净利润

2013 年旅游企业的平均营业利润和平均净利润出现明显下降，2013 年旅游企业的平均营业利润和净利润分别为 52.21 万元和 46.33 万元，与 2012 年相比均有大幅降低。

从绝对规模上来看，在不同业态内部，旅游集团、旅游景区等旅游企业经营水平仍然具有绝对优势，2013 年这两类旅游企业的营业利润和净利润明显高于平均水平，而旅行社和旅游饭店的经营规模和营业水平相对不高。

从时间纵向来看，2013 年旅游集团、旅行社和旅游饭店等旅游企业的营业利润和净利润都出现不同程度的下降，其中旅游饭店和旅游集团的平均营业利润和净利润下降明显。在旅游饭店内部，除一星级和二星级饭店外，其他星级饭店盈利水平都不理想。

相对来说，旅行社和旅游景区的盈利水平保持在相对稳定的状态，其中旅游景区 2013 年平均净利润和平均营业利润均呈现小幅增长。

详细数据如表 10 所示。

**表 10　旅游企业平均营业利润和净利润对比表**

单位：万元

| 企业类别 | 内部构成 | 平均营业利润 | | 平均净利润 | |
|---|---|---|---|---|---|
| | | 2013 年 | 2012 年 | 2013 年 | 2012 年 |
| | 全国旅游企业 | 52.21 | 87.03 | 46.33 | 72.53 |
| 旅游企业 | 旅游饭店 | 21.37 | 69.85 | 15.83 | 58.71 |
| | 旅行社 | 12.21 | 16.30 | 11.03 | 14.71 |
| | 旅游景区 | 258.49 | 253.28 | 249.65 | 242.84 |
| | 旅游集团 | 5592.34 | 13150.42 | 3757.31 | 9660.54 |
| | 其他旅游企业 | 291.98 | 349.75 | 421.85 | 316.51 |

续表

| 企业类别 | 内部构成 | 平均营业利润 | | 平均净利润 | |
|---|---|---|---|---|---|
| | | 2013年 | 2012年 | 2013年 | 2012年 |
| 旅游饭店 | 五星级饭店 | 455.11 | 695.99 | 397.96 | 593.69 |
| | 四星级饭店 | −27.74 | 64.36 | −32.76 | 51.26 |
| | 三星级饭店 | −14.01 | 8.71 | −14.97 | 7.38 |
| | 二星级饭店 | 10.84 | 8.87 | 9.32 | 8.14 |
| | 一星级饭店 | 10.21 | 3.07 | 15.91 | 10.35 |
| | 未评星级饭店 | −42.20 | 6.21 | −33.10 | 2.98 |
| 旅行社 | 经营出境游旅行社 | 94.57 | 133.19 | 85.98 | 121.00 |
| | 经营非出境游旅行社 | 1.49 | 3.32 | 1.28 | 2.91 |
| 旅游景区 | 5A级景区 | 1870.82 | 2317.27 | 1743.86 | 2021.45 |
| | 4A级景区 | 267.91 | 346.96 | 306.19 | 350.23 |
| | 3A级景区 | 131.67 | 23.61 | 42.97 | 19.69 |
| | 2A级景区 | 64.73 | 25.03 | 57.07 | 26.98 |
| | 1A级景区 | 42.93 | 91.56 | 30.23 | 70.88 |
| | 非A级景区 | 92.39 | 102.88 | 148.18 | 111.71 |

2. 旅游企业净资产收益率

净资产收益率是指企业一定时期内的净利润同平均净资产的比率，体现了投资者投入企业的自由资本获取净收益的能力，反映了投资与报酬的关系，是评价企业资本经营效益的核心指标。

2013年全国旅游企业净资产收益率平均为3.06%，与2012年相比，旅游企业的净资产收益率显现下降趋势（2012年旅游企业的净资产收益率为5.06%）。

具体到各个不同类型旅游企业，旅行社，旅游集团、旅游饭店、旅游景区等各旅游企业的净资产收益率 2013 年均出现了不同程度的下降。这些旅游企业经营状况的下滑，直接导致了旅游企业净资产收益率的降低。

在旅游饭店方面，除一星级和二星级饭店的净资产收益率有所上涨外，其他类型星级饭店的净资产收益率均出现不同程度的减少。全国共有 19 个省市的旅游饭店净资产收益率为负数，饭店经营状况不容乐观。

在旅游景区方面，旅游景区净资产收益率较低主要集中在中西部地区，比如新疆、贵州等地，其净资产收益率为负，远低于全国平均水平。

旅行社的净资产收益率在 2013 年出现下降，为 8.04%，比 2012 年下降了 2.81 个百分点。从区域角度看，2013 年上海、山东等地旅行社净资产收益率较高，分别为 16.09% 和 13.38%。净资产收益率较低的省市主要集中在中西部地区，比如西藏、宁夏、陕西、贵州等地，其净资产收益率均为负值。

详细数据如表 11 所示。

**表 11　旅游企业净资产收益率对比表**

单位：%

| 企业类别 | 企业类型 | 净资产收益率（2013 年） | 净资产收益率（2012 年） |
|---|---|---|---|
| | 全国旅游企业 | 3.06 | 5.06 |
| 旅游企业 | 旅行社 | 8.04 | 10.85 |
| | 旅游饭店 | 0.69 | 2.62 |
| | 旅游集团 | 4.88 | 9.95 |
| | 旅游景区 | 4.01 | 4.71 |
| | 其他旅游企业 | 7.44 | 5.85 |

续表

| 企业类别 | 企业类型 | 净资产收益率（2013年） | 净资产收益率（2012年） |
|---|---|---|---|
| 旅游饭店 | 五星级饭店 | 3.50 | 5.37 |
| | 四星级饭店 | -1.00 | 1.53 |
| | 三星级饭店 | -1.51 | 0.72 |
| | 二星级饭店 | 2.36 | 1.90 |
| | 一星级饭店 | 5.50 | 3.43 |
| | 未评星级饭店 | -2.10 | 0.14 |
| 旅行社 | 经营出境游旅行社 | 11.87 | 15.07 |
| | 经营非出境游旅行社 | 2.10 | 4.72 |
| 旅游景区 | 5A级景区 | 7.09 | 9.30 |
| | 4A级景区 | 3.68 | 4.87 |
| | 3A级景区 | 1.47 | 0.71 |
| | 2A级景区 | 3.08 | 1.27 |
| | 1A级景区 | 4.33 | 5.22 |
| | 非A级景区 | 3.56 | 4.07 |

3. 旅游企业总资产报酬率

总资产报酬率表示企业包括净资产和负债在内的全部资产的总体获利能力，是评价企业资产运营效益的重要指标。2013年全国旅游企业总资产报酬率平均为3.08%，与2012年相比略有下降。其中，旅游集团总资产报酬率最高，平均为4.26%；其次是旅行社，总资产报酬率平均为4.13%；旅游景区总资产报酬率平均为3.50%；旅游饭店的总资产报酬率最低，仅为1.80%。

与2012年相比，旅游饭店、旅游集团、旅行社和旅游景区的总资产报酬率均出现不同程度的下降。

详细数据如表12所示。

**表 12　旅游企业总资产报酬率对比表**

单位：%

| 企业类别 | 单位类型 | 总资产报酬率（2013 年） | 总资产报酬率（2012 年） |
|---|---|---|---|
| | 全国旅游企业 | 3.08 | 3.99 |
| 旅游企业 | 旅行社 | 4.13 | 5.43 |
| | 旅游饭店 | 1.80 | 2.85 |
| | 旅游集团 | 4.26 | 5.99 |
| | 旅游景区 | 3.50 | 3.80 |
| | 其他旅游企业 | 5.21 | 4.49 |
| 旅游饭店 | 五星级饭店 | 3.45 | 4.56 |
| | 四星级饭店 | 0.87 | 2.24 |
| | 三星级饭店 | 0.49 | 1.57 |
| | 二星级饭店 | 2.48 | 2.23 |
| | 一星级饭店 | 5.77 | 3.32 |
| | 未评星级饭店 | 0.56 | 1.16 |
| 旅行社 | 经营出境游旅行社 | 5.19 | 6.61 |
| | 经营非出境游旅行社 | 1.96 | 3.27 |
| 旅游景区 | 5A 级景区 | 4.98 | 6.44 |
| | 4A 级景区 | 3.21 | 3.86 |
| | 3A 级景区 | 3.12 | 1.49 |
| | 2A 级景区 | 2.53 | 1.51 |
| | 1A 级景区 | 4.49 | 6.16 |
| | 非 A 级景区 | 2.90 | 3.10 |

*4. 旅游企业利润率*

（1）销售（营业）利润率

旅游企业销售（营业）利润率是指旅游企业一定时期内营业利润同

营业收入净额的比率。2013年全国旅游企业销售（营业）利润率平均为2.52%，比2012年的4.18%有明显下降。其中，旅游集团的销售（营业）利润率下降最为明显，2013年旅游集团的销售（营业）利润率仅为3.70%，较2012年的10.62%下降了6.92个百分点。旅游景区、旅游饭店、旅行社的销售（营业）利润率与2012年相比均呈现下降态势。

（2）成本费用利润率

旅游企业成本费用利润率是指旅游企业一定时期内营业利润与企业成本费用总额的比例，表示企业为取得利润而付出的代价。2013年全国旅游企业成本费用利润率平均为3.54%，比2012年4.92%有所下降。

其中，2013年旅游景区的成本费用利润率最大，平均为16.19%，比2012年有所增加；其次是旅游集团，成本费用利润率为4.94%，比2012年降幅明显；旅游饭店、旅行社的成本费用利润率仅为1.92%和1.00%。

详细数据如表13所示。

**表13　旅游企业销售（营业）利润率、成本费用利润率对比表**

单位：%

| 企业类别 | 单　位 | 销售（营业）利润率 | | 成本费用利润率 | |
|---|---|---|---|---|---|
| | | 2013年 | 2012年 | 2013年 | 2012年 |
| | 全国旅游企业 | 2.52 | 4.18 | 3.54 | 4.92 |
| 旅游企业 | 旅游饭店 | 1.22 | 3.49 | 1.92 | 4.22 |
| | 旅行社 | 0.86 | 1.06 | 1.00 | 1.19 |
| | 旅游景区 | 10.81 | 11.77 | 16.19 | 15.94 |
| | 旅游集团 | 3.70 | 10.62 | 4.94 | 12.66 |
| | 其他旅游企业 | 4.37 | 6.32 | 8.34 | 7.44 |

续表

| 企业类别 | 单　位 | 销售（营业）利润率 | | 成本费用利润率 | |
|---|---|---|---|---|---|
| | | 2013 年 | 2012 年 | 2013 年 | 2012 年 |
| 旅游饭店 | 五星级饭店 | 6.08 | 7.92 | 7.14 | 8.99 |
| | 四星级饭店 | −1.04 | 2.03 | −0.33 | 2.84 |
| | 三星级饭店 | −1.59 | 0.85 | −1.05 | 1.48 |
| | 二星级饭店 | 3.02 | 2.14 | 3.49 | 2.85 |
| | 一星级饭店 | 3.85 | 1.14 | 7.92 | 4.99 |
| | 未定星级饭店 | −3.62 | 0.36 | −2.14 | 0.91 |
| 旅行社 | 经营出境游旅行社 | 1.03 | 1.31 | 1.14 | 1.44 |
| | 经营非出境游旅行社 | 0.37 | 0.58 | 0.56 | 0.71 |
| 旅游景区 | 5A 级景区 | 17.16 | 19.85 | 22.83 | 25.72 |
| | 4A 级景区 | 9.80 | 12.77 | 15.93 | 18.30 |
| | 3A 级景区 | 8.39 | 1.83 | 11.55 | 3.33 |
| | 2A 级景区 | 7.09 | 3.83 | 9.63 | 5.84 |
| | 1A 级景区 | 8.16 | 17.73 | 9.64 | 22.07 |
| | 非 A 级景区 | 6.70 | 9.05 | 15.36 | 13.26 |

## （二）旅游企业资产运营能力

与 2012 年相比，2013 年纳入编报范围的旅游企业总资产周转率、流动资产周转率和应收账款周转率均有所下降。

### 1. 旅游企业总资产周转率

旅游企业总资产周转率是指企业一定时期内营业收入净额同平均资产总额的比率，是综合评价企业全部资产经营质量和利用效率的重要指标。2013 年全国旅游企业总资产周转率平均为 59.63%，比 2012 年的 63.53% 有所下降。

其中，旅行社的总资产周转率最大，平均为 387.44%，远远高于其他类型的旅游企业；其次是旅游集团，总资产周转率平均为65.09%；旅游景区和旅游饭店的总资产周转率分别为18.06%和36.40%。

与2012年相比，旅游集团的总资产周转率出现小幅增长，而旅行社、旅游饭店、旅游景区等企业的总资产周转率则出现不同程度的下降。

详细数据如表14所示。

**表14　旅游企业总资产周转率（%）对比表**

| 企业类别 | 内部构成 | 2013年 | 2012年 |
|---|---|---|---|
| | 全国旅游企业 | 59.63 | 63.53 |
| 旅游企业 | 旅游饭店 | 36.40 | 41.46 |
| | 旅行社 | 387.44 | 434.17 |
| | 旅游景区 | 18.06 | 19.93 |
| | 旅游集团 | 65.09 | 45.53 |
| | 其他旅游企业 | 46.52 | 44.94 |
| 旅游饭店 | 五星级饭店 | 32.09 | 36.42 |
| | 四星级饭店 | 37.20 | 43.41 |
| | 三星级饭店 | 43.04 | 48.45 |
| | 二星级饭店 | 48.10 | 44.43 |
| | 一星级饭店 | 65.33 | 58.85 |
| | 未评星级饭店 | 32.89 | 36.32 |
| 旅行社 | 经营出境游旅行社 | 430.47 | 444.01 |
| | 经营非出境游旅行社 | 299.75 | 416.14 |
| 旅游景区 | 5A级景区 | 20.18 | 23.98 |
| | 4A级景区 | 15.65 | 17.99 |
| | 3A级景区 | 24.50 | 22.45 |
| | 2A级景区 | 24.07 | 18.14 |
| | 1A级景区 | 36.03 | 23.61 |
| | 非A级景区 | 15.77 | 20.03 |

2. 旅游企业流动资产周转率

旅游企业流动资产周转率是指企业一定时期营业收入净额同平均流动资产总额的比率。2013 年全国旅游企业流动资产周转率平均为 150.56%，流动资产周转率相对较高，资产利用效率表现良好，但比 2012 年的 156.32% 小幅下降。

其中，2013 年旅行社企业流动资产周转率最大，平均为 507.76%，远远高于其他类型的旅游企业；其次是旅游饭店和旅游集团，分别为 98.20% 和 151.50%，旅游景区的流动资产周转率相对偏低，平均为 58.05%。与 2012 年相比，除旅游集团的流动资产周转率有所增长外，其他三类旅游企业的流动资产周转率均比 2012 年小幅下降。

详细数据如表 15 所示。

**表 15　旅游企业流动资产周转率对比表**

单位：%

| 企业类别 | 内部构成 | 2013 年 | 2012 年 |
|---|---|---|---|
| | 全国旅游企业 | 150.56 | 156.32 |
| 旅游企业 | 旅游饭店 | 98.20 | 117.47 |
| | 旅行社 | 507.76 | 579.16 |
| | 旅游景区 | 58.05 | 59.05 |
| | 旅游集团 | 151.50 | 93.47 |
| | 其他旅游企业 | 92.62 | 102.38 |
| 旅游饭店 | 五星级饭店 | 87.02 | 105.81 |
| | 四星级饭店 | 97.88 | 120.28 |
| | 三星级饭店 | 117.12 | 134.00 |
| | 二星级饭店 | 133.46 | 126.95 |
| | 一星级饭店 | 160.95 | 212.77 |
| | 未评星级饭店 | 97.33 | 108.73 |

续表

| 企业类别 | 内部构成 | 2013年 | 2012年 |
|---|---|---|---|
| 旅行社 | 经营出境游旅行社 | 567.37 | 607.11 |
| | 经营非出境游旅行社 | 388.36 | 531.48 |
| 旅游景区 | 5A级景区 | 71.98 | 85.66 |
| | 4A级景区 | 54.29 | 54.83 |
| | 3A级景区 | 78.12 | 62.83 |
| | 2A级景区 | 47.02 | 47.03 |
| | 1A级景区 | 68.50 | 150.08 |
| | 非A级景区 | 35.27 | 40.38 |

3. 存货周转率

存货周转率是指企业一定时期内销售成本与平均存货的比率，是对流动资产周转率的补充说明。2013年全国旅游企业平均存货周转率为3.52次，比2012年小幅增长。其中，旅游饭店的平均存货周转率为6.14次，远远超过平均水平，旅游景区和旅游集团的平均存货周转率分别为1.82次和4.00次。

4. 旅游企业应收账款周转率

旅游企业应收账款周转率是指一定时期内企业营业收入净额同平均应收账款余额的比率。2013年全国旅游企业应收账款周转率平均为16.44次，应收账款周转速度较快，能够有效地将旅游企业的应收账款转为现金，减少坏账损失。与2012年的20.03次相比，旅游企业应收账款周转率呈现小幅下降趋势。

其中，2013年旅游集团应收账款周转率为21.58次，比上年有所下滑；旅行社应收账款周转率尽管也出现小幅下降，但仍位居第一位，为24.05次；旅游饭店应收账款周转率为11.57次；旅游景区应收账款周转率相对偏低，为 7.99 次，比 2012 年有所下降。

详细数据如表 16 所示。

**表 16　旅游企业应收账款周转率对比表**

单位：次

| 企业类别 | 内部构成 | 2013 年 | 2012 年 |
|---|---|---|---|
| | 全国旅游企业 | 16.44 | 20.03 |
| 旅游企业 | 旅游饭店 | 11.57 | 15.13 |
| | 旅行社 | 24.05 | 27.45 |
| | 旅游景区 | 7.99 | 12.18 |
| | 旅游集团 | 21.58 | 23.54 |
| | 其他旅游企业 | 22.62 | 15.87 |
| 旅游饭店 | 五星级饭店 | 11.46 | 20.19 |
| | 四星级饭店 | 13.45 | 16.92 |
| | 三星级饭店 | 9.57 | 10.63 |
| | 二星级饭店 | 7.21 | 8.88 |
| | 一星级饭店 | 12.84 | 19.74 |
| | 未评星级饭店 | 18.24 | 16.25 |
| 旅行社 | 经营出境游旅行社 | 32.01 | 34.36 |
| | 经营非出境游旅行社 | 13.92 | 19.73 |
| 旅游景区 | 5A 级景区 | 30.04 | 25.38 |
| | 4A 级景区 | 5.92 | 13.43 |
| | 3A 级景区 | 8.48 | 7.20 |
| | 2A 级景区 | 4.46 | 5.21 |
| | 1A 级景区 | 10.49 | 24.75 |
| | 非 A 级景区 | 12.35 | 14.27 |

## （三）旅游企业偿债能力

2013年纳入编报范围的旅游企业的资产负债率和流动比率有所下降，旅游企业的速动比率均有所提高，旅游企业的偿债能力总体上处于较为健康状态。

1. 旅游企业资产负债率

旅游企业资产负债率是指旅游企业一定时期内负债总额同资产总额的比率，是评价企业负债水平的综合指标。2013年全国旅游企业资产负债率平均为55.69%，与2012年相比，旅游企业资产负债率呈现小幅下降，基本保持在相对稳定水平。

其中，旅游饭店的资产负债率有所下降，为52.75%；旅行社资产负债率有所上升，仍然位居第一位，为63.37%；旅游集团和旅游景区的资产负债率保持稳定，分别为61.70%和53.06%。

详细数据如表17所示。

**表17　旅游企业资产负债率对比表**

单位：%

| 企业类别 | 内部构成 | 2013年 | 2012年 |
|---|---|---|---|
| | 全国旅游企业 | 55.69 | 55.74 |
| 旅游企业 | 旅游饭店 | 52.75 | 53.71 |
| | 旅行社 | 63.37 | 62.06 |
| | 旅游景区 | 53.06 | 53.78 |
| | 旅游集团 | 61.70 | 59.53 |
| | 其他旅游企业 | 60.61 | 57.96 |
| 旅游饭店 | 五星级饭店 | 50.91 | 53.55 |
| | 四星级饭店 | 55.15 | 54.37 |

续表

| 企业类别 | 内部构成 | 2013 年 | 2012 年 |
|---|---|---|---|
| 旅游饭店 | 三星级饭店 | 52.12 | 52.05 |
| | 二星级饭店 | 46.88 | 54.22 |
| | 一星级饭店 | 29.44 | 35.27 |
| | 未评星级饭店 | 55.16 | 55.73 |
| 旅行社 | 经营出境游旅行社 | 67.10 | 65.18 |
| | 经营非出境游旅行社 | 55.25 | 56.24 |
| 旅游景区 | 5A 级景区 | 53.72 | 57.22 |
| | 4A 级景区 | 52.60 | 53.63 |
| | 3A 级景区 | 54.52 | 54.23 |
| | 2A 级景区 | 52.64 | 41.92 |
| | 1A 级景区 | 51.64 | 38.80 |
| | 非 A 级景区 | 52.39 | 53.01 |

2. 旅游企业资产流动性

旅游企业流动比率是指旅游企业一定时期内流动资产同流动负债的比率，用以衡量企业短期债务偿还能力。旅游企业速动比率是指旅游企业一定时期的速动资产同流动负债的比率，用以衡量企业的短期偿债能力。2013 年全国旅游企业流动比率平均为 108.66%，速动比率平均为 93.75%，说明旅游企业的流动性较好。基本保持在相对稳定的水平上。

具体各个业态方面来看：

流动比率方面，旅行社流动比率最大，平均为 126.62%；其次是旅游集团，流动比率平均为 109.47%，与 2012 年相比呈现下降趋势；旅游景区和旅游饭店的平均流动比率分别为 98.63% 和 105.31%。

速动比率方面，2013 年旅行社企业速动比率最大，平均为 125.89%；旅游景区的速动比率为 84.29%，比 2012 年略有下降；旅游饭店、旅游景区和旅游集团的速动比率分别为99.52%和77.42%。与2012年相比，均呈现出不同程度的增长态势。

详细数据如表18所示。

**表18 旅游企业流动比率与速动比率对比表**

单位：%

| 企业类别 | 内部构成 | 流动比率 | | 速动比率 | |
|---|---|---|---|---|---|
| | | 2013年 | 2012年 | 2013年 | 2012年 |
| | 旅游全国旅游企业 | 108.66 | 110.86 | 93.75 | 88.57 |
| 旅游企业 | 旅游饭店 | 105.31 | 97.93 | 99.52 | 92.29 |
| | 旅行社 | 126.62 | 126.33 | 125.89 | 123.73 |
| | 旅游景区 | 98.63 | 103.50 | 84.29 | 87.52 |
| | 旅游集团 | 109.47 | 132.35 | 77.42 | 64.19 |
| | 其他旅游企业 | 129.94 | 129.49 | 89.68 | 90.94 |
| 旅游饭店 | 五星级饭店 | 122.60 | 109.60 | 117.48 | 104.63 |
| | 四星级饭店 | 105.23 | 96.68 | 99.88 | 91.53 |
| | 三星级饭店 | 86.03 | 85.90 | 79.52 | 79.32 |
| | 二星级饭店 | 92.35 | 83.84 | 82.18 | 76.92 |
| | 一星级饭店 | 169.53 | 85.52 | 153.34 | 68.46 |
| | 未评星级饭店 | 90.40 | 99.11 | 83.18 | 91.60 |
| 旅行社 | 经营出境游旅行社 | 117.53 | 116.59 | 117.07 | 113.18 |
| | 经营非出境游旅行社 | 152.26 | 147.72 | 150.75 | 146.87 |
| 旅游景区 | 5A级景区 | 112.13 | 123.15 | 106.08 | 119.80 |
| | 4A级景区 | 94.08 | 101.60 | 81.32 | 88.23 |
| | 3A级景区 | 84.62 | 85.57 | 67.09 | 60.05 |
| | 2A级景区 | 116.08 | 113.31 | 87.04 | 90.38 |
| | 1A级景区 | 113.54 | 86.65 | 107.57 | 85.00 |
| | 非A级景区 | 114.92 | 122.22 | 92.23 | 97.10 |

3. 长期资产适合率

长期资产适合率是指企业所有者权益与长期负债之和同固定资产与长期投资之和的比率，从企业资源配置结构方面反映了企业财务结构的稳定程度以及财务风险的大小。2013 年全国旅游企业长期资产适合率为 160.76%，与 2012 年基本持平。总体上旅游企业的长期负债能力相对保持在可以控制的范围之内。

其中，旅行社长期资产适合率为 206.27%，经营出境游旅行社为 177.73%，经营非出境游旅行社为 272.66%。

旅游饭店长期资产适合率为 138.47%。其中，五星级饭店为 151.25%，四星级饭店为 139.50%，三星级饭店为 121.27%，二星级饭店为 119.73%，一星级饭店为 157.32%，未评星级饭店为 118.91%。

旅游集团长期资产适合率为 151.83%。

旅游景区长期资产适合率为 183.60%，其中，自然类旅游景区为 211.75%，文物类旅游景区为 133.83%，主题类旅游景区为 151.17%。

其他旅游企业长期资产适合率为 177.24%。

## （四）旅游企业发展能力

总体上看， 2013 年纳入编报范围的旅游企业虽然销售增长率下滑严重，但依然保持强劲的资产增长能力。与 2012 年相比，2013 年旅游企业总资产增长率略低于 2012 年，而资本积累率有所上涨。这些数据表明，2013 年旅游业仍然处于扩张趋势。

1. 销售增长率

销售增长率是指旅游企业本年度营业收入增长额同上年营业收入总额的比率，是评价企业成长状况和发展能力的重要指标。2013 年全国旅游企业销售增长率平均为 –0.87%，出现了负增长，与 2012 年的 13.19% 相比，销售增长率下滑非常严重。

其中，旅游景区销售增长率最高，但平均也仅为 6.44%，与 2012 年的 19.12% 相比下滑十分明显。而其他类型的旅游企业销售增长率与 2012 年相比也均有大幅下降。这其中，旅游集团的销售增长率下滑幅度最大，2013 年为 4.11%，比上年下滑了 16.21 个百分点。值得一提的是，2013 年旅游饭店出现了负增长，且负增长率高达 8.62%。2013 年旅游企业的销售增长率整体表现不容乐观。

详细数据如表 19 所示。

**表 19　旅游企业销售增长率对比表**

单位：%

| 企业类别 | 内部构成 | 2013 年 | 2012 年 |
|---|---|---|---|
| | 全国旅游企业 | –0.87 | 13.19 |
| 旅游企业 | 旅游饭店 | –8.62 | 4.54 |
| | 旅行社 | 0.12 | 15.94 |
| | 旅游景区 | 6.44 | 19.12 |
| | 旅游集团 | 4.11 | 20.32 |
| | 其他旅游企业 | 3.57 | 14.26 |
| 旅游饭店 | 五星级饭店 | –9.94 | 1.15 |
| | 四星级饭店 | –9.19 | 4.95 |
| | 三星级饭店 | –7.52 | 6.21 |
| | 二星级饭店 | –3.94 | 5.07 |
| | 一星级饭店 | –0.48 | 17.26 |
| | 未评星级饭店 | –3.40 | 13.93 |
| 旅行社 | 经营出境游旅行社 | 8.42 | 18.48 |
| | 经营非出境游旅行社 | –18.20 | 11.27 |

续表

| 企业类别 | 内部构成 | 2013 年 | 2012 年 |
|---|---|---|---|
| 旅游景区 | 5A 级景区 | 10.65 | 13.78 |
| | 4A 级景区 | 6.26 | 20.37 |
| | 3A 级景区 | 5.65 | 23.48 |
| | 2A 级景区 | –11.22 | 34.53 |
| | 1A 级景区 | –2.81 | 75.22 |
| | 非 A 级景区 | 10.81 | 9.22 |

2. 资本积累率

资本积累率是指企业本年所有者权益增长额同年初所有者权益的比率，表示企业当年资本的积累能力，是评价企业发展潜力的重要指标。2013 年全国旅游企业资本积累率为 8.16%，比 2012 年有所上升。其中：

旅行社资本积累率为 7.64%，仍保持在较高的增长水平，但比 2012 年有所减速。

旅游饭店资本积累率相对较低，仅为 1.53%，比 2012 年增长步伐进一步放缓。具体到不同类型酒店，一星级和二星级等低星级的旅游饭店的资本积累率，与 2012 年基本保持稳定，分别为 4.78% 和 3.85%；高星级的旅游饭店的资本积累率呈现明显下降趋势。

旅游集团资本积累率为 5.04%，与 2012 年相比有明显放缓趋势。

旅游景区资本积累率不仅保持了两位数的增长速度，而且比 2012 年上涨十分明显，2013 年为 17.82%。这其中，主题类旅游景区增长势头非常明显，资本积累率为 23.82%； 文化类旅游景区和自然类旅游景区的资本积累率分别为 20.70% 和 14.71%，均呈现出明显上涨趋势。

其他旅游企业资本积累率为 21.42%。

详细数据如表20所示。

**表20　旅游企业资本积累率增长率对比表**

单位：%

| 企业类别 | 内部构成 | 2013年 | 2012年 |
|---|---|---|---|
| | 全国旅游企业 | 8.16 | 7.99 |
| 旅游企业 | 旅游饭店 | 1.53 | 4.24 |
| | 旅行社 | 7.64 | 11.61 |
| | 旅游景区 | 17.82 | 11.52 |
| | 旅游集团 | 5.04 | 12.33 |
| | 其他旅游企业 | 21.42 | 5.26 |
| 旅游饭店 | 五星级饭店 | 2.94 | 6.53 |
| | 四星级饭店 | 0.04 | 3.98 |
| | 三星级饭店 | 0.68 | 2.72 |
| | 二星级饭店 | 3.85 | 4.27 |
| | 一星级饭店 | 4.78 | 4.49 |
| | 未评星级饭店 | 2.57 | –0.97 |
| 旅行社 | 经营出境游旅行社 | 10.33 | 13.98 |
| | 经营非出境游旅行社 | 3.60 | 8.40 |
| 旅游景区 | 文物类景区 | 20.70 | 16.55 |
| | 主题类景区 | 23.82 | 7.65 |
| | 自然类景区 | 14.71 | 12.93 |

3. 总资产增长率

总资产增长率是指旅游企业本年总资产增加额同年初资产总额的比率，用以衡量企业本期资产规模的增长情况，评价企业经营规模总量上的扩张程度。2013年全国旅游企业总资产增长率平均为10.45%，处于较快增长水平。与 2012 年 11.17% 相比，保持稳定增长态势。

其中，旅游景区总资产增长率最大，平均为 17.98%，高于其他类型的旅游企业，与 2012 年相比，增长幅度略微下降。

其次是旅行社和旅游集团，2013 年其平均总资产增长率分别为 13.56% 和 13.91%，相比 2012 年都有所下降。但是经营出境旅游业务的旅行社，其总资产增长率高达 18.79%，保持了高速增长势头。

旅游饭店的总资产增长率最低，2013 年为 2.27%，与 2012 年相比，增长速度进一步下滑。

详细数据如表 21 所示。

**表 21　旅游企业总资产增长率对比表**

单位：%

| 企业类别 | 内部构成 | 2013 年 | 2012 年 |
|---|---|---|---|
| | 全国旅游企业 | 10.45 | 11.17 |
| 旅游企业 | 旅游饭店 | 2.27 | 4.68 |
| | 旅行社 | 13.56 | 14.23 |
| | 旅游景区 | 17.98 | 19.57 |
| | 旅游集团 | 13.91 | 14.46 |
| | 其他旅游企业 | 21.68 | 15.35 |
| 旅游饭店 | 五星级饭店 | 1.51 | 3.27 |
| | 四星级饭店 | 3.52 | 5.52 |
| | 三星级饭店 | 1.80 | 5.03 |
| | 二星级饭店 | 2.70 | 4.32 |
| | 一星级饭店 | 7.02 | 9.54 |
| | 未评星级饭店 | 1.20 | 6.86 |
| 旅行社 | 经营出境游旅行社 | 18.79 | 15.73 |
| | 经营非出境游旅行社 | 3.64 | 11.55 |

续表

| 企业类别 | 内部构成 | 2013年 | 2012年 |
|---|---|---|---|
| 旅游景区 | 5A级景区 | 20.30 | 16.26 |
| | 4A级景区 | 15.91 | 21.84 |
| | 3A级景区 | 16.58 | 13.71 |
| | 2A级景区 | 18.50 | 25.68 |
| | 1A级景区 | -10.06 | 23.38 |
| | 非A级景区 | 29.53 | 20.47 |

## 五、旅游企业社会贡献情况

从旅游企业的财务效益上看，尽管2013年旅游企业表现不容乐观，但旅游企业的社会贡献和社会效益依然十分突出。中国旅游市场的增长以及规模的扩张，使得旅游业的社会贡献进一步凸显，旅游企业在推动经济发展、创造就业、提高人们生活水平等方面作用日益明显。从纳入编报范围的旅游企业来看，2013年旅游企业的人均增加值、人均财政贡献有略微下降，但人均职工工资、人均福利支出等指标依然保持了较快的增长势头。

### （一）旅游企业人均增加值

旅游企业增加值是指旅游企业在一定时间内向游客提供旅游服务过程中所创造的增加值，反映了企业创造社会价值的能力。按统计口径，增加值是企业固定资产折旧、劳动者报酬、生产税净额、营业盈余之和。

2013年纳入编报范围的全国旅游企业人均增加值为89160.49元，与2012年的93002.46元相比，旅游企业人均增加值略微有所下降。

其中，旅游景区和旅游集团的企业人均增加值较大，分别为

114956.11 元和 112910.03 元，均大幅超过了旅游企业的平均水平；旅游饭店人均增加值平均为 82186.40 元；旅行社企业平均人均增加值最低，仅为 58743.09 元，但与 2012 年相比，旅行社人均增长值呈现增长态势。

详细数据如表 22 所示。

**表 22　旅游企业人均增加值对比表**

单位：元

| 企业类别 | 内部构成 | 2013 年 | 2012 年 |
|---|---|---|---|
| | 全国旅游企业 | 89160.49 | 93002.46 |
| 旅游企业 | 旅游饭店 | 82186.40 | 85093.49 |
| | 旅行社 | 58743.09 | 52379.16 |
| | 旅游景点 | 114956.11 | 101284.66 |
| | 旅游集团 | 112910.03 | 188217.05 |
| | 其他旅游企业 | 124808.84 | 119040.16 |
| 旅游饭店 | 五星级饭店 | 121945.76 | 116807.67 |
| | 四星级饭店 | 75259.32 | 94246.52 |
| | 三星级饭店 | 67773.26 | 52706.77 |
| | 二星级饭店 | 46345.67 | 45543.19 |
| | 一星级饭店 | 54076.68 | 46811.67 |
| | 未评星级饭店 | 72720.36 | 121778.81 |
| 旅行社 | 经营出境游旅行社 | 70612.57 | 70668.64 |
| | 经营非出境游旅行社 | 47640.13 | 38406.92 |
| 旅游景区 | 5A 级景区 | 183194.35 | 170963.25 |
| | 4A 级景区 | 120992.01 | 102204.00 |
| | 3A 级景区 | 58641.74 | 66153.80 |
| | 2A 级景区 | 78989.00 | 54819.54 |
| | 1A 级景区 | 27498.18 | 95022.94 |
| | 非 A 级景区 | 64352.77 | 74283.20 |

## （二）旅游企业人均财政贡献

旅游企业人均财政贡献是指旅游企业在一定时期内向游客提供旅游服务过程中所创造的财政贡献，反映了企业向国家纳税的能力。按统计口径，财政贡献是企业的各项税费之和。2013年纳入编报范围的全国旅游企业人均财政贡献相对较高，平均为15149.19元，比2012年18171.06元有所下降。

其中，2013年旅游集团的企业人均财政贡献最大，平均为27549.52元，超过了旅游企业的平均水平，但是与2012年相比，下滑非常明显；其次是旅游景区和旅游饭店，人均财政贡献分别为15871.43元和13421.77元；旅行社企业的人均财政贡献最低，平均仅为7508.10元，但与2012年相比，旅行社的人均财政贡献呈现增长态势。

详细数据如表23所示。

**表23　旅游企业人均财政贡献对比表**

单位：元

| 企业类别 | 内部构成 | 2013年 | 2012年 |
|---|---|---|---|
| | 全国旅游企业 | 15149.19 | 18171.06 |
| 旅游企业 | 旅游饭店 | 13421.77 | 15914.34 |
| | 旅行社 | 7508.10 | 7348.83 |
| | 旅游景区 | 15871.43 | 15152.66 |
| | 旅游集团 | 27549.52 | 52751.68 |
| | 其他旅游企业 | 27829.02 | 25915.53 |
| 旅游饭店 | 五星级饭店 | 21775.87 | 21588.18 |
| | 四星级饭店 | 12919.58 | 12687.81 |
| | 三星级饭店 | 8864.96 | 8829.14 |

续表

| 企业类别 | 内部构成 | 2013 年 | 2012 年 |
|---|---|---|---|
| | 二星级饭店 | 6617.34 | 8314.03 |
| | 一星级饭店 | 7097.26 | 7721.77 |
| | 未评星级饭店 | 11725.12 | 60004.23 |
| 旅行社 | 经营出境游旅行社 | 9516.43 | 10247.81 |
| | 经营非出境游旅行社 | 5495.32 | 5118.01 |
| 旅游景区 | 5A 级景区 | 22344.19 | 24383.81 |
| | 4A 级景区 | 15186.25 | 13591.27 |
| | 3A 级景区 | 13073.18 | 14596.16 |
| | 2A 级景区 | 19666.85 | 10366.03 |
| | 1A 级景区 | 3803.06 | 14859.81 |
| | 非 A 级景区 | 10946.97 | 10641.76 |

### （三）旅游企业人均职工工资

旅游企业人均职工工资是指旅游企业在一定时期内为企业职工支付的工资，反映了企业的员工成本和企业职工的工资水平。2013 年纳入编报范围的全国旅游企业年人均职工工资为 33999.69 元，与 2012 年相比，旅游企业年人均职工工资增幅明显。

其中，旅游集团年人均职工工资最高，平均为 43805.22 元，超过了旅游企业的平均水平；旅游饭店人均职工工资为 34498.03 元；旅游景区人均职工工资为 32611.50 元；旅行社年人均职工工资最低，仅为 26583.96 元。与 2012 年相比，各个业态的旅游企业的人均职工工资均出现不同幅度的增长。

详细数据如表 24 所示。

**表 24　旅游企业人均职工工资对比表**

单位：元

| 企业类别 | 内部构成 | 2013 年 | 2012 年 |
| --- | --- | --- | --- |
| 旅游企业 | 全国旅游企业 | 33999.69 | 31410.26 |
| | 旅游饭店 | 34498.03 | 31714.93 |
| | 旅行社 | 26583.96 | 26515.26 |
| | 旅游景区 | 32611.50 | 30290.10 |
| | 旅游集团 | 43805.22 | 39623.59 |
| | 其他旅游企业 | 33880.00 | 30784.67 |
| 旅游饭店 | 五星级饭店 | 43101.20 | 41573.48 |
| | 四星级饭店 | 34235.90 | 31294.01 |
| | 三星级饭店 | 28853.86 | 26311.65 |
| | 二星级饭店 | 25322.27 | 22701.21 |
| | 一星级饭店 | 28095.46 | 24038.95 |
| | 未评星级饭店 | 36453.04 | 34179.98 |
| 旅行社 | 经营出境游旅行社 | 34845.43 | 32314.98 |
| | 经营非出境游旅行社 | 20280.50 | 22055.87 |
| 旅游景区 | 5A 级景区 | 41354.00 | 38403.25 |
| | 4A 级景区 | 32404.26 | 30309.05 |
| | 3A 级景区 | 27083.16 | 25990.66 |
| | 2A 级景区 | 24736.37 | 22952.70 |
| | 1A 级景区 | 26823.42 | 25650.49 |
| | 非 A 级景区 | 31429.37 | 30497.03 |

### （四）旅游企业人均福利支出

旅游企业人均职工福利支出是指旅游企业在一定时期内向游客提供旅游服务过程中为企业职工支付的养老、失业以及医疗保险等费用，反映了企业的员工成本和企业职工的福利水平。2013 年纳入编报范围的全国旅游企业人均福利支出平均为 8402.80 元，比 2012 年的 6035.74 元呈现大幅增长态势。

其中，2013 年旅游集团的年人均职工福利支出最大，平均为 11852.62 元，比 2012 年有大幅上涨；旅行社、旅游饭店和旅游景区的人均职工福利支出分别为 7497.47 元、8363.00 元和 6965.14 元，与 2012 年相比都有不同幅度增加。

详细数据如表 25 所示。

**表 25　旅游企业年人均福利支出对比表**

单位：元

| 企业类别 | 内部构成 | 2013 年 | 2012 年 |
|---|---|---|---|
| | 全国旅游企业 | 8402.80 | 6905.37 |
| 旅游企业 | 旅游饭店 | 8363.00 | 6658.43 |
| | 旅行社 | 7497.47 | 7133.21 |
| | 旅游景区 | 6965.14 | 6477.87 |
| | 旅游集团 | 11852.62 | 8979.33 |
| | 其他旅游企业 | 8724.66 | 8243.60 |
| 旅游饭店 | 五星级饭店 | 14107.73 | 10071.46 |
| | 四星级饭店 | 7193.47 | 6268.29 |
| | 三星级饭店 | 5556.25 | 4893.98 |
| | 二星级饭店 | 5091.96 | 4421.87 |
| | 一星级饭店 | 6660.93 | 6972.49 |
| | 未评星级饭店 | 8452.42 | 7517.65 |
| 旅行社 | 经营出境游旅行社 | 10286.85 | 9236.75 |
| | 经营非出境游旅行社 | 5369.19 | 5515.80 |

续表

| 企业类别 | 内部构成 | 2013年 | 2012年 |
|---|---|---|---|
| 旅游景区 | 5A级景区 | 8895.66 | 8321.37 |
| | 4A级景区 | 7203.28 | 6393.65 |
| | 3A级景区 | 5168.00 | 5787.85 |
| | 2A级景区 | 5459.52 | 5221.88 |
| | 1A级景区 | 3147.89 | 3988.65 |
| | 非A级景区 | 6156.80 | 6270.03 |

### （五）旅游企业平均从业人员

从纳入编报范围的旅游企业的从业人数和旅游企业的职工人数来看，2013年全国旅游企业大都为小型经营的企业，旅游企业年末从业人数平均为54人，旅游企业全年平均职工人数为54人。与2012年相比，旅游企业年末从业人数和年平均职工人数大致保持稳定。

2013年全国旅游企业年末从业人数平均为54人，其中，旅游集团年末从业人数平均为2357人；旅游饭店和旅游景区年末从业人数平均分别为102人和101人；旅行社年末从业人数最少，平均仅为13人。

2013年全国旅游企业年平均职工人数为54人。其中，2013年旅游集团年平均职工人数为2388人，旅游饭店和旅游景区年平均职工人数分别为102人和100人，旅行社年平均职工人数最少，仅为12人。其他旅游企业年平均职工人数为126人。相比2012年旅游集团的平均职工人数有所增加，其他类型的旅游企业职工人数保持稳定。

详细数据如表26所示。

**表 26　旅游企业年末从业人数和年平均职工人数对比表**

单位：人

| 企业类别 | 内部构成 | 企业年末从业人数 | | 企业年平均职工人数 | |
|---|---|---|---|---|---|
| | | 2013 年 | 2012 年 | 2013 年 | 2012 年 |
| | 全国旅游企业 | 54 | 57 | 54 | 57 |
| 旅游企业 | 旅游饭店 | 102 | 115 | 102 | 114 |
| | 旅行社 | 13 | 14 | 12 | 14 |
| | 旅游景区 | 101 | 103 | 100 | 101 |
| | 旅游集团 | 2357 | 2025 | 2388 | 2004 |
| | 其他旅游企业 | 121 | 125 | 126 | 125 |
| 旅游饭店 | 五星级饭店 | 308 | 351 | 310 | 351 |
| | 四星级饭店 | 156 | 179 | 154 | 177 |
| | 三星级饭店 | 70 | 80 | 69 | 80 |
| | 二星级饭店 | 33 | 39 | 33 | 38 |
| | 一星级饭店 | 27 | 30 | 22 | 26 |
| | 未评星级饭店 | 68 | 92 | 68 | 92 |
| 旅行社 | 经营出境游旅行社 | 56 | 62 | 54 | 62 |
| | 经营非出境游旅行社 | 7 | 8 | 7 | 9 |
| 旅游景区 | 5A 级景区 | 372 | 410 | 367 | 414 |
| | 4A 级景区 | 126 | 132 | 126 | 131 |
| | 3A 级景区 | 58 | 70 | 57 | 67 |
| | 2A 级景区 | 36 | 40 | 36 | 40 |
| | 1A 级景区 | 24 | 28 | 26 | 26 |
| | 非 A 级景区 | 79 | 64 | 77 | 63 |

## 六、分项补充指标情况

### （一）旅行社补充指标

2013 年全国旅行社入境旅游收入比率为 7.89%，相比 2012 年有所降低。国内旅游收入比率为 56.93%，比 2012 年有所减少。出境旅游收入比率为 35.18%，比 2012 年有所增长。

在旅游收入毛利率方面，2013 年旅行社自联入境旅游收入毛利率为 7.23%，比 2012 年有所减少。旅行社国内旅游收入毛利率为 6.63%，比 2012 年有所减少。旅行社出境旅游收入毛利率为 5.44%，比 2012 年有所减少。

## （二）旅游饭店补充指标

2013 年全国旅游饭店平均客房出租率为 55.54%，比 2012 年有所降低。

旅游饭店平均房价为 346.70 元，比 2012 年小幅上涨。旅游饭店房费收入比率为 43.10%，比 2012 年有所增加。餐饮收入比例 2013 年有所减少，为 41.46%，此外商品收入和娱乐收入比率相对较低，分别为 3.83% 和 1.24%。

在毛利率方面，2013 年旅游饭店餐饮收入毛利率为 50.60%，比 2012 年小幅下降；商品毛利率下降较为明显，2013 年为 26.85%，下降近 10 个百分点。与此同时，娱乐毛利率有大幅上升，仍然是毛利率最大的项目，2013 年为 72.16%

## （三）旅游景区补充指标

2013 年全国旅游景区门票收入比率为 45.88%，相比 2012 年有所下降，但仍然是旅游景区主要的收入来源。娱乐收入比率为 2.73%，相比 2012 年也有所下降。但餐饮收入和景区商品收入比率比 2012 年有所增加，分别为 10.51% 和 11.54%。

在毛利率方面，2013 年景区娱乐和商品项目收入的毛利率比 2012 年有所下降，但其中娱乐收入毛利率仍然是最高的，为 48.15%，商品毛利率为 43.39%。与此同时，景区餐饮毛利率有小幅下降，为 38.86%。

在景区门票方面，2013 年旅游景区平均门票价格相比 2012 年降幅较大，仅为 35.27 元。

# 行 业 数 据

# 2013 年度全国旅游行业经济效益

| 地　区 | 财务效益 | | | | 资产营运状况 | | |
|---|---|---|---|---|---|---|---|
| | 净资产收益率(%) | 总资产报酬率(%) | 营　业利润率(%) | 成本费用利润率(%) | 总资产周转率(%) | 流动资产周转率(%) | 存　货周转率(次) |
| 全　国 | 3.06 | 3.08 | 2.52 | 3.54 | 59.62 | 150.56 | 3.52 |
| 北　京 | 4.89 | 4.33 | 2.70 | 3.14 | 108.58 | 230.71 | 10.45 |
| 天　津 | 2.46 | 1.65 | 2.09 | 2.70 | 60.83 | 175.53 | 8.00 |
| 河　北 | 0.52 | 1.43 | −0.63 | 1.29 | 41.23 | 90.70 | 2.14 |
| 山　西 | −3.62 | −0.74 | −3.33 | −2.44 | 50.83 | 130.27 | 3.72 |
| 内蒙古 | −0.83 | 1.30 | −2.10 | −0.64 | 26.74 | 68.55 | 2.97 |
| 辽　宁 | 0.39 | 0.63 | 0.63 | 0.67 | 61.78 | 150.91 | 6.39 |
| 吉　林 | −1.18 | 0.09 | −1.22 | −0.51 | 36.76 | 96.83 | 2.80 |
| 黑龙江 | 1.78 | 2.03 | 0.56 | 2.05 | 72.86 | 226.48 | 6.00 |
| 上　海 | 5.86 | 4.39 | 3.72 | 4.31 | 91.26 | 233.10 | 3.49 |
| 江　苏 | −1.07 | 0.75 | −1.65 | −0.63 | 37.86 | 91.18 | 1.51 |
| 浙　江 | 2.87 | 3.20 | 3.17 | 4.37 | 45.62 | 110.47 | 1.87 |
| 安　徽 | 4.15 | 3.27 | 2.62 | 6.74 | 34.24 | 107.78 | 1.20 |
| 福　建 | 1.49 | 2.79 | 1.15 | 1.89 | 69.78 | 172.39 | 3.45 |
| 江　西 | 0.44 | 0.80 | 0.73 | 0.54 | 54.58 | 132.50 | 2.48 |
| 山　东 | 3.99 | 3.56 | 4.91 | 5.64 | 50.25 | 162.88 | 5.96 |

# 评价主要财务指标表（全部旅游企业）

| | 偿债能力状况 | | | | 发展能力状况 | | |
|---|---|---|---|---|---|---|---|
| 应收账款周转率(次) | 资产负债率(%) | 流动比率(%) | 速动比率(%) | 长期资产适合率(%) | 销售增长率(%) | 资本积累率(%) | 总资产增长率(%) |
| 16.44 | 55.68 | 108.66 | 93.75 | 160.69 | −0.86 | 8.13 | 10.45 |
| 15.48 | 60.67 | 97.99 | 88.76 | 134.75 | 2.99 | 1.98 | 7.67 |
| 9.24 | 47.67 | 99.67 | 95.09 | 166.69 | 6.45 | 2.48 | 2.78 |
| 6.50 | 50.08 | 127.43 | 109.41 | 152.62 | −9.49 | 7.99 | 10.16 |
| 8.58 | 60.31 | 74.81 | 69.77 | 110.96 | −3.75 | 4.39 | 5.79 |
| 5.88 | 54.15 | 91.60 | 86.29 | 138.32 | −16.37 | 0.25 | 5.48 |
| 31.98 | 44.38 | 150.94 | 146.43 | 151.30 | 6.95 | 11.65 | −0.68 |
| 14.80 | 52.69 | 143.09 | 131.84 | 166.63 | −16.60 | 7.82 | 11.57 |
| 13.94 | 44.01 | 84.06 | 79.49 | 111.05 | 14.57 | 3.15 | 0.96 |
| 21.66 | 46.28 | 113.65 | 104.94 | 161.45 | 5.26 | 4.74 | 7.67 |
| 12.99 | 61.73 | 116.27 | 94.85 | 190.69 | −6.42 | 14.77 | 14.48 |
| 23.45 | 61.40 | 108.15 | 83.93 | 157.88 | −4.55 | 4.03 | 8.75 |
| 15.91 | 59.90 | 98.49 | 66.89 | 149.22 | −5.48 | 15.98 | 15.83 |
| 17.77 | 55.66 | 109.62 | 97.65 | 174.21 | 1.86 | 3.06 | 6.28 |
| 12.35 | 54.12 | 107.70 | 96.59 | 162.49 | −8.69 | 2.50 | 1.98 |
| 17.67 | 49.08 | 86.41 | 75.09 | 165.23 | 2.55 | 19.32 | 18.58 |

| 地　区 | 财务效益 | | | | 资产营运状况 | | |
|---|---|---|---|---|---|---|---|
| | 净资产收益率(%) | 总资产报酬率(%) | 营　业利润率(%) | 成本费用利润率(%) | 总资产周转率(%) | 流动资产周转率(%) | 存　货周转率(次) |
| 河　南 | 3.03 | 3.25 | 4.32 | 5.11 | 40.85 | 131.93 | 3.43 |
| 湖　北 | 3.00 | 3.41 | 1.94 | 3.22 | 59.69 | 201.42 | 6.72 |
| 湖　南 | 6.20 | 5.07 | 4.81 | 5.97 | 68.01 | 189.51 | 4.18 |
| 广　东 | 9.40 | 6.37 | 4.72 | 6.21 | 88.77 | 197.11 | 3.22 |
| 广　西 | 0.06 | 1.43 | 0.13 | 0.83 | 36.67 | 101.74 | 3.68 |
| 海　南 | 8.43 | 6.80 | 14.06 | 16.98 | 45.19 | 115.15 | 7.81 |
| 重　庆 | 0.54 | 1.52 | –0.85 | 1.24 | 37.91 | 107.09 | 1.35 |
| 四　川 | 2.52 | 2.70 | 3.15 | 3.87 | 36.78 | 88.28 | 2.39 |
| 贵　州 | –0.36 | 1.63 | –0.25 | 0.31 | 45.19 | 113.22 | 4.55 |
| 云　南 | 4.66 | 3.81 | –0.23 | 5.45 | 53.40 | 122.48 | 1.95 |
| 陕　西 | 2.18 | 3.36 | 2.52 | 3.74 | 43.52 | 109.82 | 2.65 |
| 甘　肃 | 3.50 | 2.59 | 2.95 | 5.50 | 37.14 | 105.30 | 2.14 |
| 青　海 | 3.58 | 2.28 | 3.97 | 4.67 | 47.66 | 109.36 | 7.47 |
| 宁　夏 | 5.00 | 4.48 | 7.15 | 8.29 | 43.94 | 154.45 | 6.06 |
| 新　疆 | –9.38 | 0.14 | –1.04 | –0.60 | 37.66 | 114.05 | 4.60 |
| 西　藏 | –0.35 | 0.22 | –0.45 | –0.22 | 32.50 | 66.23 | 5.66 |

续表

| | 偿债能力状况 | | | | 发展能力状况 | | |
|---|---|---|---|---|---|---|---|
| 应收账款周转率(次) | 资产负债率(%) | 流动比率(%) | 速动比率(%) | 长期资产适合率(%) | 销售增长率(%) | 资本积累率(%) | 总资产增长率(%) |
| 8.80 | 49.68 | 89.74 | 78.06 | 157.81 | -5.83 | 32.44 | 24.39 |
| 21.04 | 54.41 | 82.97 | 78.26 | 140.39 | 2.20 | 14.88 | 16.21 |
| 20.53 | 51.92 | 104.99 | 95.92 | 149.53 | -12.37 | 4.20 | 3.30 |
| 26.79 | 53.99 | 133.84 | 117.66 | 184.45 | 4.29 | 6.17 | 5.91 |
| 12.12 | 47.37 | 123.83 | 115.83 | 170.93 | -13.45 | 19.55 | 13.24 |
| 15.39 | 33.78 | 144.16 | 141.12 | 194.33 | -2.96 | 5.43 | 8.26 |
| 19.48 | 63.18 | 136.19 | 108.38 | 255.37 | 5.24 | 5.33 | 19.00 |
| 20.01 | 60.22 | 126.52 | 114.79 | 146.88 | -8.22 | 9.42 | 11.20 |
| 17.77 | 58.26 | 134.92 | 127.61 | 197.39 | -2.12 | 4.07 | 15.95 |
| 17.43 | 52.10 | 115.76 | 89.61 | 167.93 | -2.66 | 4.73 | 8.70 |
| 11.61 | 54.78 | 114.66 | 93.43 | 146.28 | -5.17 | 8.56 | 12.26 |
| 7.61 | 49.39 | 93.72 | 77.78 | 116.83 | -1.86 | 13.87 | 13.08 |
| 16.84 | 44.58 | 196.48 | 191.04 | 159.40 | -3.16 | 16.07 | 12.04 |
| 17.26 | 42.56 | 103.04 | 98.36 | 147.85 | 4.75 | 10.50 | 10.96 |
| 10.92 | 48.44 | 85.21 | 74.50 | 115.40 | -32.99 | 1.16 | 2.49 |
| 6.88 | 54.42 | 93.40 | 88.87 | 191.41 | 60.97 | 1.47 | 6.85 |

# 2013 年度全国旅游行业经济效益

| 地区 | 财务效益 | | | | 资产营运状况 | | |
|---|---|---|---|---|---|---|---|
| | 净资产收益率(%) | 总资产报酬率(%) | 营业利润率(%) | 成本费用利润率(%) | 总资产周转率(%) | 流动资产周转率(%) | 存货周转率(次) |
| 全国 | 8.04 | 4.13 | 0.86 | 1.00 | 387.15 | 507.66 | — |
| 北京 | 9.74 | 3.89 | 0.89 | 0.97 | 376.50 | 428.28 | — |
| 天津 | 9.12 | 4.56 | 1.14 | 1.15 | 401.04 | 523.29 | — |
| 河北 | 1.03 | 1.38 | −0.02 | 0.43 | 296.09 | 284.09 | — |
| 山西 | 4.87 | 2.86 | 0.87 | 0.87 | 320.56 | 374.71 | — |
| 内蒙古 | 1.76 | 1.39 | 0.66 | 0.74 | 183.43 | 287.39 | — |
| 辽宁 | 10.93 | 6.12 | 0.78 | 0.88 | 698.58 | 919.63 | — |
| 吉林 | −0.94 | −0.19 | −0.47 | −0.11 | 205.99 | 242.86 | — |
| 黑龙江 | 7.88 | 5.60 | 1.06 | 1.10 | 513.26 | 576.06 | — |
| 上海 | 16.09 | 6.65 | 1.81 | 2.00 | 324.33 | 459.04 | — |
| 江苏 | 3.01 | 2.51 | 0.25 | 0.47 | 409.16 | 640.83 | — |
| 浙江 | 1.08 | 1.65 | 0.05 | 0.34 | 376.25 | 535.00 | — |
| 安徽 | 5.43 | 3.86 | 0.70 | 0.92 | 403.02 | 518.05 | — |
| 福建 | 5.72 | 3.56 | 0.45 | 0.76 | 447.24 | 677.42 | — |
| 江西 | −0.44 | 0.27 | −0.04 | 0.02 | 418.61 | 525.62 | — |
| 山东 | 13.38 | 7.36 | 2.55 | 2.60 | 279.25 | 444.81 | — |

# 评价主要财务指标表（全部旅行社）



| | 偿债能力状况 | | | | 发展能力状况 | | |
|---|---|---|---|---|---|---|---|
| 应收账款周转率(次) | 资产负债率(%) | 流动比率(%) | 速动比率(%) | 长期资产适合率(%) | 销售增长率(%) | 资本积累率(%) | 总资产增长率(%) |
| 24.05 | 63.35 | 126.62 | 125.89 | 207.11 | 0.12 | 7.68 | 13.54 |
| 24.11 | 74.26 | 120.44 | 120.38 | 263.23 | 7.16 | 13.23 | 23.83 |
| 17.73 | 55.06 | 141.66 | 139.83 | 219.06 | 3.79 | 9.21 | 4.92 |
| 24.37 | 41.36 | 207.60 | 206.64 | 534.28 | 4.77 | 2.29 | 16.53 |
| 14.32 | 54.19 | 155.34 | 151.01 | 422.38 | 7.61 | 3.06 | 2.49 |
| 13.75 | 46.49 | 135.87 | 134.85 | 167.57 | −18.23 | 19.21 | 12.10 |
| 45.40 | 60.20 | 147.22 | 146.79 | 237.58 | 11.87 | 9.41 | 8.06 |
| 13.65 | 44.20 | 199.76 | 199.20 | 539.95 | −20.60 | −1.00 | 5.15 |
| 26.41 | 44.72 | 201.96 | 200.98 | 655.63 | 32.04 | 0.86 | −2.38 |
| 21.96 | 64.33 | 112.75 | 112.69 | 141.41 | 8.53 | 15.63 | 30.14 |
| 30.76 | 68.69 | 127.67 | 126.60 | 159.38 | −9.41 | −4.81 | 2.21 |
| 21.96 | 59.03 | 128.70 | 128.24 | 204.20 | −10.93 | 1.90 | 2.95 |
| 21.52 | 53.87 | 145.35 | 144.03 | 291.45 | −9.02 | 11.59 | 8.16 |
| 28.07 | 55.32 | 123.94 | 122.95 | 212.35 | 7.72 | 3.49 | 3.76 |
| 19.30 | 51.19 | 159.78 | 159.25 | 318.05 | −14.40 | −1.66 | −0.94 |
| 18.49 | 56.76 | 111.19 | 109.20 | 163.77 | −4.23 | 7.22 | 6.99 |

| 地 区 | 财务效益 | | | | 资产营运状况 | | |
|---|---|---|---|---|---|---|---|
| | 净资产收益率(%) | 总资产报酬率(%) | 营 业利润率(%) | 成本费用利润率(%) | 总资产周转率(%) | 流动资产周转率(%) | 存 货周转率(次) |
| 河 南 | −0.02 | 0.50 | 0.04 | 0.15 | 320.26 | 407.94 | — |
| 湖 北 | 11.63 | 6.88 | 1.17 | 1.43 | 481.02 | 710.79 | — |
| 湖 南 | 9.36 | 7.44 | 0.72 | 0.79 | 917.02 | 1115.79 | — |
| 广 东 | 7.66 | 3.20 | 0.56 | 0.59 | 463.68 | 531.90 | — |
| 广 西 | −5.80 | −1.28 | −0.39 | −0.40 | 438.78 | 511.07 | — |
| 海 南 | −3.30 | −0.69 | −0.56 | −0.39 | 266.42 | 293.44 | — |
| 重 庆 | 7.33 | 4.97 | 0.59 | 0.62 | 668.84 | 886.81 | — |
| 四 川 | 5.36 | 4.14 | 1.14 | 1.23 | 327.05 | 395.67 | — |
| 贵 州 | −1.55 | −0.27 | −0.17 | −0.12 | 359.96 | 449.67 | — |
| 云 南 | 1.82 | 1.57 | 0.32 | 0.24 | 371.02 | 488.70 | — |
| 陕 西 | −2.40 | −0.50 | −0.33 | −0.24 | 309.29 | 348.42 | — |
| 甘 肃 | 3.47 | 1.79 | 0.60 | 1.02 | 168.12 | 212.65 | — |
| 青 海 | −0.82 | −0.20 | −0.27 | −0.09 | 227.67 | 297.45 | — |
| 宁 夏 | −4.07 | −0.88 | −0.31 | −0.28 | 484.82 | 524.24 | — |
| 新 疆 | 3.10 | 1.89 | 0.61 | 0.72 | 246.97 | 297.64 | — |
| 西 藏 | −5.61 | −2.71 | −2.97 | −2.24 | 119.43 | 161.07 | — |

续表

| | 偿债能力状况 | | | | 发展能力状况 | | |
|---|---|---|---|---|---|---|---|
| 应收账款周转率(次) | 资产负债率(%) | 流动比率(%) | 速动比率(%) | 长期资产适合率(%) | 销售增长率(%) | 资本积累率(%) | 总资产增长率(%) |
| 21.52 | 40.54 | 196.30 | 194.15 | 332.12 | −13.88 | −0.25 | 2.41 |
| 34.81 | 53.53 | 129.38 | 125.53 | 173.43 | 5.34 | 13.86 | 12.85 |
| 43.79 | 41.31 | 200.16 | 198.95 | 495.38 | −10.66 | 7.46 | 2.78 |
| 26.11 | 75.89 | 118.49 | 118.02 | 289.90 | 6.86 | 2.47 | 5.39 |
| 19.74 | 65.98 | 132.28 | 132.05 | 378.92 | −19.15 | −1.56 | 1.56 |
| 12.38 | 66.84 | 143.60 | 143.43 | 477.93 | −18.30 | 9.22 | 26.82 |
| 34.29 | 61.66 | 122.62 | 121.99 | 203.24 | 9.03 | 10.70 | 11.77 |
| 41.73 | 46.43 | 189.71 | 184.72 | 609.36 | −10.83 | 5.82 | 5.39 |
| 18.24 | 55.20 | 149.79 | 147.13 | 285.00 | −15.24 | 16.87 | −3.47 |
| 20.13 | 69.60 | 128.86 | 127.70 | 245.44 | −9.95 | 3.06 | 8.00 |
| 14.40 | 57.80 | 155.00 | 154.17 | 625.02 | −22.00 | −2.77 | 5.81 |
| 8.70 | 56.05 | 149.48 | 147.08 | 240.23 | −10.58 | 2.64 | 1.17 |
| 16.25 | 50.84 | 161.33 | 160.38 | 243.57 | −4.50 | 3.05 | 8.12 |
| 22.00 | 58.05 | 155.84 | 154.67 | 498.63 | −7.89 | 7.73 | 21.32 |
| 10.89 | 52.31 | 160.42 | 158.59 | 319.88 | −24.83 | 5.28 | −4.64 |
| 6.67 | 33.12 | 259.81 | 255.00 | 298.73 | 74.71 | −5.45 | −5.88 |

# 2013 年度全国旅游行业经济效益

| 地　区 | 财务效益 | | | | 资产营运状况 | | |
|---|---|---|---|---|---|---|---|
| | 净资产收益率(%) | 总资产报酬率(%) | 营　业利润率(%) | 成本费用利润率(%) | 总资产周转率(%) | 流动资产周转率(%) | 存　货周转率(次) |
| 全　国 | 11.87 | 5.19 | 1.03 | 1.14 | 430.47 | 567.37 | — |
| 北　京 | 11.73 | 4.19 | 0.96 | 1.02 | 388.67 | 446.41 | — |
| 天　津 | 8.53 | 3.92 | 0.91 | 0.92 | 429.03 | 558.36 | — |
| 河　北 | 3.55 | 2.13 | -0.35 | 0.46 | 434.28 | 315.06 | — |
| 山　西 | 18.19 | 7.33 | 1.36 | 1.37 | 531.34 | 638.32 | — |
| 内蒙古 | 6.88 | 3.42 | 1.57 | 1.69 | 202.99 | 335.96 | — |
| 辽　宁 | 16.01 | 7.28 | 0.85 | 0.96 | 768.09 | 1046.16 | — |
| 吉　林 | -0.98 | -0.19 | -0.48 | -0.10 | 254.30 | 308.50 | — |
| 黑龙江 | 11.68 | 7.36 | 1.09 | 1.12 | 659.96 | 736.38 | — |
| 上　海 | 19.01 | 7.82 | 2.40 | 2.51 | 306.66 | 468.54 | — |
| 江　苏 | 6.18 | 3.48 | 0.16 | 0.37 | 629.89 | 833.47 | — |
| 浙　江 | 6.05 | 4.01 | 0.59 | 0.81 | 434.11 | 622.93 | — |
| 安　徽 | 13.20 | 7.07 | 1.31 | 1.48 | 469.84 | 632.35 | — |
| 福　建 | 6.23 | 3.83 | 0.39 | 0.70 | 516.77 | 861.92 | — |
| 江　西 | -1.08 | 0.26 | -0.03 | 0.02 | 588.74 | 746.58 | — |
| 山　东 | 12.82 | 6.87 | 1.93 | 2.00 | 343.00 | 492.07 | — |

# 评价主要财务指标表（经营出境游旅行社）

| | 偿债能力状况 | | | | 发展能力状况 | | |
|---|---|---|---|---|---|---|---|
| 应收账款周转率(次) | 资产负债率(%) | 流动比率(%) | 速动比率(%) | 长期资产适合率(%) | 销售增长率(%) | 资本积累率(%) | 总资产增长率(%) |
| 32.01 | 67.10 | 117.53 | 117.07 | 177.73 | 8.42 | 10.33 | 18.79 |
| 28.32 | 76.57 | 116.00 | 115.96 | 224.92 | 8.78 | 11.70 | 26.56 |
| 16.29 | 63.10 | 124.78 | 124.45 | 197.75 | –2.29 | 8.52 | 10.28 |
| 42.12 | 66.93 | 128.43 | 128.29 | 293.86 | 45.06 | 2.92 | 45.73 |
| 16.07 | 65.06 | 127.50 | 126.86 | 299.04 | 29.18 | 15.98 | 5.31 |
| 24.86 | 52.30 | 111.72 | 110.96 | 133.88 | –7.79 | 59.79 | 24.72 |
| 46.53 | 65.96 | 132.83 | 132.62 | 197.92 | 13.28 | 11.50 | 9.68 |
| 23.21 | 48.96 | 182.02 | 181.89 | 611.95 | –17.48 | –3.03 | 1.48 |
| 32.94 | 50.18 | 182.05 | 181.42 | 643.82 | 39.74 | 0.02 | –3.49 |
| 45.09 | 64.60 | 106.94 | 106.91 | 124.26 | 20.28 | 17.75 | 38.45 |
| 37.22 | 75.36 | 116.50 | 115.55 | 168.56 | –0.85 | –6.49 | –0.59 |
| 25.78 | 61.68 | 122.96 | 122.70 | 186.51 | 0.81 | 3.46 | 8.19 |
| 37.03 | 60.58 | 128.41 | 128.21 | 223.07 | 11.78 | 31.46 | 14.17 |
| 36.81 | 55.28 | 113.82 | 113.21 | 194.25 | 11.73 | 2.74 | 1.43 |
| 31.25 | 56.38 | 144.28 | 143.67 | 273.94 | –9.17 | –2.93 | –4.25 |
| 18.68 | 56.59 | 126.79 | 124.50 | 180.51 | 4.30 | 3.96 | 8.61 |

| 地区 | 财务效益 | | | | 资产营运状况 | | |
|---|---|---|---|---|---|---|---|
| | 净资产收益率(%) | 总资产报酬率(%) | 营业利润率(%) | 成本费用利润率(%) | 总资产周转率(%) | 流动资产周转率(%) | 存货周转率(次) |
| 河南 | -0.38 | 0.23 | -0.06 | 0.04 | 536.77 | 686.36 | — |
| 湖北 | 14.12 | 7.38 | 1.17 | 1.50 | 495.49 | 811.11 | — |
| 湖南 | 14.15 | 11.85 | 0.80 | 0.85 | 1376.21 | 1725.82 | — |
| 广东 | 9.01 | 3.40 | 0.56 | 0.58 | 487.14 | 557.88 | — |
| 广西 | -4.47 | -0.83 | -0.19 | -0.23 | 434.26 | 492.10 | — |
| 海南 | -1.50 | 0.28 | -0.36 | -0.15 | 220.18 | 250.17 | — |
| 重庆 | 11.55 | 6.48 | 0.79 | 0.81 | 741.02 | 980.26 | — |
| 四川 | 2.67 | 2.08 | 0.40 | 0.49 | 388.02 | 452.69 | — |
| 贵州 | -7.07 | -1.77 | -0.61 | -0.53 | 364.37 | 433.20 | — |
| 云南 | -2.79 | 0.09 | 0.04 | -0.15 | 371.85 | 490.14 | — |
| 陕西 | -2.35 | -0.24 | -0.16 | -0.06 | 415.21 | 447.46 | — |
| 甘肃 | 0.04 | 0.33 | 0.50 | 0.10 | 198.98 | 264.69 | — |
| 青海 | 3.43 | 1.64 | 0.43 | 0.49 | 335.17 | 415.28 | — |
| 宁夏 | -1.59 | 0.45 | 0.07 | -0.00 | 621.04 | 662.33 | — |
| 新疆 | 6.58 | 3.57 | 1.25 | 1.27 | 279.60 | 342.47 | — |
| 西藏 | — | — | — | — | — | — | — |

续表

| | 偿债能力状况 | | | | 发展能力状况 | | |
|---|---|---|---|---|---|---|---|
| 应收账款周转率(次) | 资产负债率(%) | 流动比率(%) | 速动比率(%) | 长期资产适合率(%) | 销售增长率(%) | 资本积累率(%) | 总资产增长率(%) |
| 32.87 | 61.21 | 128.56 | 127.98 | 201.62 | -7.77 | -3.11 | 1.54 |
| 47.00 | 57.50 | 109.81 | 105.21 | 133.33 | 17.34 | 18.33 | 14.09 |
| 69.86 | 38.03 | 213.35 | 212.73 | 458.21 | -6.10 | 7.57 | 2.27 |
| 28.08 | 78.14 | 114.67 | 114.22 | 254.89 | 8.61 | 2.32 | 5.41 |
| 22.27 | 69.36 | 128.04 | 127.94 | 423.21 | -15.44 | 4.96 | 7.27 |
| 13.70 | 75.60 | 125.32 | 125.32 | 279.41 | -20.85 | 1.00 | 31.01 |
| 38.97 | 62.91 | 116.49 | 115.75 | 184.92 | 19.48 | 19.78 | 23.09 |
| 60.60 | 46.06 | 196.10 | 195.88 | 954.54 | 3.81 | 8.89 | 10.15 |
| 18.15 | 66.96 | 134.54 | 134.30 | 282.58 | -14.90 | 13.06 | -5.36 |
| 17.11 | 74.16 | 105.31 | 105.30 | 267.98 | -9.09 | -7.99 | 7.10 |
| 17.28 | 70.54 | 132.89 | 132.00 | 1050.77 | -13.93 | -6.88 | 7.72 |
| 16.39 | 75.20 | 110.59 | 109.93 | 139.38 | 6.10 | 3.69 | 1.35 |
| 17.02 | 64.53 | 151.92 | 151.70 | 313.83 | 10.72 | 2.94 | 2.71 |
| 33.56 | 66.94 | 136.24 | 135.44 | 398.58 | 1.79 | 28.86 | 31.83 |
| 14.48 | 51.62 | 161.77 | 159.27 | 288.39 | -17.88 | 8.33 | -1.55 |
| — | — | — | — | — | — | — | — |

# 2013 年度全国旅游行业经济效益

| 地　区 | 财务效益 | | | | 资产营运状况 | | |
|---|---|---|---|---|---|---|---|
| | 净资产收益率(%) | 总资产报酬率(%) | 营　业利润率(%) | 成本费用利润率(%) | 总资产周转率(%) | 流动资产周转率(%) | 存　货周转率(次) |
| 全　国 | 2.11 | 1.97 | 0.37 | 0.57 | 299.09 | 388.16 | — |
| 北　京 | 1.79 | 2.02 | 0.37 | 0.56 | 298.88 | 320.16 | — |
| 天　津 | 9.52 | 5.15 | 1.38 | 1.39 | 375.54 | 491.19 | — |
| 河　北 | 0.39 | 1.02 | 0.29 | 0.41 | 228.65 | 269.26 | — |
| 山　西 | -1.89 | -0.96 | -0.73 | -0.70 | 140.57 | 163.72 | — |
| 内蒙古 | -1.30 | -0.29 | -0.25 | -0.20 | 167.24 | 250.81 | — |
| 辽　宁 | -1.26 | 0.60 | 0.01 | 0.16 | 366.59 | 415.70 | — |
| 吉　林 | -0.90 | -0.18 | -0.44 | -0.13 | 166.37 | 191.71 | — |
| 黑龙江 | 0.84 | 1.03 | 0.74 | 0.77 | 133.32 | 150.04 | — |
| 上　海 | 3.72 | 2.26 | 0.10 | 0.51 | 390.60 | 433.03 | — |
| 江　苏 | 1.00 | 1.56 | 0.56 | 0.77 | 192.29 | 367.06 | — |
| 浙　江 | -2.70 | -0.31 | -0.54 | -0.18 | 328.09 | 462.87 | — |
| 安　徽 | 0.74 | 1.09 | -0.01 | 0.26 | 345.57 | 427.63 | — |
| 福　建 | 4.66 | 3.00 | 0.66 | 0.95 | 303.17 | 385.63 | — |
| 江　西 | -0.06 | 0.28 | -0.05 | 0.02 | 296.18 | 368.52 | — |
| 山　东 | 14.31 | 8.09 | 4.31 | 4.34 | 182.86 | 349.57 | — |

# 评价主要财务指标表（经营非出境游旅行社）

| | 偿债能力状况 | | | | 发展能力状况 | | |
|---|---|---|---|---|---|---|---|
| 应收账款周转率(次) | 资产负债率(%) | 流动比率(%) | 速动比率(%) | 长期资产适合率(%) | 销售增长率(%) | 资本积累率(%) | 总资产增长率(%) |
| 13.92 | 55.21 | 152.25 | 150.73 | 276.27 | −18.19 | 3.72 | 3.61 |
| 10.79 | 58.39 | 160.34 | 160.16 | 804.53 | −4.63 | 19.55 | 7.84 |
| 19.54 | 47.39 | 163.07 | 159.35 | 236.12 | 10.98 | 9.67 | 0.27 |
| 19.72 | 26.89 | 320.08 | 317.95 | 676.06 | −16.68 | 2.13 | 4.66 |
| 10.67 | 44.67 | 190.55 | 181.55 | 550.05 | −30.08 | −2.92 | 0.15 |
| 9.48 | 41.22 | 163.91 | 162.60 | 205.35 | −26.59 | 0.44 | 2.68 |
| 36.53 | 31.48 | 275.94 | 273.52 | 647.50 | −0.49 | 4.54 | 0.64 |
| 9.00 | 40.41 | 217.03 | 216.05 | 500.13 | −24.20 | 0.44 | 8.25 |
| 7.36 | 30.87 | 282.72 | 280.35 | 678.76 | −22.60 | 2.45 | 0.55 |
| 8.72 | 65.84 | 136.79 | 136.59 | 381.43 | −15.71 | 7.08 | 3.54 |
| 19.73 | 62.32 | 147.29 | 146.02 | 155.05 | −29.10 | −3.73 | 5.04 |
| 18.87 | 56.72 | 134.22 | 133.57 | 220.36 | −21.05 | 0.72 | −1.22 |
| 14.44 | 47.81 | 164.20 | 161.62 | 372.75 | −25.28 | 1.18 | 3.25 |
| 15.27 | 55.40 | 144.07 | 142.33 | 261.53 | −4.41 | 5.04 | 8.78 |
| 12.44 | 47.57 | 172.55 | 172.10 | 351.46 | −20.93 | −0.91 | 1.51 |
| 17.97 | 57.03 | 87.16 | 85.63 | 143.32 | −22.26 | 12.72 | 4.59 |

| 地区 | 财务效益 | | | | 资产营运状况 | | |
|---|---|---|---|---|---|---|---|
| | 净资产收益率(%) | 总资产报酬率(%) | 营业利润率(%) | 成本费用利润率(%) | 总资产周转率(%) | 流动资产周转率(%) | 存货周转率(次) |
| 河南 | 0.11 | 0.68 | 0.26 | 0.36 | 177.44 | 225.03 | — |
| 湖北 | 7.45 | 5.75 | 1.17 | 1.23 | 448.17 | 544.63 | — |
| 湖南 | 4.08 | 3.06 | 0.49 | 0.61 | 461.27 | 543.77 | — |
| 广东 | 3.33 | 2.14 | 0.53 | 0.62 | 339.68 | 393.09 | — |
| 广西 | –6.84 | –1.72 | –0.57 | –0.55 | 443.10 | 530.22 | — |
| 海南 | –4.65 | –1.88 | –0.72 | –0.59 | 324.03 | 343.72 | — |
| 重庆 | –4.14 | 0.43 | –0.41 | –0.33 | 452.50 | 604.12 | — |
| 四川 | 10.08 | 7.63 | 3.30 | 3.47 | 224.14 | 289.03 | — |
| 贵州 | 1.25 | 0.99 | 0.21 | 0.24 | 356.28 | 464.81 | — |
| 云南 | 3.34 | 2.13 | 0.43 | 0.39 | 370.70 | 488.15 | — |
| 陕西 | –2.42 | –0.71 | –0.57 | –0.49 | 227.74 | 265.75 | — |
| 甘肃 | 4.63 | 2.98 | 0.71 | 2.06 | 143.09 | 173.94 | — |
| 青海 | –2.18 | –1.17 | –1.00 | –0.67 | 170.77 | 229.3 5 | — |
| 宁夏 | –6.07 | –2.82 | –1.47 | –1.14 | 286.66 | 320.21 | — |
| 新疆 | –4.50 | –1.58 | –1.48 | –0.98 | 179.33 | 208.82 | — |
| 西藏 | –5.61 | –2.71 | –2.97 | –2.24 | 119.43 | 161.07 | — |

续表

| | 偿债能力状况 | | | | 发展能力状况 | | |
|---|---|---|---|---|---|---|---|
| 应收账款周转率(次) | 资产负债率(%) | 流动比率(%) | 速动比率(%) | 长期资产适合率(%) | 销售增长率(%) | 资本积累率(%) | 总资产增长率(%) |
| 12.72 | 27.00 | 295.80 | 291.35 | 434.47 | –23.93 | 0.78 | 2.98 |
| 21.23 | 44.37 | 189.01 | 187.45 | 366.93 | –16.16 | 6.74 | 10.08 |
| 20.74 | 44.55 | 189.03 | 187.33 | 544.02 | –21.87 | 7.34 | 3.28 |
| 17.04 | 63.96 | 144.28 | 143.70 | 505.46 | –4.74 | 2.99 | 5.27 |
| 17.84 | 62.57 | 137.11 | 136.73 | 349.59 | –22.35 | –6.37 | –3.62 |
| 11.45 | 55.56 | 174.23 | 173.77 | 1147.74 | –16.00 | 15.88 | 21.80 |
| 21.56 | 57.16 | 148.73 | 148.58 | 285.45 | –23.74 | –10.59 | –16.19 |
| 21.82 | 47.08 | 177.67 | 163.72 | 375.85 | –36.85 | 0.65 | –2.16 |
| 18.32 | 45.57 | 166.85 | 161.48 | 286.39 | –15.52 | 18.87 | –1.86 |
| 21.59 | 67.87 | 140.69 | 138.96 | 240.79 | –10.27 | 6.98 | 8.34 |
| 11.67 | 47.83 | 180.50 | 179.75 | 529.28 | –31.06 | –0.84 | 4.36 |
| 5.68 | 40.49 | 204.10 | 199.27 | 347.67 | –24.05 | 2.29 | 1.03 |
| 15.52 | 43.86 | 167.22 | 165.82 | 222.71 | –16.43 | 3.08 | 11.11 |
| 10.72 | 43.86 | 203.60 | 201.50 | 652.55 | –29.13 | –6.66 | 7.62 |
| 6.03 | 53.83 | 157.62 | 157.19 | 427.20 | –40.97 | –1.07 | –10.74 |
| 6.67 | 33.12 | 259.81 | 255.00 | 298.73 | 74.71 | –5.45 | –5.88 |

# 2013 年度全国旅游行业经济效益

| 地　区 | 财务效益 | | | | 资产营运状况 | | |
|---|---|---|---|---|---|---|---|
| | 净资产收益率(%) | 总资产报酬率(%) | 营　业利润率(%) | 成本费用利润率(%) | 总资产周转率(%) | 流动资产周转率(%) | 存　货周转率(次) |
| 全　国 | 0.70 | 1.80 | 1.22 | 1.92 | 36.40 | 98.21 | 6.14 |
| 北　京 | 4.83 | 3.87 | 7.54 | 8.62 | 37.92 | 99.95 | 6.35 |
| 天　津 | 1.54 | 0.94 | 1.80 | 2.06 | 43.10 | 139.12 | 9.71 |
| 河　北 | −4.61 | −1.16 | −9.17 | −6.01 | 32.41 | 77.44 | 6.04 |
| 山　西 | −6.08 | −1.61 | −8.20 | −6.72 | 33.31 | 99.84 | 5.24 |
| 内蒙古 | −3.09 | 0.39 | −5.94 | −5.11 | 26.87 | 69.01 | 3.67 |
| 辽　宁 | −1.02 | −0.21 | −1.33 | −1.49 | 29.61 | 70.71 | 5.15 |
| 吉　林 | −4.12 | −1.70 | −7.07 | −6.19 | 32.66 | 118.30 | 6.02 |
| 黑龙江 | 0.75 | 1.88 | 2.29 | 2.68 | 41.43 | 137.42 | 4.96 |
| 上　海 | 3.17 | 3.28 | 6.16 | 7.06 | 37.35 | 114.81 | 12.89 |
| 江　苏 | −2.93 | 0.03 | −2.94 | −2.69 | 37.93 | 98.01 | 8.40 |
| 浙　江 | −0.61 | 1.87 | −0.21 | 0.73 | 41.41 | 102.75 | 6.12 |
| 安　徽 | −4.40 | −0.49 | −8.19 | −5.56 | 25.40 | 86.67 | 3.41 |
| 福　建 | −0.43 | 2.37 | 0.25 | 0.80 | 41.78 | 111.27 | 6.98 |
| 江　西 | 0.14 | 0.70 | 0.39 | 0.34 | 28.57 | 80.01 | 4.76 |
| 山　东 | −3.37 | −0.66 | −4.29 | −3.61 | 37.84 | 100.56 | 4.17 |

# 评价主要财务指标表（全部旅游饭店）

| | 偿债能力状况 | | | | 发展能力状况 | | |
|---|---|---|---|---|---|---|---|
| 应收账款周转率(次) | 资产负债率(%) | 流动比率(%) | 速动比率(%) | 长期资产适合率(%) | 销售增长率(%) | 资本积累率(%) | 总资产增长率(%) |
| 11.57 | 52.74 | 105.31 | 99.52 | 138.19 | –8.61 | 1.55 | 2.27 |
| 7.59 | 50.31 | 103.18 | 98.78 | 129.09 | –6.90 | 0.28 | 1.09 |
| 8.01 | 55.30 | 89.89 | 85.04 | 151.92 | 10.01 | 1.57 | 2.39 |
| 5.22 | 52.28 | 122.51 | 117.25 | 143.25 | –15.26 | 4.47 | 6.91 |
| 5.64 | 57.50 | 70.17 | 64.78 | 95.07 | –18.28 | 0.01 | 2.28 |
| 5.15 | 49.51 | 98.33 | 91.00 | 123.89 | –22.07 | 1.90 | –1.19 |
| 18.39 | 46.36 | 155.00 | 149.61 | 152.33 | –2.76 | 0.60 | 3.07 |
| 12.60 | 47.87 | 105.56 | 98.28 | 123.21 | –17.92 | –3.69 | –1.40 |
| 10.55 | 44.61 | 73.75 | 68.40 | 99.69 | –6.81 | 2.00 | –0.62 |
| 19.35 | 35.38 | 128.80 | 125.72 | 169.04 | –3.68 | 2.24 | 0.82 |
| 13.23 | 58.24 | 100.89 | 97.08 | 143.57 | –9.83 | 5.80 | 6.65 |
| 22.89 | 62.54 | 97.02 | 89.37 | 133.93 | –10.98 | –2.56 | –0.95 |
| 8.34 | 62.00 | 71.31 | 64.75 | 112.77 | –13.14 | 10.13 | 7.82 |
| 17.67 | 56.69 | 115.01 | 108.98 | 156.90 | –8.26 | –0.36 | –0.01 |
| 8.10 | 58.57 | 89.66 | 85.30 | 142.71 | –2.32 | 1.98 | 1.54 |
| 9.47 | 54.22 | 99.28 | 90.12 | 134.05 | –12.62 | –2.08 | 1.20 |

| 地 区 | 财务效益 | | | | 资产营运状况 | | |
|---|---|---|---|---|---|---|---|
| | 净资产收益率(%) | 总资产报酬率(%) | 营 业利润率(%) | 成本费用利润率(%) | 总资产周转率(%) | 流动资产周转率(%) | 存 货周转率(次) |
| 河 南 | −1.33 | 0.45 | −1.66 | −0.89 | 38.25 | 109.45 | 4.77 |
| 湖 北 | −0.85 | 1.88 | −1.61 | −0.99 | 29.73 | 99.00 | 5.46 |
| 湖 南 | 3.43 | 3.36 | 3.85 | 6.34 | 31.71 | 85.35 | 6.84 |
| 广 东 | 3.43 | 3.72 | 5.14 | 6.04 | 41.32 | 103.23 | 8.41 |
| 广 西 | −3.88 | −0.71 | −6.92 | −6.07 | 29.01 | 115.96 | 10.77 |
| 海 南 | 9.56 | 6.95 | 15.73 | 18.82 | 42.74 | 99.26 | 7.55 |
| 重 庆 | 3.45 | 2.51 | 2.10 | 4.57 | 30.02 | 57.70 | 4.44 |
| 四 川 | 0.32 | 1.74 | 0.78 | 1.42 | 30.55 | 78.81 | 3.47 |
| 贵 州 | −0.09 | 2.49 | 0.25 | 0.83 | 44.16 | 117.54 | 4.43 |
| 云 南 | −1.68 | 0.06 | −2.93 | −2.52 | 29.81 | 88.28 | 4.78 |
| 陕 西 | −1.17 | 0.71 | −0.45 | −0.49 | 39.83 | 128.57 | 4.56 |
| 甘 肃 | 0.63 | 1.03 | 1.04 | 1.47 | 32.51 | 111.68 | 5.04 |
| 青 海 | 3.63 | 2.63 | 6.17 | 7.22 | 35.82 | 86.55 | 5.53 |
| 宁 夏 | −3.97 | −0.90 | −4.22 | −4.03 | 42.30 | 100.47 | 4.26 |
| 新 疆 | −3.90 | −1.93 | −7.33 | −5.68 | 35.87 | 109.77 | 9.49 |
| 西 藏 | −1.98 | −0.56 | −4.14 | −3.88 | 21.02 | 44.27 | 4.44 |

续表

| | 偿债能力状况 | | | | 发展能力状况 | | |
|---|---|---|---|---|---|---|---|
| 应收账款周转率(次) | 资产负债率(%) | 流动比率(%) | 速动比率(%) | 长期资产适合率(%) | 销售增长率(%) | 资本积累率(%) | 总资产增长率(%) |
| 4.66 | 57.05 | 88.55 | 78.76 | 123.06 | −10.62 | 15.14 | 11.22 |
| 13.19 | 56.26 | 93.23 | 87.10 | 121.03 | −5.27 | 4.79 | 4.25 |
| 13.67 | 55.96 | 95.59 | 91.67 | 121.11 | −7.33 | 1.90 | 2.40 |
| 21.42 | 50.88 | 133.07 | 127.66 | 181.14 | −3.24 | 2.25 | 0.03 |
| 9.32 | 50.99 | 71.27 | 68.20 | 133.85 | −12.78 | 1.53 | 4.91 |
| 14.64 | 37.28 | 137.60 | 133.95 | 142.32 | −1.88 | 4.35 | 7.40 |
| 16.65 | 66.85 | 143.21 | 137.38 | 171.45 | −17.16 | 1.76 | 2.03 |
| 12.45 | 56.63 | 113.16 | 105.04 | 139.28 | −12.95 | 1.56 | 3.47 |
| 18.83 | 59.88 | 120.91 | 111.35 | 162.87 | 1.79 | 0.23 | 4.10 |
| 7.89 | 48.44 | 100.59 | 94.76 | 124.47 | −8.41 | −3.54 | 9.94 |
| 9.79 | 47.84 | 82.12 | 73.29 | 106.37 | −9.92 | −1.87 | −3.15 |
| 7.46 | 42.90 | 106.82 | 97.46 | 117.70 | −3.74 | 1.62 | 1.74 |
| 21.00 | 33.71 | 227.84 | 218.76 | 165.60 | −7.07 | 20.39 | 13.42 |
| 8.37 | 55.31 | 111.67 | 102.47 | 130.51 | −3.91 | −2.65 | 4.79 |
| 12.09 | 42.01 | 89.57 | 83.43 | 109.56 | −20.90 | −1.77 | 0.41 |
| 6.87 | 57.96 | 83.40 | 79.65 | 183.25 | 22.45 | 0.22 | 6.57 |

# 2013 年度全国旅游行业经济效益

| 地　区 | 财务效益 | | | | 资产营运状况 | | |
|---|---|---|---|---|---|---|---|
| | 净资产收益率(%) | 总资产报酬率(%) | 营　业利润率(%) | 成本费用利润率(%) | 总资产周转率(%) | 流动资产周转率(%) | 存　货周转率(次) |
| 全　国 | 3.50 | 3.45 | 6.08 | 7.14 | 32.09 | 87.02 | 6.00 |
| 北　京 | 6.30 | 5.15 | 10.28 | 11.55 | 36.53 | 82.16 | 6.19 |
| 天　津 | 2.79 | 1.12 | 2.26 | 2.31 | 49.61 | 121.03 | 12.33 |
| 河　北 | −0.86 | 0.23 | −2.65 | −1.73 | 20.84 | 38.17 | 8.02 |
| 山　西 | −4.11 | −1.93 | −9.68 | −7.83 | 22.42 | 88.17 | 4.90 |
| 内蒙古 | −4.71 | −2.28 | −10.19 | −9.08 | 25.30 | 72.23 | 6.00 |
| 辽　宁 | 1.91 | 1.39 | 4.46 | 4.58 | 27.69 | 57.34 | 4.70 |
| 吉　林 | 1.60 | 2.81 | 5.03 | 6.34 | 31.40 | 180.62 | 10.03 |
| 黑龙江 | 26.45 | 17.30 | 25.99 | 34.93 | 66.89 | 181.38 | 2.60 |
| 上　海 | 4.39 | 4.37 | 11.46 | 13.63 | 32.34 | 116.46 | 15.37 |
| 江　苏 | −2.88 | 0.50 | −3.56 | −3.06 | 31.16 | 88.00 | 9.14 |
| 浙　江 | −0.22 | 2.23 | −0.01 | 1.23 | 28.03 | 88.67 | 1.90 |
| 安　徽 | −9.97 | −2.33 | −23.22 | −15.25 | 11.00 | 61.29 | 3.17 |
| 福　建 | −0.47 | 3.91 | 0.82 | 1.05 | 40.58 | 109.16 | 7.18 |
| 江　西 | 1.43 | 1.10 | 1.08 | 2.38 | 23.24 | 63.34 | 4.74 |
| 山　东 | −1.98 | −0.07 | −2.34 | −3.07 | 31.29 | 91.69 | 5.07 |

# 评价主要财务指标表（五星级饭店）

| | 偿债能力状况 | | | | 发展能力状况 | | |
|---|---|---|---|---|---|---|---|
| 应收账款周转率(次) | 资产负债率(%) | 流动比率(%) | 速动比率(%) | 长期资产适合率(%) | 销售增长率(%) | 资本积累率(%) | 总资产增长率(%) |
| 11.46 | 50.91 | 122.60 | 117.48 | 151.02 | −9.94 | 2.94 | 1.51 |
| 4.48 | 49.38 | 131.26 | 126.42 | 141.14 | −8.82 | −0.15 | −1.20 |
| 4.10 | 59.33 | 84.77 | 82.00 | 134.26 | 5.91 | 2.83 | 0.58 |
| 7.20 | 46.08 | 222.59 | 218.36 | 190.69 | −10.76 | −0.41 | −7.63 |
| 6.35 | 51.04 | 68.71 | 64.74 | 111.69 | −23.26 | 14.88 | 13.90 |
| 13.55 | 44.29 | 162.68 | 155.86 | 153.74 | −31.22 | 3.81 | −0.12 |
| 29.89 | 42.58 | 231.63 | 225.28 | 196.91 | −4.37 | 4.37 | 10.60 |
| 11.18 | 46.23 | 58.04 | 55.07 | 92.60 | −31.16 | 1.60 | −3.54 |
| 25.41 | 41.53 | 90.99 | 84.41 | 115.79 | −9.40 | 9.19 | 0.77 |
| 15.02 | 21.99 | 158.70 | 155.01 | 198.16 | −6.56 | 3.00 | 0.67 |
| 26.19 | 63.26 | 109.18 | 106.63 | 154.69 | −12.49 | 8.05 | 11.02 |
| 18.82 | 62.95 | 89.18 | 75.53 | 122.06 | −12.59 | −0.47 | −2.84 |
| 4.19 | 74.76 | 52.03 | 49.31 | 112.33 | −21.27 | 42.14 | 19.96 |
| 27.74 | 64.19 | 165.24 | 157.43 | 188.70 | −8.15 | −4.43 | 0.91 |
| 24.16 | 62.34 | 89.08 | 86.53 | 240.52 | −1.05 | 2.90 | 0.56 |
| 11.53 | 46.38 | 108.64 | 102.49 | 146.11 | −14.37 | −0.39 | −4.87 |

| 地区 | 财务效益 | | | | 资产营运状况 | | |
|---|---|---|---|---|---|---|---|
| | 净资产收益率(%) | 总资产报酬率(%) | 营业利润率(%) | 成本费用利润率(%) | 总资产周转率(%) | 流动资产周转率(%) | 存货周转率(次) |
| 河南 | −2.89 | 0.72 | −3.59 | −1.70 | 27.06 | 209.34 | 7.61 |
| 湖北 | 3.44 | 5.75 | 4.33 | 4.45 | 26.84 | 111.45 | 8.47 |
| 湖南 | 12.59 | 6.98 | 18.39 | 30.22 | 17.90 | 40.26 | 5.80 |
| 广东 | 5.40 | 4.90 | 8.35 | 9.51 | 40.17 | 108.85 | 14.49 |
| 广西 | −1.64 | 0.57 | −2.65 | −2.56 | 27.05 | 119.82 | 16.76 |
| 海南 | 17.05 | 11.59 | 22.08 | 28.37 | 52.39 | 96.36 | 9.64 |
| 重庆 | 6.60 | 3.09 | 7.85 | 9.13 | 21.79 | 36.73 | 4.51 |
| 四川 | 3.90 | 3.31 | 6.65 | 8.30 | 27.45 | 68.10 | 4.69 |
| 贵州 | 25.16 | 5.99 | 5.82 | 8.18 | 77.67 | 460.12 | 4.48 |
| 云南 | −2.41 | −0.67 | −4.07 | −3.84 | 29.43 | 90.76 | 2.84 |
| 陕西 | 2.60 | 3.67 | 7.71 | 8.38 | 31.80 | 113.65 | 7.67 |
| 甘肃 | −4.22 | −1.22 | −7.03 | −6.38 | 21.94 | 145.36 | 9.33 |
| 青海 | −0.69 | −0.37 | −1.38 | −0.93 | 40.08 | 118.52 | 2.95 |
| 宁夏 | 25.18 | 15.90 | 12.22 | 13.92 | 130.08 | 130.08 | 0.76 |
| 新疆 | −3.58 | −2.22 | −7.02 | −6.48 | 32.13 | 102.21 | 14.46 |
| 西藏 | — | — | — | — | — | — | — |

续表

| | 偿债能力状况 | | | | 发展能力状况 | | |
|---|---|---|---|---|---|---|---|
| 应收账款周转率(次) | 资产负债率(%) | 流动比率(%) | 速动比率(%) | 长期资产适合率(%) | 销售增长率(%) | 资本积累率(%) | 总资产增长率(%) |
| 13.60 | 72.63 | 35.56 | 31.45 | 117.33 | -11.67 | -8.86 | -0.59 |
| 43.06 | 63.66 | 80.46 | 77.74 | 103.32 | -3.39 | 3.09 | 1.72 |
| 26.66 | 66.27 | 104.28 | 102.62 | 119.54 | -6.43 | 8.05 | 6.70 |
| 32.80 | 48.17 | 126.52 | 123.05 | 183.47 | -4.71 | 4.65 | -3.68 |
| 7.87 | 48.47 | 61.39 | 59.33 | 88.88 | -15.99 | -3.37 | -9.01 |
| 15.95 | 40.20 | 142.70 | 139.97 | 166.53 | -2.49 | 7.75 | 11.67 |
| 44.40 | 74.74 | 163.31 | 160.37 | 199.95 | -21.47 | 7.26 | 1.27 |
| 15.07 | 51.15 | 146.54 | 143.21 | 154.16 | -19.15 | 12.03 | 0.44 |
| 57.47 | 84.21 | 86.80 | 68.39 | 103.49 | 6.53 | -36.94 | -11.70 |
| 23.07 | 52.88 | 98.90 | 92.15 | 135.99 | -9.48 | -4.49 | 12.93 |
| 31.96 | 36.92 | 186.39 | 178.61 | 120.22 | -11.79 | 0.30 | -6.00 |
| 23.55 | 64.51 | 70.39 | 65.98 | 98.86 | -20.15 | -4.16 | -3.86 |
| 23.97 | 28.71 | 232.44 | 219.38 | 158.11 | -9.03 | 25.17 | 16.60 |
| 4.41 | 36.76 | 724.05 | 568.79 | 0.00 | -3.81 | 17.75 | 17.31 |
| 20.34 | 33.84 | 89.78 | 85.06 | 102.25 | -28.56 | -2.53 | -6.16 |
| — | — | — | — | — | — | — | — |

# 2013 年度全国旅游行业经济效益

| 地　区 | 财务效益 | | | | 资产营运状况 | | |
|---|---|---|---|---|---|---|---|
| | 净资产收益率(%) | 总资产报酬率(%) | 营　业利润率(%) | 成本费用利润率(%) | 总资产周转率(%) | 流动资产周转率(%) | 存　货周转率(次) |
| 全　国 | −1.00 | 0.87 | −1.04 | −0.33 | 37.20 | 97.88 | 6.71 |
| 北　京 | 5.04 | 3.45 | 8.17 | 10.05 | 34.83 | 122.63 | 5.16 |
| 天　津 | 0.51 | 0.58 | 1.31 | 1.47 | 29.92 | 155.93 | 6.58 |
| 河　北 | −6.30 | −1.43 | −11.57 | −7.09 | 31.84 | 75.29 | 6.23 |
| 山　西 | −12.38 | −3.37 | −18.25 | −14.59 | 27.46 | 75.59 | 4.18 |
| 内蒙古 | −4.18 | −1.82 | −11.04 | −9.85 | 22.72 | 86.00 | 3.74 |
| 辽　宁 | −4.95 | −2.09 | −8.02 | −7.55 | 29.67 | 79.90 | 5.30 |
| 吉　林 | −6.87 | −3.19 | −11.87 | −10.48 | 29.05 | 94.23 | 4.22 |
| 黑龙江 | −7.44 | −2.67 | −12.37 | −11.32 | 31.64 | 144.63 | 5.67 |
| 上　海 | 3.91 | 3.80 | 4.82 | 5.63 | 46.98 | 115.79 | 15.44 |
| 江　苏 | −3.75 | −0.57 | −4.48 | −3.63 | 38.80 | 103.90 | 8.78 |
| 浙　江 | 2.54 | 3.36 | 3.02 | 3.58 | 54.00 | 104.11 | 19.48 |
| 安　徽 | −2.84 | −0.07 | −6.73 | −3.51 | 32.08 | 103.35 | 2.63 |
| 福　建 | −1.08 | 0.95 | −1.33 | −0.22 | 41.09 | 108.06 | 6.87 |
| 江　西 | −1.20 | 0.40 | −0.75 | −1.68 | 25.91 | 72.08 | 4.26 |
| 山　东 | −5.19 | −1.58 | −5.78 | −5.37 | 38.95 | 100.55 | 5.43 |

# 评价主要财务指标表（四星级饭店）

| | 偿债能力状况 | | | | 发展能力状况 | | |
|---|---|---|---|---|---|---|---|
| 应收账款周转率(次) | 资产负债率(%) | 流动比率(%) | 速动比率(%) | 长期资产适合率(%) | 销售增长率(%) | 资本积累率(%) | 总资产增长率(%) |
| 13.45 | 55.15 | 105.23 | 99.88 | 139.26 | −9.19 | 0.04 | 3.52 |
| 28.24 | 52.00 | 73.41 | 69.74 | 119.57 | −5.61 | 0.52 | 7.51 |
| 11.62 | 57.65 | 73.16 | 67.88 | 162.70 | 9.65 | 0.52 | 3.52 |
| 4.85 | 59.89 | 116.47 | 112.29 | 144.59 | −16.40 | 3.00 | 11.55 |
| 4.57 | 63.56 | 72.81 | 67.99 | 90.02 | −22.46 | −11.95 | −1.18 |
| 5.49 | 39.48 | 82.83 | 76.49 | 111.13 | −12.72 | −0.10 | 0.23 |
| 14.50 | 49.44 | 121.66 | 116.79 | 128.06 | −0.72 | −5.57 | −4.71 |
| 12.36 | 52.92 | 133.40 | 123.51 | 136.53 | −15.58 | −9.32 | 0.16 |
| 18.42 | 45.51 | 56.40 | 51.39 | 92.14 | −3.26 | 2.27 | 2.80 |
| 24.21 | 46.73 | 131.60 | 128.56 | 154.61 | 0.74 | 4.00 | 1.64 |
| 9.46 | 57.27 | 91.22 | 87.34 | 134.56 | −9.73 | 1.50 | 4.97 |
| 26.62 | 61.16 | 128.24 | 124.69 | 162.37 | −10.65 | −3.59 | −1.61 |
| 14.73 | 53.74 | 75.53 | 65.42 | 113.13 | −11.76 | 2.89 | 0.67 |
| 17.44 | 50.78 | 106.35 | 100.85 | 157.12 | −9.77 | 0.19 | −2.31 |
| 11.41 | 60.98 | 89.98 | 86.02 | 133.93 | −2.84 | −1.58 | −1.19 |
| 11.01 | 56.97 | 118.27 | 111.65 | 142.85 | −15.75 | −4.90 | 4.70 |

| 地　区 | 财务效益 | | | | 资产营运状况 | | |
|---|---|---|---|---|---|---|---|
| | 净资产收益率(%) | 总资产报酬率(%) | 营　业利润率(%) | 成本费用利润率(%) | 总资产周转率(%) | 流动资产周转率(%) | 存　货周转率(次) |
| 河　南 | −1.10 | 0.64 | −1.15 | −0.77 | 31.60 | 75.83 | 3.08 |
| 湖　北 | −1.95 | 0.76 | −3.31 | −2.60 | 27.26 | 100.28 | 4.50 |
| 湖　南 | −1.32 | 0.45 | −1.39 | −1.13 | 36.32 | 98.98 | 8.18 |
| 广　东 | 1.37 | 2.48 | 1.62 | 2.90 | 37.17 | 91.63 | 4.00 |
| 广　西 | −5.80 | −1.52 | −12.24 | −10.53 | 23.46 | 110.26 | 7.19 |
| 海　南 | 2.74 | 2.70 | 4.38 | 4.70 | 40.42 | 112.14 | 5.66 |
| 重　庆 | 0.74 | 1.13 | −1.22 | 0.92 | 36.95 | 70.72 | 3.95 |
| 四　川 | −1.05 | 0.83 | −1.61 | −0.76 | 26.48 | 62.24 | 1.97 |
| 贵　州 | −4.44 | 1.75 | −3.42 | −3.29 | 38.85 | 78.69 | 5.39 |
| 云　南 | −5.12 | −1.53 | −8.81 | −7.32 | 31.06 | 78.17 | 4.68 |
| 陕　西 | −6.67 | −1.69 | −6.52 | −6.03 | 42.45 | 135.64 | 3.55 |
| 甘　肃 | 0.07 | 0.62 | 0.14 | 0.34 | 36.66 | 109.97 | 4.71 |
| 青　海 | 8.61 | 5.32 | 12.26 | 15.37 | 38.77 | 58.55 | 7.14 |
| 宁　夏 | −5.61 | −1.49 | −10.05 | −8.96 | 25.98 | 62.88 | 6.13 |
| 新　疆 | −6.62 | −3.31 | −12.09 | −9.41 | 35.64 | 109.68 | 10.01 |
| 西　藏 | 0.16 | 0.41 | 0.19 | 0.34 | 21.30 | 39.55 | 5.37 |

续表

| | 偿债能力状况 | | | | 发展能力状况 | | |
|---|---|---|---|---|---|---|---|
| 应收账款周转率(次) | 资产负债率(%) | 流动比率(%) | 速动比率(%) | 长期资产适合率(%) | 销售增长率(%) | 资本积累率(%) | 总资产增长率(%) |
| 3.37 | 60.21 | 105.54 | 93.57 | 135.18 | −8.31 | 30.43 | 26.50 |
| 12.83 | 56.61 | 85.56 | 78.96 | 117.01 | −3.43 | 9.77 | 7.27 |
| 15.61 | 49.03 | 119.85 | 115.34 | 145.30 | −12.02 | 1.82 | 1.91 |
| 22.48 | 56.31 | 145.90 | 136.30 | 194.57 | −4.10 | −1.37 | 8.19 |
| 10.05 | 52.33 | 58.44 | 55.31 | 173.44 | −9.60 | 5.52 | 12.44 |
| 14.46 | 37.12 | 172.01 | 165.99 | 158.79 | −10.28 | −1.74 | −2.28 |
| 26.61 | 60.51 | 163.02 | 158.24 | 186.53 | −17.92 | −3.70 | −1.17 |
| 15.11 | 58.09 | 114.91 | 105.14 | 142.66 | −14.66 | −3.88 | 0.50 |
| 19.79 | 67.38 | 147.03 | 140.95 | 183.88 | −1.37 | 0.66 | 10.53 |
| 12.53 | 56.39 | 96.97 | 92.24 | 113.73 | −17.31 | −16.05 | 14.63 |
| 13.90 | 58.32 | 66.45 | 58.89 | 92.87 | −12.29 | −3.82 | −3.53 |
| 6.61 | 45.78 | 130.49 | 121.88 | 122.95 | −8.62 | −0.18 | 3.62 |
| 73.92 | 35.68 | 528.34 | 513.11 | 327.35 | −9.20 | 43.12 | 21.45 |
| 23.96 | 54.16 | 124.02 | 119.01 | 145.74 | −7.28 | −3.01 | 0.35 |
| 12.10 | 47.39 | 85.16 | 80.28 | 106.81 | −21.97 | −8.74 | 1.22 |
| 6.41 | 62.76 | 88.95 | 85.74 | 206.96 | 20.59 | 0.16 | 4.49 |

# 2013 年度全国旅游行业经济效益

| 地　区 | 财务效益 | | | | 资产营运状况 | | |
|---|---|---|---|---|---|---|---|
| | 净资产收益率(%) | 总资产报酬率(%) | 营　业利润率(%) | 成本费用利润率(%) | 总资产周转率(%) | 流动资产周转率(%) | 存　货周转率(次) |
| 全　国 | -1.51 | 0.49 | -1.59 | -1.05 | 43.04 | 117.12 | 6.37 |
| 北　京 | -0.66 | 0.40 | -0.35 | 0.15 | 45.48 | 136.36 | 8.22 |
| 天　津 | 0.91 | 0.74 | 1.21 | 1.26 | 59.66 | 133.66 | 11.40 |
| 河　北 | -4.38 | -1.55 | -8.63 | -6.98 | 36.09 | 132.60 | 5.81 |
| 山　西 | -1.44 | 0.32 | -1.41 | -0.11 | 49.42 | 138.27 | 6.35 |
| 内蒙古 | -1.47 | 3.96 | -1.46 | -1.25 | 29.84 | 58.14 | 2.81 |
| 辽　宁 | -2.05 | -0.61 | -1.58 | -1.85 | 36.83 | 131.90 | 6.08 |
| 吉　林 | -4.49 | -3.91 | -11.21 | -9.35 | 42.51 | 143.62 | 7.56 |
| 黑龙江 | -4.49 | -1.47 | -7.30 | -4.66 | 39.11 | 84.44 | 6.93 |
| 上　海 | -4.42 | -1.28 | -5.85 | -5.22 | 35.44 | 97.34 | 10.37 |
| 江　苏 | -4.13 | -0.63 | -0.92 | -2.55 | 54.60 | 117.91 | 7.11 |
| 浙　江 | -3.09 | 0.35 | -3.41 | -2.13 | 44.09 | 126.18 | 12.20 |
| 安　徽 | -2.74 | 1.70 | -3.84 | -2.77 | 37.98 | 83.89 | 4.98 |
| 福　建 | -0.28 | 1.33 | 0.55 | 0.65 | 47.65 | 111.52 | 7.21 |
| 江　西 | 0.99 | 0.79 | 1.61 | 1.48 | 36.02 | 103.95 | 5.16 |
| 山　东 | -2.12 | 0.13 | -3.53 | -1.62 | 40.93 | 102.52 | 3.25 |

# 评价主要财务指标表（三星级饭店）

| | 偿债能力状况 | | | | 发展能力状况 | | |
|---|---|---|---|---|---|---|---|
| 应收账款周转率(次) | 资产负债率(%) | 流动比率(%) | 速动比率(%) | 长期资产适合率(%) | 销售增长率(%) | 资本积累率(%) | 总资产增长率(%) |
| 9.57 | 52.12 | 86.03 | 79.52 | 121.18 | -7.52 | 0.68 | 1.80 |
| 26.37 | 49.95 | 82.69 | 78.18 | 111.06 | -4.10 | 0.73 | -3.70 |
| 10.53 | 48.38 | 131.38 | 124.00 | 186.46 | 13.05 | 0.98 | 0.67 |
| 5.09 | 35.56 | 85.82 | 78.33 | 115.21 | -15.03 | 13.15 | 13.12 |
| 6.31 | 56.51 | 65.22 | 58.97 | 82.42 | -13.22 | 0.20 | -2.75 |
| 4.07 | 64.99 | 79.33 | 71.99 | 104.20 | -17.17 | 1.09 | -2.84 |
| 9.95 | 53.74 | 57.52 | 53.09 | 84.34 | -0.90 | 7.75 | 1.31 |
| 19.31 | 33.69 | 102.96 | 95.43 | 132.11 | -13.45 | 3.79 | -1.91 |
| 3.23 | 45.69 | 99.70 | 95.39 | 114.79 | -10.08 | -6.13 | -11.63 |
| 28.83 | 55.63 | 95.48 | 92.65 | 120.04 | -6.23 | -2.19 | 1.64 |
| 11.05 | 58.42 | 88.27 | 82.30 | 118.15 | -9.59 | -3.96 | 2.38 |
| 19.88 | 59.94 | 69.27 | 66.34 | 127.84 | -14.44 | -1.11 | -0.95 |
| 7.49 | 51.82 | 89.76 | 83.05 | 113.44 | -10.90 | 0.01 | 1.71 |
| 12.27 | 47.47 | 98.15 | 92.21 | 134.48 | -5.09 | 6.07 | 10.15 |
| 5.04 | 52.70 | 89.02 | 82.72 | 117.17 | -2.28 | 6.40 | 5.87 |
| 7.45 | 58.74 | 77.96 | 66.13 | 112.86 | -9.00 | -0.78 | 1.19 |

| 地区 | 财务效益 | | | | 资产营运状况 | | |
|---|---|---|---|---|---|---|---|
| | 净资产收益率(%) | 总资产报酬率(%) | 营业利润率(%) | 成本费用利润率(%) | 总资产周转率(%) | 流动资产周转率(%) | 存货周转率(次) |
| 河南 | -1.22 | 0.36 | -1.28 | -0.55 | 53.56 | 151.74 | 6.99 |
| 湖北 | -2.93 | -0.17 | -3.98 | -3.08 | 40.67 | 99.70 | 7.01 |
| 湖南 | -0.23 | 0.88 | 0.11 | 0.12 | 45.39 | 152.93 | 7.26 |
| 广东 | 0.37 | 1.42 | 1.59 | 2.25 | 54.22 | 110.94 | 8.79 |
| 广西 | -2.13 | -0.37 | -3.65 | -2.64 | 42.69 | 115.27 | 12.50 |
| 海南 | -4.08 | -1.69 | -7.53 | -5.45 | 34.01 | 126.71 | 2.36 |
| 重庆 | 2.01 | 2.41 | 1.40 | 2.63 | 44.11 | 104.43 | 4.48 |
| 四川 | -2.54 | 1.08 | -2.01 | -1.74 | 40.09 | 129.54 | 6.72 |
| 贵州 | 0.81 | 1.46 | 1.91 | 2.79 | 36.79 | 159.94 | 5.46 |
| 云南 | -1.08 | 0.58 | -2.36 | -1.53 | 29.42 | 89.75 | 6.34 |
| 陕西 | -1.23 | 0.48 | -0.26 | -0.48 | 44.44 | 129.74 | 4.39 |
| 甘肃 | 2.11 | 2.25 | 3.61 | 4.69 | 33.11 | 114.87 | 5.12 |
| 青海 | 3.65 | 2.89 | 9.33 | 9.68 | 26.68 | 110.33 | 8.04 |
| 宁夏 | -8.29 | -2.85 | -5.69 | -5.47 | 59.85 | 184.00 | 8.23 |
| 新疆 | -1.44 | -0.22 | -3.42 | -1.17 | 42.67 | 124.15 | 6.00 |
| 西藏 | -3.34 | -2.56 | -14.12 | -12.73 | 17.59 | 245.56 | 0.59 |

续表

| | 偿债能力状况 | | | | 发展能力状况 | | |
|---|---|---|---|---|---|---|---|
| 应收账款周转率(次) | 资产负债率(%) | 流动比率(%) | 速动比率(%) | 长期资产适合率(%) | 销售增长率(%) | 资本积累率(%) | 总资产增长率(%) |
| 5.64 | 55.04 | 76.35 | 68.37 | 108.91 | -11.51 | 3.56 | -3.23 |
| 8.56 | 53.14 | 100.82 | 94.78 | 144.89 | -8.66 | 4.24 | 4.79 |
| 10.21 | 47.10 | 73.12 | 66.87 | 117.50 | -4.59 | -3.03 | -3.00 |
| 10.64 | 44.21 | 132.63 | 127.45 | 173.38 | 1.69 | 0.14 | 3.27 |
| 9.97 | 51.97 | 120.58 | 116.20 | 147.82 | -14.28 | 0.02 | 7.45 |
| 14.91 | 44.21 | 69.18 | 58.67 | 121.92 | -0.48 | -3.83 | -3.03 |
| 7.64 | 57.73 | 102.47 | 89.77 | 135.07 | -7.10 | -0.65 | 7.41 |
| 11.76 | 58.06 | 86.96 | 80.81 | 116.55 | -6.79 | -1.99 | 7.88 |
| 11.86 | 35.72 | 75.29 | 64.98 | 187.23 | 6.14 | 5.85 | -0.21 |
| 8.08 | 40.27 | 111.51 | 105.42 | 131.32 | -4.24 | 1.18 | 6.92 |
| 6.14 | 49.62 | 74.51 | 63.91 | 99.58 | -9.05 | -3.91 | -0.95 |
| 9.15 | 36.71 | 99.62 | 89.78 | 125.38 | 3.87 | -0.05 | 4.47 |
| 9.71 | 37.67 | 81.60 | 78.02 | 105.23 | -2.06 | -3.06 | 3.42 |
| 6.86 | 60.54 | 62.27 | 55.45 | 86.14 | -0.99 | -6.80 | 12.20 |
| 8.67 | 44.42 | 98.59 | 88.84 | 127.20 | -10.73 | 9.36 | 11.79 |
| 8.97 | 22.46 | 31.96 | 16.99 | 167.87 | 1.18 | 6.29 | 3.51 |

# 2013 年度全国旅游行业经济效益

| 地　区 | 财务效益 | | | | 资产营运状况 | | |
|---|---|---|---|---|---|---|---|
| | 净资产收益率(%) | 总资产报酬率(%) | 营　业利润率(%) | 成本费用利润率(%) | 总资产周转率(%) | 流动资产周转率(%) | 存　货周转率(次) |
| 全　国 | 2.40 | 2.49 | 3.06 | 3.54 | 47.98 | 133.64 | 5.86 |
| 北　京 | 2.55 | 2.11 | 2.72 | 2.97 | 69.78 | 161.03 | 9.17 |
| 天　津 | 7.57 | 3.48 | 9.27 | 10.21 | 37.58 | 121.24 | 12.41 |
| 河　北 | −3.52 | −0.99 | −7.89 | −1.40 | 65.51 | 250.00 | 13.40 |
| 山　西 | −2.98 | 4.10 | −0.04 | −1.79 | 62.63 | 122.52 | 5.86 |
| 内蒙古 | 6.34 | 5.27 | 5.07 | 10.04 | 38.38 | 75.76 | 3.98 |
| 辽　宁 | −5.92 | −1.93 | 1.07 | −2.73 | 71.40 | 264.51 | 10.83 |
| 吉　林 | −10.14 | −4.88 | −14.75 | −12.85 | 33.20 | 138.14 | 11.45 |
| 黑龙江 | 0.29 | 0.35 | 0.61 | 0.73 | 26.05 | 88.47 | 3.32 |
| 上　海 | 1.59 | 2.46 | 0.88 | 3.02 | 63.82 | 112.92 | 11.41 |
| 江　苏 | 3.68 | 2.76 | 4.58 | 4.81 | 53.02 | 163.76 | 8.27 |
| 浙　江 | −2.18 | 0.37 | −1.97 | −1.41 | 52.25 | 177.61 | 6.15 |
| 安　徽 | 2.76 | 2.81 | 4.00 | 2.95 | 38.58 | 94.67 | 7.05 |
| 福　建 | 1.31 | 1.62 | 2.18 | 3.27 | 42.24 | 135.63 | 8.16 |
| 江　西 | −2.45 | 1.14 | −14.67 | −2.76 | 37.45 | 134.31 | 7.90 |
| 山　东 | −5.32 | −1.56 | −5.03 | −3.98 | 50.04 | 189.31 | 7.32 |

# 评价主要财务指标表（二星级饭店）

| | 偿债能力状况 | | | | 发展能力状况 | | |
|---|---|---|---|---|---|---|---|
| 应收账款周转率(次) | 资产负债率(%) | 流动比率(%) | 速动比率(%) | 长期资产适合率(%) | 销售增长率(%) | 资本积累率(%) | 总资产增长率(%) |
| 7.23 | 46.54 | 92.76 | 82.54 | 118.03 | −3.82 | 4.17 | 2.75 |
| 35.78 | 52.58 | 90.77 | 85.32 | 119.30 | −1.55 | 2.43 | 7.90 |
| 9.77 | 55.40 | 64.54 | 62.42 | 75.52 | 11.05 | 7.87 | 7.24 |
| 4.67 | 63.47 | 46.09 | 41.67 | 108.65 | −2.78 | −10.44 | −8.92 |
| 6.52 | 58.27 | 95.15 | 82.01 | 104.23 | −11.17 | −10.93 | −11.22 |
| 2.32 | 39.94 | 130.07 | 117.78 | 136.92 | −30.83 | 9.05 | −3.55 |
| 143.24 | 49.92 | 53.80 | 49.49 | 93.45 | −11.75 | −7.05 | −17.40 |
| 5.02 | 46.72 | 63.72 | 57.93 | 118.88 | −9.43 | 3.07 | −12.49 |
| 5.34 | 37.60 | 110.99 | 97.88 | 110.94 | −21.74 | −1.51 | −3.27 |
| 16.22 | 41.44 | 140.41 | 137.38 | 201.67 | −1.74 | 1.31 | 10.55 |
| 13.55 | 43.77 | 89.98 | 81.21 | 118.57 | −5.68 | −1.17 | 3.61 |
| 16.21 | 44.61 | 69.98 | 61.85 | 111.59 | −15.43 | 5.23 | 2.49 |
| 7.42 | 63.32 | 87.26 | 81.77 | 112.69 | −9.71 | −0.48 | −3.63 |
| 8.27 | 29.58 | 151.45 | 140.51 | 144.17 | −4.51 | 1.08 | −1.09 |
| 5.21 | 53.87 | 136.09 | 128.11 | 236.78 | −6.69 | −18.58 | 13.35 |
| 11.97 | 52.03 | 52.14 | 44.87 | 89.43 | −3.30 | −3.04 | 5.00 |

| 地　区 | 财务效益 | | | | 资产营运状况 | | |
|---|---|---|---|---|---|---|---|
| | 净资产收益率(%) | 总资产报酬率(%) | 营　业利润率(%) | 成本费用利润率(%) | 总资产周转率(%) | 流动资产周转率(%) | 存　货周转率(次) |
| 河　南 | –1.09 | 0.28 | –0.72 | –0.32 | 51.79 | 134.50 | 9.88 |
| 湖　北 | 2.20 | 2.47 | 2.03 | 2.83 | 59.36 | 198.03 | 4.21 |
| 湖　南 | 7.75 | 6.64 | 8.89 | 8.59 | 73.33 | 228.49 | 5.49 |
| 广　东 | 5.90 | 5.84 | 10.83 | 12.28 | 53.33 | 97.44 | 8.99 |
| 广　西 | –2.43 | –0.37 | –2.52 | –2.60 | 48.79 | 189.03 | 29.66 |
| 海　南 | –6.33 | –2.64 | –9.05 | –8.30 | 39.82 | 155.01 | 2.06 |
| 重　庆 | 6.99 | 3.96 | 3.18 | 4.85 | 58.18 | 251.21 | 9.58 |
| 四　川 | 4.46 | 3.21 | 5.13 | 5.62 | 42.16 | 90.09 | 3.42 |
| 贵　州 | 6.06 | 5.74 | 8.87 | 9.40 | 46.97 | 143.21 | 4.49 |
| 云　南 | 2.86 | 2.60 | 6.56 | 6.37 | 30.18 | 97.01 | 5.97 |
| 陕　西 | 0.00 | 1.26 | 0.73 | 0.90 | 46.83 | 157.56 | 5.16 |
| 甘　肃 | 3.15 | 2.30 | 6.55 | 6.45 | 31.12 | 98.21 | 4.38 |
| 青　海 | –0.31 | –0.20 | –2.53 | –0.39 | 49.42 | 221.49 | 12.07 |
| 宁　夏 | 17.70 | 2.63 | 20.08 | 25.12 | 13.08 | 57.83 | 0.45 |
| 新　疆 | –1.95 | 0.35 | –3.09 | –1.36 | 33.91 | 85.27 | 8.16 |
| 西　藏 | — | — | — | — | — | — | — |

续表

| | 偿债能力状况 | | | | 发展能力状况 | | |
|---|---|---|---|---|---|---|---|
| 应收账款周转率(次) | 资产负债率(%) | 流动比率(%) | 速动比率(%) | 长期资产适合率(%) | 销售增长率(%) | 资本积累率(%) | 总资产增长率(%) |
| 5.81 | 47.86 | 91.48 | 84.74 | 114.95 | −7.56 | 0.99 | −1.55 |
| 9.18 | 34.36 | 106.90 | 77.06 | 122.19 | 0.40 | 7.11 | −2.23 |
| 9.72 | 31.46 | 118.27 | 92.27 | 120.88 | 0.48 | 3.07 | −1.52 |
| 6.94 | 16.06 | 311.52 | 300.34 | 257.47 | 0.89 | 11.00 | −0.08 |
| 21.75 | 39.05 | 59.81 | 58.01 | 106.68 | −3.46 | −3.41 | 1.51 |
| 3.99 | 44.87 | 77.16 | 52.67 | 97.19 | −1.72 | −6.13 | −0.04 |
| 20.47 | 65.66 | 64.31 | 54.93 | 91.11 | 3.14 | −1.49 | 3.45 |
| 6.53 | 58.75 | 102.53 | 86.94 | 135.62 | 1.23 | 15.17 | 25.30 |
| 5.71 | 36.12 | 118.94 | 106.50 | 123.73 | 6.31 | −6.19 | −3.35 |
| 3.08 | 45.92 | 98.18 | 91.84 | 116.86 | 3.35 | 4.11 | 4.55 |
| 7.42 | 49.39 | 72.40 | 62.59 | 101.74 | −1.97 | 5.45 | −3.68 |
| 4.39 | 41.86 | 74.81 | 62.72 | 93.61 | 12.49 | 13.90 | −10.80 |
| 144.59 | 32.58 | 71.25 | 65.81 | 96.13 | −5.97 | −3.79 | −4.16 |
| 3.55 | 83.78 | 20.10 | 5.16 | 19.51 | 148.52 | 19.42 | −0.84 |
| 11.40 | 65.39 | 73.94 | 69.30 | 105.53 | −4.42 | −3.56 | −1.68 |
| — | — | — | — | — | — | — | — |

# 2013 年度全国旅游行业经济效益

| 地　区 | 财务效益 | | | | 资产营运状况 | | |
|---|---|---|---|---|---|---|---|
| | 净资产收益率(%) | 总资产报酬率(%) | 营　业利润率(%) | 成本费用利润率(%) | 总资产周转率(%) | 流动资产周转率(%) | 存　货周转率(次) |
| 全　国 | 4.68 | 5.19 | 2.95 | 7.17 | 63.03 | 163.07 | 7.27 |
| 北　京 | 1.10 | 1.66 | 1.41 | 1.26 | 134.19 | 242.07 | 536.90 |
| 天　津 | 9.42 | 6.27 | −15.13 | 3.68 | 147.92 | 641.77 | 9.96 |
| 河　北 | — | — | — | — | — | — | — |
| 山　西 | — | — | — | — | — | — | — |
| 内蒙古 | −21.99 | −14.79 | −37.90 | −26.79 | 40.04 | 51.89 | 2.76 |
| 辽　宁 | — | — | — | — | — | — | — |
| 吉　林 | — | — | — | — | — | — | — |
| 黑龙江 | — | — | — | — | — | — | — |
| 上　海 | 20.81 | 24.37 | 23.19 | 30.31 | 104.69 | 155.87 | 7.25 |
| 江　苏 | — | — | — | — | — | — | — |
| 浙　江 | 2.72 | 6.23 | −0.54 | 0.73 | 192.55 | 426.60 | 25.26 |
| 安　徽 | −1.53 | −1.26 | −1.38 | −1.89 | 65.94 | 186.40 | 1.98 |
| 福　建 | 5.74 | 7.15 | 12.49 | 14.27 | 57.23 | 236.85 | 11.88 |
| 江　西 | — | — | — | — | — | — | — |
| 山　东 | — | — | — | — | — | — | — |

# 评价主要财务指标表（一星级饭店）

| | 偿债能力状况 | | | | 发展能力状况 | | |
|---|---|---|---|---|---|---|---|
| 应收账款周转率(次) | 资产负债率(%) | 流动比率(%) | 速动比率(%) | 长期资产适合率(%) | 销售增长率(%) | 资本积累率(%) | 总资产增长率(%) |
| 17.32 | 30.22 | 158.38 | 146.97 | 149.85 | −0.32 | 3.53 | 6.07 |
| 0.00 | 7.28 | 927.09 | 926.14 | 329.07 | 7.86 | 73.40 | 50.18 |
| 27.04 | 32.56 | 90.69 | 68.99 | 95.98 | 9.73 | 9.89 | 6.68 |
| — | — | — | — | — | — | — | — |
| — | — | — | — | — | — | — | — |
| 63.19 | 38.09 | 206.42 | 186.96 | 325.43 | −39.98 | −21.98 | −8.66 |
| — | — | — | — | — | — | — | — |
| — | — | — | — | — | — | — | — |
| — | — | — | — | — | — | — | — |
| 37.99 | 11.54 | 654.06 | 623.93 | 713.98 | −0.67 | 23.24 | 18.42 |
| — | — | — | — | — | — | — | — |
| 63.71 | 50.00 | 84.32 | 78.84 | 108.03 | −3.83 | 6.47 | 4.82 |
| 4.79 | 17.28 | 93.47 | 82.82 | 119.60 | 11.41 | −1.51 | −1.64 |
| 25.52 | 3.84 | 599.45 | 551.66 | 240.59 | 15.16 | 5.90 | −0.02 |
| — | — | — | — | — | — | — | — |
| — | — | — | — | — | — | — | — |

| 地　区 | 财务效益 | | | | 资产营运状况 | | |
|---|---|---|---|---|---|---|---|
| | 净资产收益率(%) | 总资产报酬率(%) | 营　业利润率(%) | 成本费用利润率(%) | 总资产周转率(%) | 流动资产周转率(%) | 存　货周转率(次) |
| 河　南 | — | — | — | — | — | — | — |
| 湖　北 | — | — | — | — | — | — | — |
| 湖　南 | 15.97 | 9.45 | 19.00 | 24.05 | 38.42 | 217.24 | 3.39 |
| 广　东 | — | — | — | — | — | — | — |
| 广　西 | — | — | — | — | — | — | — |
| 海　南 | 83.49 | 49.42 | 89.38 | 841.71 | 55.29 | 97.43 | 0.26 |
| 重　庆 | −12.69 | −9.13 | −27.91 | −14.29 | 49.99 | 110.40 | 7.22 |
| 四　川 | 6.56 | 7.60 | 11.32 | 11.90 | 33.05 | 75.46 | 4.27 |
| 贵　州 | — | — | — | — | — | — | — |
| 云　南 | 2.01 | 1.89 | 20.40 | 25.63 | 9.24 | 48.77 | 5.72 |
| 陕　西 | — | — | — | — | — | — | — |
| 甘　肃 | −1.31 | 0.55 | 2.57 | −2.54 | 43.23 | 155.96 | 66407.50 |
| 青　海 | 33.12 | 36.45 | 18.18 | 30.11 | 147.92 | 216.18 | 3.91 |
| 宁　夏 | — | — | — | — | — | — | — |
| 新　疆 | −5.38 | −1.07 | −3.68 | −2.73 | 38.03 | 126.36 | 7.72 |
| 西　藏 | — | — | — | — | — | — | — |

续表

| | 偿债能力状况 | | | | 发展能力状况 | | |
|---|---|---|---|---|---|---|---|
| 应收账款周转率(次) | 资产负债率(%) | 流动比率(%) | 速动比率(%) | 长期资产适合率(%) | 销售增长率(%) | 资本积累率(%) | 总资产增长率(%) |
| — | — | — | — | — | — | — | — |
| — | — | — | — | — | — | — | — |
| 5.84 | 52.66 | 56.38 | 48.23 | 85.07 | -6.91 | 9.95 | 3.01 |
| — | — | — | — | — | — | — | — |
| — | — | — | — | — | — | — | — |
| 0.00 | 41.45 | 148.33 | 101.67 | 0.00 | -13.45 | -28.34 | -26.99 |
| 6.75 | 35.69 | 133.33 | 124.03 | 184.81 | -9.36 | -11.93 | 10.14 |
| 8.52 | 55.39 | 94.18 | 90.45 | 93.26 | 17.17 | 6.78 | 60.09 |
| — | — | — | — | — | — | — | — |
| 0.00 | 6.21 | 301.90 | 296.84 | 116.50 | 5.21 | -6.15 | -5.79 |
| — | — | — | — | — | — | — | — |
| 2.59 | 8.84 | 316.63 | 316.63 | 150.04 | 13.36 | -0.50 | 1.07 |
| 269.19 | 21.84 | 401.73 | 398.87 | 405.68 | 79.19 | 39.70 | 64.31 |
| — | — | — | — | — | — | — | — |
| 9.97 | 79.97 | 41.19 | 38.41 | 66.82 | -11.82 | -5.24 | -5.30 |
| — | — | — | — | — | — | — | — |

# 2013 年度全国旅游行业经济效益

| 地区 | 财务效益 | | | | 资产营运状况 | | |
|---|---|---|---|---|---|---|---|
| | 净资产收益率(%) | 总资产报酬率(%) | 营业利润率(%) | 成本费用利润率(%) | 总资产周转率(%) | 流动资产周转率(%) | 存货周转率(次) |
| 全国 | -2.10 | 0.56 | -3.62 | -2.14 | 32.89 | 97.33 | 3.55 |
| 北京 | 11.99 | 7.41 | 5.03 | 5.28 | 147.20 | 218.91 | 23.14 |
| 天津 | 3.33 | 1.53 | 1.69 | 1.71 | 90.85 | 299.07 | 19.25 |
| 河北 | -5.81 | -2.75 | -3.41 | -3.09 | 85.85 | 145.21 | 2.83 |
| 山西 | 15.79 | 6.75 | 22.09 | 28.35 | 30.56 | 112.47 | 3.25 |
| 内蒙古 | 3.07 | 2.96 | 12.69 | 14.53 | 23.35 | 59.86 | 10.08 |
| 辽宁 | 13.82 | 5.09 | 10.44 | 11.65 | 47.97 | 132.87 | 5.01 |
| 吉林 | 18.80 | 14.63 | 19.78 | 23.96 | 62.66 | 141.50 | 15.16 |
| 黑龙江 | -10.07 | -4.88 | -6.85 | -6.49 | 70.30 | 185.69 | 6.59 |
| 上海 | -2.53 | 0.82 | -1.55 | -1.77 | 42.23 | 120.34 | 5.78 |
| 江苏 | 0.96 | 1.56 | 1.42 | 2.66 | 35.22 | 71.55 | 9.49 |
| 浙江 | -13.16 | -2.35 | -15.71 | -10.96 | 28.88 | 81.93 | 1.60 |
| 安徽 | 0.90 | 0.44 | 1.28 | 1.29 | 34.47 | 373.17 | 4.30 |
| 福建 | 4.21 | 2.46 | 4.19 | 5.11 | 39.99 | 150.65 | 5.30 |
| 江西 | — | — | — | — | — | — | — |
| 山东 | -2.72 | -0.48 | -4.75 | -4.40 | 40.42 | 126.81 | 3.09 |

# 评价主要财务指标表（未评星级饭店）

| | 偿债能力状况 | | | | 发展能力状况 | | |
|---|---|---|---|---|---|---|---|
| 应收账款周转率(次) | 资产负债率(%) | 流动比率(%) | 速动比率(%) | 长期资产适合率(%) | 销售增长率(%) | 资本积累率(%) | 总资产增长率(%) |
| 18.24 | 55.16 | 90.40 | 83.18 | 118.89 | -3.40 | 2.61 | 1.20 |
| 236.17 | 27.78 | 254.32 | 248.47 | 480.74 | 2.79 | 108.39 | 16.42 |
| 12.30 | 53.35 | 58.01 | 55.40 | 79.32 | 7.78 | 3.39 | 0.45 |
| 7.22 | 50.34 | 124.08 | 103.97 | 137.32 | -19.87 | -5.58 | -11.21 |
| 4.43 | 57.20 | 70.60 | 56.01 | 108.48 | 0.69 | 1.01 | 0.76 |
| 1.53 | 19.10 | 187.15 | 180.63 | 127.49 | -12.13 | -6.81 | -6.11 |
| 152.87 | 66.30 | 58.80 | 54.13 | 70.12 | -17.14 | 14.84 | 8.06 |
| 13.69 | 44.06 | 110.76 | 109.44 | 113.85 | 17.63 | 11.30 | -0.11 |
| 15.97 | 49.79 | 57.85 | 52.50 | 80.35 | 1.95 | -1.75 | 2.77 |
| 31.44 | 59.72 | 88.14 | 86.04 | 119.42 | -0.36 | -4.35 | -1.14 |
| 34.37 | 39.61 | 157.88 | 154.77 | 192.01 | 1.19 | 36.58 | 2.59 |
| 29.66 | 74.64 | 71.46 | 56.45 | 105.24 | 7.01 | -12.22 | 8.06 |
| 7.39 | 53.39 | 13.32 | 8.16 | 60.92 | 16.02 | 0.90 | 12.21 |
| 8.43 | 66.08 | 37.46 | 34.55 | 54.41 | -9.40 | 2.47 | -14.29 |
| — | — | — | — | — | — | — | — |
| 6.94 | 22.80 | 168.26 | 124.38 | 144.84 | 14.43 | 8.57 | 6.32 |

| 地区 | 财务效益 | | | | 资产营运状况 | | |
|---|---|---|---|---|---|---|---|
| | 净资产收益率(%) | 总资产报酬率(%) | 营业利润率(%) | 成本费用利润率(%) | 总资产周转率(%) | 流动资产周转率(%) | 存货周转率(次) |
| 河南 | −1.54 | −1.05 | −7.61 | −4.33 | 26.83 | 136.56 | 2.16 |
| 湖北 | −2.39 | 0.07 | −8.14 | −7.15 | 15.45 | 47.44 | 2.89 |
| 湖南 | −24.06 | −2.98 | −61.92 | −29.06 | 12.74 | 208.50 | 3.77 |
| 广东 | 1.66 | 3.92 | 1.84 | 2.03 | 36.99 | 91.46 | 9.22 |
| 广西 | −9.00 | −2.25 | −11.15 | −10.31 | 37.36 | 102.67 | 15.91 |
| 海南 | 1.87 | 1.56 | 5.19 | 5.55 | 26.12 | 97.22 | 8.76 |
| 重庆 | 1.79 | 2.44 | −12.92 | 2.65 | 26.40 | 78.63 | 4.50 |
| 四川 | −0.28 | 2.04 | −0.53 | −0.23 | 24.63 | 86.76 | 4.73 |
| 贵州 | 1.37 | 6.88 | 1.34 | 1.73 | 67.35 | 196.43 | 1.65 |
| 云南 | −2.41 | −0.49 | −6.06 | −5.77 | 25.55 | 117.95 | 9.22 |
| 陕西 | −0.06 | 0.19 | −0.02 | −0.02 | 24.44 | 105.08 | 16.56 |
| 甘肃 | −11.69 | −11.45 | −116.15 | −53.58 | 9.88 | 41.52 | 1.96 |
| 青海 | −4.04 | −2.41 | −6.86 | −6.55 | 34.40 | 108.14 | 5.93 |
| 宁夏 | — | — | — | — | — | — | — |
| 新疆 | −9.56 | −2.91 | −24.32 | −19.59 | 19.45 | 119.74 | 7.86 |
| 西藏 | −47.55 | −21.94 | −75.61 | −42.80 | 29.38 | 63.94 | 16.29 |

续表

| | 偿债能力状况 | | | | 发展能力状况 | | |
|---|---|---|---|---|---|---|---|
| 应收账款周转率(次) | 资产负债率(%) | 流动比率(%) | 速动比率(%) | 长期资产适合率(%) | 销售增长率(%) | 资本积累率(%) | 总资产增长率(%) |
| 7.22 | 15.90 | 94.40 | 79.60 | 120.90 | -22.77 | 19.12 | 10.56 |
| 23.94 | 49.25 | 139.89 | 131.85 | 153.13 | -10.24 | -4.53 | 1.53 |
| 13.07 | 77.90 | 9.12 | 8.22 | 32.39 | -17.28 | -21.48 | -1.19 |
| 31.30 | 69.84 | 118.79 | 115.05 | 133.02 | -2.96 | -1.19 | -7.52 |
| 2.76 | 54.99 | 156.48 | 153.33 | 146.91 | -32.01 | -9.53 | 0.87 |
| 11.17 | 29.18 | 133.62 | 130.36 | 115.12 | 6.72 | 2.69 | 6.04 |
| 21.28 | 56.17 | 107.86 | 102.87 | 127.45 | -30.11 | 1.81 | 1.50 |
| 11.53 | 61.15 | 122.12 | 114.31 | 153.01 | -22.70 | -5.00 | 0.16 |
| 40.55 | 62.30 | 69.08 | 38.88 | 108.98 | -3.00 | 6.88 | 0.83 |
| 19.17 | 28.32 | 80.58 | 75.65 | 116.21 | -10.57 | 20.87 | 7.66 |
| 49.38 | 27.97 | 64.86 | 63.40 | 170.25 | 0.84 | 0.00 | -0.63 |
| 8.10 | 1.34 | 2437.72 | 2307.90 | 146.48 | -59.86 | 27.59 | 25.38 |
| 3.19 | 20.44 | 143.20 | 130.39 | 112.48 | -25.35 | 118.86 | 6.06 |
| — | — | — | — | — | — | — | — |
| 2.28 | 50.35 | 63.57 | 48.65 | 89.17 | -0.33 | -28.58 | -22.90 |
| 380.06 | 75.17 | 32.13 | 30.03 | 45.96 | 0.00 | -38.42 | 147.98 |

# 2013 年度全国旅游行业经济效益

| 地 区 | 财务效益 | | | | 资产营运状况 | | |
|---|---|---|---|---|---|---|---|
| | 净资产收益率(%) | 总资产报酬率(%) | 营 业利润率(%) | 成本费用利润率(%) | 总资产周转率(%) | 流动资产周转率(%) | 存 货周转率(次) |
| 全 国 | 3.48 | 3.54 | 2.90 | 4.11 | 61.60 | 149.92 | 4.12 |
| 北 京 | 6.22 | 5.48 | 2.69 | 3.12 | 140.60 | 268.54 | 10.95 |
| 天 津 | 1.08 | 0.60 | 26.66 | 36.34 | 2.27 | 4.73 | 0.00 |
| 河 北 | -18.07 | -2.99 | -11.51 | -9.09 | 34.95 | 123.63 | 8.49 |
| 山 西 | — | — | — | — | — | — | — |
| 内蒙古 | — | — | — | — | — | — | — |
| 辽 宁 | 8.14 | 3.83 | 14.76 | 15.65 | 28.71 | 1532.94 | 19.52 |
| 吉 林 | 7.99 | 3.84 | 16.78 | 21.46 | 20.59 | 43.57 | 0.97 |
| 黑龙江 | 7.79 | 1.28 | 2.36 | 2.80 | 23.30 | 70.43 | 21.11 |
| 上 海 | 1.25 | 1.97 | -0.94 | 2.61 | 66.17 | 226.99 | 15.72 |
| 江 苏 | 3.18 | 3.17 | -2.18 | 12.93 | 12.34 | 25.55 | 0.33 |
| 浙 江 | 8.05 | 5.04 | 10.57 | 12.02 | 33.44 | 70.49 | 1.08 |
| 安 徽 | 4.78 | 2.88 | 10.65 | 15.20 | 17.45 | 51.75 | 0.53 |
| 福 建 | 50.42 | 5.86 | 0.58 | 0.84 | 694.52 | 766.04 | 9181.61 |
| 江 西 | — | — | — | — | — | — | — |
| 山 东 | 0.28 | 0.39 | -11.21 | 6.15 | 5.18 | 89.70 | 17.76 |

# 评价主要财务指标表（旅游集团）

| | 偿债能力状况 | | | | 发展能力状况 | | |
|---|---|---|---|---|---|---|---|
| 应收账款周转率(次) | 资 产负债率(%) | 流动比率(%) | 速动比率(%) | 长期资产适合率(%) | 销 售增长率(%) | 资 本积累率(%) | 总资产增长率(%) |
| 20.60 | 63.43 | 97.42 | 70.33 | 151.82 | 5.26 | 5.03 | 14.21 |
| 22.32 | 67.05 | 87.24 | 72.82 | 115.00 | 3.55 | 2.29 | 11.68 |
| 0.00 | 43.76 | 109.60 | 109.60 | 144.16 | 5.87 | 1.09 | 0.03 |
| 11.57 | 81.66 | 34.12 | 30.67 | 50.65 | 34.60 | –6.15 | 14.98 |
| — | — | — | — | — | — | — | — |
| — | — | — | — | — | — | — | — |
| 302.27 | 10.91 | 19.05 | 10.25 | 91.98 | 9.96 | 1187.45 | –4.59 |
| 33.23 | 62.16 | 233.39 | 203.83 | 386.95 | –9.08 | 25.88 | 33.53 |
| 4.53 | 96.28 | 41.76 | 41.00 | 36.25 | –7.33 | 49.41 | –2.29 |
| 26.63 | 25.14 | 110.69 | 101.10 | 173.06 | 11.40 | –2.69 | –2.63 |
| 7.35 | 56.92 | 168.06 | 88.27 | 243.02 | –4.23 | 3.70 | 20.91 |
| 33.83 | 66.63 | 126.67 | 67.24 | 169.87 | 16.43 | 3.40 | 9.63 |
| 37.84 | 63.18 | 114.84 | 58.56 | 176.52 | –20.05 | –1.05 | 9.54 |
| 21.42 | 90.67 | 99.65 | 99.58 | 143.45 | 10.60 | 7.56 | 14.06 |
| — | — | — | — | — | — | — | — |
| 40.60 | 9.23 | 79.23 | 78.67 | 1668.40 | 37.06 | 1.28 | 0.34 |

| 地　区 | 财务效益 | | | | 资产营运状况 | | |
|---|---|---|---|---|---|---|---|
| | 净资产收益率(%) | 总资产报酬率(%) | 营　业利润率(%) | 成本费用利润率(%) | 总资产周转率(%) | 流动资产周转率(%) | 存　货周转率(次) |
| 河　南 | — | — | — | — | — | — | — |
| 湖　北 | 6.07 | 4.22 | 11.83 | 15.83 | 26.82 | 98.27 | 35.63 |
| 湖　南 | — | — | — | — | — | — | — |
| 广　东 | 3.57 | 4.86 | 0.23 | 5.13 | 73.32 | 189.92 | 2.61 |
| 广　西 | 0.17 | 2.01 | −1.69 | 1.16 | 17.66 | 53.63 | 1.39 |
| 海　南 | — | — | — | — | — | — | — |
| 重　庆 | −1.85 | 0.07 | −19.06 | −5.44 | 8.72 | 32.65 | 0.64 |
| 四　川 | 8.51 | 8.65 | 16.49 | 19.40 | 51.10 | 164.49 | 14.58 |
| 贵　州 | — | — | — | — | — | — | — |
| 云　南 | 17.46 | 11.64 | 12.18 | 13.89 | 77.93 | 201.76 | 101.01 |
| 陕　西 | 8.27 | 5.55 | 4.83 | 7.76 | 44.03 | 105.41 | 10.03 |
| 甘　肃 | −12.08 | −2.01 | −17.62 | −15.03 | 11.39 | 39.86 | 0.34 |
| 青　海 | 5.77 | 2.33 | 10.86 | 12.16 | 21.77 | 49.71 | 47.17 |
| 宁　夏 | 2.77 | 2.46 | 3.24 | 4.21 | 39.37 | 151.30 | 11.80 |
| 新　疆 | −13.19 | −0.10 | −213.25 | −59.94 | 1.07 | 1.86 | 0.00 |
| 西　藏 | — | — | — | — | — | — | — |

续表

| | 偿债能力状况 | | | | 发展能力状况 | | |
|---|---|---|---|---|---|---|---|
| 应收账款周转率(次) | 资产负债率(%) | 流动比率(%) | 速动比率(%) | 长期资产适合率(%) | 销售增长率(%) | 资本积累率(%) | 总资产增长率(%) |
| — | — | — | — | — | — | — | — |
| 31.41 | 48.79 | 76.29 | 75.00 | 191.43 | 12.36 | 8.55 | 27.47 |
| — | — | — | — | — | — | — | — |
| 66.98 | 67.95 | 111.47 | 45.00 | 157.65 | -4.12 | 9.53 | 16.61 |
| 6.80 | 52.45 | 119.35 | 94.50 | 157.92 | -11.21 | 2.99 | 15.30 |
| — | — | — | — | — | — | — | — |
| 6.43 | 61.60 | 192.39 | 118.94 | 329.85 | 25.89 | 1.03 | 24.79 |
| 48.15 | 17.41 | 223.10 | 212.27 | 177.78 | -13.16 | 50.18 | 48.38 |
| — | — | — | — | — | — | — | — |
| 91.38 | 48.35 | 120.57 | 118.39 | 138.30 | -5.23 | 9.66 | -2.66 |
| 10.75 | 58.54 | 92.68 | 86.37 | 131.73 | 5.48 | 25.49 | 25.26 |
| 2.58 | 83.88 | 292.80 | 251.99 | 128.70 | 22058.59 | -7.40 | -1.14 |
| 10.48 | 67.93 | 180.27 | 179.25 | 145.64 | 23.14 | 5.95 | 11.34 |
| 17.29 | 58.69 | 84.42 | 79.66 | 122.66 | 1.25 | 0.52 | 22.26 |
| 12.33 | 82.70 | 99.52 | 99.52 | 123.41 | 19.46 | -12.38 | -12.06 |
| — | — | — | — | — | — | — | — |

# 2013 年度全国旅游行业经济效益

| 地区 | 财务效益 | | | | 资产营运状况 | | |
|---|---|---|---|---|---|---|---|
| | 净资产收益率(%) | 总资产报酬率(%) | 营业利润率(%) | 成本费用利润率(%) | 总资产周转率(%) | 流动资产周转率(%) | 存货周转率(次) |
| 全国 | 4.01 | 3.50 | 10.81 | 16.19 | 18.06 | 58.05 | 1.82 |
| 北京 | −0.69 | 1.16 | −9.52 | −1.49 | 10.43 | 42.41 | 16.81 |
| 天津 | 2.84 | 2.58 | 6.82 | 11.77 | 23.52 | 78.78 | 4.79 |
| 河北 | 6.89 | 5.04 | 10.50 | 14.30 | 32.34 | 81.82 | 1.49 |
| 山西 | −0.84 | 0.07 | −7.37 | −1.52 | 12.90 | 35.19 | 1.67 |
| 内蒙古 | 0.97 | 2.13 | 1.12 | 7.21 | 11.03 | 29.17 | 1.75 |
| 辽宁 | 1.34 | 1.23 | 3.42 | 5.33 | 17.41 | 38.92 | 13.39 |
| 吉林 | −2.36 | −0.36 | −5.01 | −2.91 | 16.98 | 38.83 | 8.51 |
| 黑龙江 | 1.81 | 1.71 | −9.55 | 5.98 | 23.18 | 135.18 | 8.92 |
| 上海 | 7.77 | 4.77 | 20.89 | 30.31 | 17.65 | 61.43 | 0.73 |
| 江苏 | −1.97 | 0.15 | −9.50 | −6.31 | 8.35 | 22.43 | 1.58 |
| 浙江 | 4.00 | 3.81 | 14.39 | 24.75 | 13.88 | 50.28 | 1.76 |
| 安徽 | 9.68 | 6.18 | 5.07 | 23.25 | 22.52 | 106.31 | 1.88 |
| 福建 | 3.69 | 3.39 | 8.38 | 13.26 | 21.20 | 54.33 | 0.83 |
| 江西 | 1.56 | 1.48 | 4.09 | 2.87 | 44.94 | 98.07 | 2.20 |
| 山东 | 4.33 | 3.32 | 15.51 | 20.34 | 15.60 | 66.59 | 2.05 |

# 评价主要财务指标表（全部旅游景区）

| | 偿债能力状况 | | | | 发展能力状况 | | |
|---|---|---|---|---|---|---|---|
| 应收账款周转率(次) | 资产负债率(%) | 流动比率(%) | 速动比率(%) | 长期资产适合率(%) | 销售增长率(%) | 资本积累率(%) | 总资产增长率(%) |
| 7.99 | 53.06 | 98.63 | 84.29 | 183.80 | 6.44 | 17.61 | 17.98 |
| 0.94 | 57.51 | 139.38 | 138.29 | 225.77 | 0.63 | 3.01 | 3.39 |
| 3.78 | 30.54 | 102.40 | 96.22 | 200.64 | 4.73 | 2.88 | 3.54 |
| 6.36 | 47.46 | 117.44 | 83.37 | 151.10 | -10.45 | 13.97 | 14.99 |
| 7.36 | 68.20 | 64.00 | 59.20 | 112.43 | 9.60 | 17.96 | 11.98 |
| 3.42 | 56.85 | 88.73 | 84.10 | 160.55 | 2.25 | -3.68 | 9.44 |
| 471.26 | 44.54 | 157.29 | 155.28 | 190.95 | 26.14 | 0.65 | -15.00 |
| 25.57 | 53.11 | 96.70 | 94.65 | 131.58 | 3.12 | 58.84 | 35.22 |
| 18.49 | 20.44 | 118.62 | 109.73 | 131.49 | 14.66 | 4.37 | 6.27 |
| 25.89 | 56.37 | 84.01 | 50.70 | 153.33 | 14.23 | 8.18 | 8.92 |
| 3.14 | 64.05 | 100.65 | 94.07 | 205.87 | -0.04 | 23.67 | 17.36 |
| 21.89 | 47.90 | 85.49 | 76.69 | 165.21 | 7.29 | 14.49 | 20.74 |
| 14.93 | 55.56 | 74.33 | 44.83 | 136.54 | 35.75 | 53.83 | 35.58 |
| 5.86 | 53.70 | 95.93 | 69.51 | 215.36 | 13.36 | 6.68 | 18.57 |
| 17.58 | 39.70 | 160.96 | 122.33 | 228.56 | -5.37 | 5.44 | 5.01 |
| 9.48 | 47.34 | 83.44 | 68.95 | 185.68 | 26.43 | 44.14 | 35.42 |

| 地区 | 财务效益 | | | | 资产营运状况 | | |
|---|---|---|---|---|---|---|---|
| | 净资产收益率(%) | 总资产报酬率(%) | 营业利润率(%) | 成本费用利润率(%) | 总资产周转率(%) | 流动资产周转率(%) | 存货周转率(次) |
| 河南 | 5.06 | 5.29 | 14.34 | 17.60 | 24.67 | 129.92 | 3.70 |
| 湖北 | 4.98 | 4.33 | 9.98 | 19.48 | 17.92 | 82.52 | 7.59 |
| 湖南 | 7.55 | 5.96 | 12.54 | 15.91 | 36.03 | 135.65 | 4.16 |
| 广东 | 15.54 | 9.74 | 28.13 | 42.62 | 29.31 | 80.99 | 10.39 |
| 广西 | 4.27 | 3.81 | 10.36 | 13.24 | 26.50 | 109.33 | 15.92 |
| 海南 | 7.77 | 7.44 | 29.17 | 44.08 | 23.15 | 80.86 | 8.81 |
| 重庆 | 1.70 | 2.50 | 5.38 | 8.24 | 13.31 | 46.64 | 2.45 |
| 四川 | 4.08 | 3.62 | 7.17 | 10.57 | 24.11 | 77.29 | 1.73 |
| 贵州 | -0.21 | 0.60 | -1.91 | 0.06 | 15.09 | 40.88 | 5.53 |
| 云南 | 6.81 | 5.00 | 13.58 | 18.83 | 25.93 | 63.33 | 2.25 |
| 陕西 | 2.03 | 3.82 | 8.69 | 10.36 | 15.80 | 38.77 | 0.50 |
| 甘肃 | 10.46 | 5.07 | 7.38 | 17.52 | 26.54 | 65.40 | 1.12 |
| 青海 | 2.23 | 1.76 | -18.35 | 11.27 | 8.62 | 68.88 | 2.16 |
| 宁夏 | 8.82 | 7.68 | 24.03 | 33.63 | 25.16 | 139.68 | 18.66 |
| 新疆 | -24.01 | 3.12 | 11.06 | 10.56 | 28.93 | 97.70 | 2.18 |
| 西藏 | — | — | — | — | — | — | — |

续表

| | 偿债能力状况 | | | | 发展能力状况 | | |
|---|---|---|---|---|---|---|---|
| 应收账款周转率(次) | 资产负债率(%) | 流动比率(%) | 速动比率(%) | 长期资产适合率(%) | 销售增长率(%) | 资本积累率(%) | 总资产增长率(%) |
| 21.85 | 41.00 | 78.17 | 66.67 | 202.13 | 4.31 | 51.65 | 39.32 |
| 10.87 | 53.73 | 61.23 | 57.62 | 157.20 | -1.10 | 29.77 | 30.83 |
| 16.56 | 49.66 | 102.62 | 83.70 | 212.69 | 4.18 | 7.18 | 7.78 |
| 38.39 | 46.18 | 148.95 | 145.30 | 177.30 | 9.55 | 6.58 | 6.08 |
| 14.30 | 42.26 | 88.93 | 86.98 | 192.97 | 4.89 | 4.73 | 7.18 |
| 29.25 | 24.90 | 162.05 | 159.32 | 309.33 | 24.41 | 6.50 | 7.49 |
| 13.32 | 62.49 | 83.35 | 76.07 | 219.29 | 35.81 | 13.51 | 26.96 |
| 15.35 | 56.19 | 90.19 | 76.32 | 138.67 | -8.50 | 16.69 | 23.45 |
| 15.53 | 55.50 | 217.21 | 210.05 | 346.08 | 19.96 | -0.54 | 30.49 |
| 14.53 | 52.08 | 120.81 | 103.26 | 243.11 | 12.67 | 11.27 | 15.57 |
| 16.93 | 56.32 | 234.46 | 133.18 | 220.51 | 30.43 | 5.26 | 15.25 |
| 6.80 | 60.06 | 74.70 | 51.59 | 106.35 | 13.51 | 49.24 | 35.76 |
| 5.85 | 47.60 | 35.05 | 33.84 | 91.85 | -11.21 | 5.66 | 2.03 |
| 81.83 | 35.14 | 89.38 | 88.19 | 153.96 | 30.94 | 16.29 | 14.05 |
| 8.69 | 57.37 | 70.73 | 50.32 | 117.12 | -50.73 | 6.84 | 7.65 |
| — | — | — | — | — | — | — | — |

# 2013 年度全国旅游行业经济效益

| 地区 | 财务效益 | | | | 资产营运状况 | | |
|---|---|---|---|---|---|---|---|
| | 净资产收益率(%) | 总资产报酬率(%) | 营业利润率(%) | 成本费用利润率(%) | 总资产周转率(%) | 流动资产周转率(%) | 存货周转率(次) |
| 全国 | 2.04 | 2.67 | 7.73 | 12.29 | 16.37 | 52.55 | 2.68 |
| 北京 | 0.18 | 1.64 | -3.64 | 2.27 | 5.28 | 21.60 | 10.31 |
| 天津 | 0.64 | 0.42 | 7.67 | 8.31 | 5.47 | 15.48 | 0.00 |
| 河北 | 6.76 | 5.25 | 11.00 | 13.95 | 35.88 | 170.71 | 4.56 |
| 山西 | -6.07 | -1.62 | -28.40 | -19.99 | 6.59 | 16.28 | 4.11 |
| 内蒙古 | 2.03 | 2.67 | 2.44 | 9.84 | 12.15 | 30.35 | 3.47 |
| 辽宁 | 0.28 | 0.88 | 1.91 | 2.59 | 13.52 | 24.63 | 7.26 |
| 吉林 | -2.37 | -0.36 | -5.06 | -2.95 | 16.89 | 38.65 | 8.55 |
| 黑龙江 | 0.61 | 0.74 | -15.98 | 2.12 | 22.56 | 119.78 | 8.94 |
| 上海 | 0.49 | 0.59 | -4.39 | 3.92 | 8.94 | 24.28 | 0.20 |
| 江苏 | -0.14 | 0.49 | -0.01 | 1.43 | 8.27 | 20.94 | 7.81 |
| 浙江 | 4.03 | 3.59 | 9.53 | 21.93 | 14.54 | 50.40 | 2.66 |
| 安徽 | 4.35 | 5.76 | 9.11 | 14.32 | 35.77 | 136.65 | 7.29 |
| 福建 | 0.89 | 1.72 | -3.98 | 3.39 | 17.79 | 63.49 | 3.14 |
| 江西 | 2.44 | 1.65 | 6.19 | 4.18 | 33.93 | 86.55 | 19.45 |
| 山东 | -0.26 | 0.23 | -3.20 | -0.50 | 13.55 | 116.10 | 2.77 |

# 评价主要财务指标表（自然类旅游景区）

| | 偿债能力状况 | | | | 发展能力状况 | | |
|---|---|---|---|---|---|---|---|
| 应收账款周转率(次) | 资产负债率(%) | 流动比率(%) | 速动比率(%) | 长期资产适合率(%) | 销售增长率(%) | 资本积累率(%) | 总资产增长率(%) |
| 6.92 | 50.92 | 99.72 | 90.98 | 211.75 | 5.54 | 14.71 | 19.11 |
| 0.26 | 51.53 | 119.98 | 119.61 | 583.62 | 5.73 | 0.88 | 2.12 |
| 183.38 | 34.75 | 102.02 | 102.00 | 235.77 | 20.15 | 0.64 | −0.04 |
| 20.32 | 37.73 | 85.39 | 63.78 | 142.86 | 60.61 | 8.90 | 9.52 |
| 6.59 | 73.40 | 65.17 | 64.43 | 93.15 | 1.80 | 4.53 | 15.97 |
| 2.81 | 51.65 | 117.23 | 113.52 | 229.30 | 0.62 | −0.10 | 7.80 |
| 330.05 | 38.49 | 256.56 | 253.75 | 272.62 | 37.68 | −0.75 | −23.28 |
| 25.69 | 53.15 | 96.67 | 94.65 | 131.60 | 3.51 | 58.98 | 35.26 |
| 16.16 | 22.26 | 122.65 | 113.79 | 136.27 | 16.85 | −1.33 | 1.92 |
| 14.43 | 52.16 | 84.28 | 28.64 | 221.68 | 6.77 | 0.87 | 10.89 |
| 4.83 | 63.44 | 121.39 | 119.79 | 358.68 | 6.61 | 23.45 | 23.08 |
| 33.03 | 53.62 | 88.00 | 82.35 | 216.41 | 10.52 | 24.75 | 35.02 |
| 21.24 | 45.49 | 106.14 | 90.64 | 173.40 | 88.47 | 65.16 | 72.64 |
| 9.93 | 55.77 | 69.17 | 67.57 | 177.54 | 11.09 | 12.24 | 19.71 |
| 15.64 | 46.79 | 91.09 | 90.61 | 182.67 | 3.03 | 2.48 | 7.39 |
| 12.28 | 25.54 | 62.09 | 48.53 | 109.43 | 13.41 | 0.51 | 9.78 |

| 地　区 | 财务效益 | | | | 资产营运状况 | | |
|---|---|---|---|---|---|---|---|
| | 净资产收益率(%) | 总资产报酬率(%) | 营　业利润率(%) | 成本费用利润率(%) | 总资产周转率(%) | 流动资产周转率(%) | 存　货周转率(次) |
| 河　南 | 3.78 | 4.42 | 10.95 | 13.33 | 22.67 | 142.44 | 4.64 |
| 湖　北 | 4.65 | 4.73 | 10.57 | 22.75 | 16.67 | 71.01 | 5.42 |
| 湖　南 | 5.87 | 5.64 | 15.90 | 19.18 | 28.60 | 122.54 | 6.28 |
| 广　东 | 7.61 | 5.18 | 15.20 | 22.67 | 22.26 | 40.77 | 8.80 |
| 广　西 | 7.91 | 6.00 | 14.21 | 18.50 | 33.99 | 108.64 | 25.99 |
| 海　南 | 8.32 | 8.42 | 34.91 | 54.01 | 23.59 | 108.63 | 8.85 |
| 重　庆 | 0.97 | 2.22 | 7.16 | 8.90 | 9.57 | 31.46 | 3.56 |
| 四　川 | 7.34 | 5.10 | 8.23 | 12.93 | 33.78 | 154.94 | 10.77 |
| 贵　州 | −0.86 | 0.03 | −4.11 | −2.32 | 14.34 | 37.91 | 9.33 |
| 云　南 | 2.53 | 2.33 | 10.90 | 13.13 | 12.12 | 26.09 | 0.71 |
| 陕　西 | −2.00 | −0.13 | −8.62 | −6.22 | 14.67 | 80.63 | 8.85 |
| 甘　肃 | 4.79 | 3.35 | 9.20 | 10.44 | 27.62 | 61.21 | 1.44 |
| 青　海 | −3.58 | −0.18 | −19.67 | −16.43 | 0.89 | 20.48 | 3.42 |
| 宁　夏 | 4.86 | 4.09 | 15.17 | 20.14 | 23.85 | 212.35 | 12.68 |
| 新　疆 | −31.03 | 2.17 | 8.94 | 7.16 | 29.30 | 114.78 | 6.69 |
| 西　藏 | — | — | — | — | — | — | — |

续表

| | 偿债能力状况 | | | | 发展能力状况 | | |
|---|---|---|---|---|---|---|---|
| 应收账款周转率(次) | 资产负债率(%) | 流动比率(%) | 速动比率(%) | 长期资产适合率(%) | 销售增长率(%) | 资本积累率(%) | 总资产增长率(%) |
| 19.60 | 40.44 | 65.35 | 56.62 | 185.73 | 5.86 | 69.70 | 48.95 |
| 9.02 | 48.49 | 90.64 | 85.04 | 224.19 | –4.88 | 34.02 | 39.19 |
| 31.23 | 41.44 | 98.49 | 90.17 | 205.93 | 5.26 | 6.15 | 6.60 |
| 23.89 | 58.67 | 160.31 | 157.42 | 220.25 | 4.71 | 3.98 | 6.26 |
| 12.20 | 45.13 | 91.24 | 90.10 | 161.94 | 3.94 | 7.15 | 15.19 |
| 25.07 | 16.82 | 146.56 | 143.51 | 449.62 | 32.98 | 7.97 | 5.73 |
| 8.49 | 63.04 | 74.88 | 71.38 | 290.90 | 18.39 | 8.09 | 20.20 |
| 24.38 | 53.55 | 67.10 | 61.02 | 134.22 | 0.78 | 9.07 | 12.31 |
| 14.55 | 54.63 | 336.17 | 331.47 | 432.76 | 20.78 | –1.45 | 29.55 |
| 6.88 | 59.22 | 128.00 | 112.93 | 256.88 | 6.44 | 8.59 | 18.40 |
| 14.47 | 42.79 | 60.71 | 57.31 | 178.76 | 26.19 | 2.98 | 12.56 |
| 6.07 | 55.75 | 87.64 | 64.46 | 111.75 | 27.14 | 60.05 | 44.36 |
| 0.00 | 95.09 | 2.30 | 2.17 | 11.49 | 116.99 | –3.52 | –3.94 |
| 34.97 | 29.12 | 45.32 | 43.40 | 162.69 | –2.26 | 10.26 | 6.33 |
| 8.59 | 58.02 | 62.86 | 55.65 | 114.58 | –55.07 | 1.82 | 5.87 |
| — | — | — | — | — | — | — | — |

# 2013 年度全国旅游行业经济效益

| 地 区 | 财务效益 | | | | 资产营运状况 | | |
|---|---|---|---|---|---|---|---|
| | 净资产收益率(%) | 总资产报酬率(%) | 营 业利润率(%) | 成本费用利润率(%) | 总资产周转率(%) | 流动资产周转率(%) | 存 货周转率(次) |
| 全 国 | 2.68 | 3.27 | 8.18 | 11.89 | 16.23 | 41.05 | 1.18 |
| 北 京 | 3.26 | 1.33 | 3.64 | 3.65 | 36.32 | 62.40 | 29.42 |
| 天 津 | 0.47 | 0.33 | 1.67 | 1.70 | 19.57 | 88.61 | 0.00 |
| 河 北 | −14.63 | −5.85 | −93.00 | −43.74 | 6.93 | 10.26 | 65.63 |
| 山 西 | 4.57 | 3.20 | 0.33 | 11.22 | 20.09 | 104.94 | 3.84 |
| 内蒙古 | −1.55 | 1.52 | −0.29 | 3.27 | 7.04 | 22.94 | 0.38 |
| 辽 宁 | 0.01 | 0.01 | −27.19 | 0.07 | 10.62 | 5.01 | 0.22 |
| 吉 林 | 4.29 | 3.67 | 3.57 | 3.70 | 102.83 | 317.38 | 4.53 |
| 黑龙江 | — | — | — | — | — | — | — |
| 上 海 | 5.86 | 1.10 | −23.25 | 6.45 | 13.51 | 34.93 | 0.92 |
| 江 苏 | 1.89 | 2.10 | 1.44 | 9.61 | 10.36 | 18.32 | 2.33 |
| 浙 江 | −5.89 | −0.18 | −46.93 | −30.77 | 4.30 | 12.33 | 7.51 |
| 安 徽 | 4.64 | 4.66 | 16.60 | 21.47 | 15.64 | 56.23 | 1.34 |
| 福 建 | 2.94 | 3.91 | 12.02 | 14.18 | 25.13 | 67.85 | 2.09 |
| 江 西 | −0.62 | −0.23 | 0.53 | −2.24 | 10.49 | 8.69 | 0.42 |
| 山 东 | 3.50 | 3.68 | 18.87 | 23.39 | 13.69 | 91.80 | 17.48 |

# 评价主要财务指标表（文物类旅游景区）

| | 偿债能力状况 | | | | 发展能力状况 | | |
|---|---|---|---|---|---|---|---|
| 应收账款周转率(次) | 资产负债率(%) | 流动比率(%) | 速动比率(%) | 长期资产适合率(%) | 销售增长率(%) | 资本积累率(%) | 总资产增长率(%) |
| 4.82 | 55.43 | 136.82 | 113.33 | 201.14 | 5.92 | 13.68 | 23.59 |
| 223.21 | 61.11 | 325.66 | 322.88 | 839.96 | –5.27 | 52.90 | 32.45 |
| 0.00 | 31.32 | 84.06 | 84.06 | 94.44 | 13.92 | 0.47 | 1.38 |
| 10.48 | 66.29 | 92.80 | 92.60 | 123.25 | 9.98 | –11.45 | 26.22 |
| 315.47 | 51.34 | 42.71 | 40.15 | 109.48 | 2.80 | 16.99 | 6.63 |
| 77.66 | 68.50 | 56.75 | 52.19 | 84.94 | 39.68 | –4.95 | 21.76 |
| 0.00 | 46.59 | 80.54 | 75.90 | 107.70 | 7.65 | 0.03 | –2.10 |
| 13.33 | 14.14 | 183.33 | 100.00 | 115.91 | –35.15 | 4.38 | 3.74 |
| — | — | — | — | — | — | — | — |
| 7.02 | 81.14 | 61.62 | 47.33 | 128.30 | 1.24 | 6.03 | 0.20 |
| 0.98 | 57.19 | 179.80 | 176.44 | 378.30 | –2.08 | 3.79 | 17.14 |
| 41.84 | 67.32 | 64.50 | 64.23 | 118.00 | –13.03 | 1.73 | 9.53 |
| 2.80 | 57.68 | 152.97 | 141.41 | 189.50 | –32.67 | 5.60 | 15.55 |
| 2.60 | 44.00 | 144.69 | 116.53 | 372.04 | 1.90 | 1.48 | 32.45 |
| 65.37 | 51.96 | 365.94 | 296.34 | 813.23 | 3.60 | 73.01 | 26.11 |
| 56.87 | 43.89 | 66.05 | 64.22 | 161.46 | 15.26 | 84.18 | 80.07 |

| 地　区 | 财务效益 | | | | 资产营运状况 | | |
|---|---|---|---|---|---|---|---|
| | 净资产收益率(%) | 总资产报酬率(%) | 营　业利润率(%) | 成本费用利润率(%) | 总资产周转率(%) | 流动资产周转率(%) | 存　货周转率(次) |
| 河　南 | 3.78 | 4.70 | 13.84 | 16.29 | 26.75 | 103.26 | 8.06 |
| 湖　北 | −0.44 | 1.82 | −12.04 | 1.22 | 10.11 | 34.55 | 7.97 |
| 湖　南 | 1.68 | 1.59 | 0.83 | 3.55 | 41.48 | 82.09 | 3.31 |
| 广　东 | 0.38 | 1.17 | −23.20 | 1.70 | 14.81 | 57.40 | 11.36 |
| 广　西 | 4.11 | 0.91 | −1.90 | 1.80 | 49.40 | 160.64 | 241.63 |
| 海　南 | −6.52 | −5.33 | −77.95 | −42.01 | 7.13 | 19.43 | 0.25 |
| 重　庆 | 0.91 | 4.16 | 0.98 | 3.23 | 19.98 | 49.20 | 0.67 |
| 四　川 | 2.81 | 3.35 | 15.78 | 19.35 | 14.02 | 38.06 | 0.91 |
| 贵　州 | — | — | — | — | — | — | — |
| 云　南 | −5.12 | −0.02 | −41.68 | −21.49 | 9.50 | 61.15 | 13.31 |
| 陕　西 | 8.22 | 7.29 | 21.87 | 27.91 | 16.28 | 26.19 | 0.23 |
| 甘　肃 | 1.30 | 0.84 | −1.05 | 2.34 | 35.42 | 98.04 | 112.68 |
| 青　海 | 0.42 | 0.40 | −6.32 | 11.27 | 3.35 | 81.83 | 0.25 |
| 宁　夏 | 10.22 | 8.39 | 39.35 | 68.54 | 15.68 | 69.49 | 32.08 |
| 新　疆 | 12.16 | 12.23 | 33.94 | 52.07 | 35.49 | 409.57 | 14.23 |
| 西　藏 | — | — | — | — | — | — | — |

续表

| | 偿债能力状况 | | | | 发展能力状况 | | |
|---|---|---|---|---|---|---|---|
| 应收账款周转率(次) | 资产负债率(%) | 流动比率(%) | 速动比率(%) | 长期资产适合率(%) | 销售增长率(%) | 资本积累率(%) | 总资产增长率(%) |
| 21.26 | 29.08 | 110.64 | 104.08 | 321.83 | –2.21 | 3.51 | 12.54 |
| 4.89 | 69.88 | 30.96 | 29.91 | 94.10 | 9.72 | 5.10 | 39.76 |
| 7.13 | 56.57 | 114.07 | 94.91 | 225.72 | –9.00 | 2.52 | 10.86 |
| 19.31 | 59.43 | 55.98 | 55.05 | 140.37 | –0.78 | 0.64 | –1.18 |
| 39.54 | 75.01 | 35.03 | 34.81 | 100.93 | 30.64 | 4.20 | –18.13 |
| 0.00 | 19.68 | 185.95 | 148.82 | 131.93 | 84.08 | –6.31 | –2.96 |
| 1474.82 | 62.73 | 145.05 | 87.40 | 115.80 | 23.87 | 0.74 | 19.27 |
| 3.91 | 47.42 | 197.44 | 171.31 | 383.15 | 7.62 | –1.89 | 27.67 |
| — | — | — | — | — | — | — | — |
| 11.23 | 37.91 | 71.64 | 69.88 | 113.38 | 76.43 | 34.72 | 12.50 |
| 19.19 | 69.06 | 999.34 | 470.33 | 270.80 | 36.97 | 8.94 | 18.54 |
| 67.78 | 38.97 | 114.50 | 113.92 | 121.35 | 30.19 | 29.04 | 47.21 |
| 1.40 | 4.86 | 401.59 | 353.48 | 103.51 | 22.01 | 0.42 | 1.15 |
| 401.83 | 41.63 | 114.55 | 113.94 | 156.33 | 113.13 | 19.01 | 20.62 |
| 31.43 | 4.15 | 202.82 | 180.89 | 133.83 | 22.72 | 20.70 | 18.76 |
| — | — | — | — | — | — | — | — |

# 2013 年度全国旅游行业经济效益

| 地区 | 财务效益 | | | | 资产营运状况 | | |
|---|---|---|---|---|---|---|---|
| | 净资产收益率(%) | 总资产报酬率(%) | 营业利润率(%) | 成本费用利润率(%) | 总资产周转率(%) | 流动资产周转率(%) | 存货周转率(次) |
| 全国 | 7.60 | 4.71 | 14.77 | 21.76 | 20.96 | 73.75 | 1.51 |
| 北京 | -3.47 | 0.43 | -24.80 | -7.03 | 11.03 | 70.94 | 12.80 |
| 天津 | 3.50 | 3.30 | 6.89 | 12.22 | 28.95 | 101.43 | 4.79 |
| 河北 | 7.88 | 5.42 | 11.21 | 15.91 | 31.27 | 61.22 | 0.90 |
| 山西 | 1.80 | 0.57 | -0.26 | 2.57 | 18.89 | 41.20 | 1.17 |
| 内蒙古 | -4.11 | -1.01 | -7.53 | -6.49 | 14.49 | 34.97 | 0.56 |
| 辽宁 | 4.22 | 2.19 | 7.45 | 8.89 | 26.62 | 114.17 | 66.96 |
| 吉林 | — | — | — | — | — | — | — |
| 黑龙江 | 10.85 | 10.10 | 34.67 | 53.07 | 28.50 | 720.35 | 8.76 |
| 上海 | 13.49 | 7.45 | 27.44 | 39.23 | 23.19 | 98.41 | 4.01 |
| 江苏 | -5.13 | -0.58 | -21.74 | -16.03 | 8.00 | 25.91 | 0.83 |
| 浙江 | 6.02 | 5.91 | 27.91 | 40.23 | 16.97 | 75.16 | 1.23 |
| 安徽 | 17.00 | 6.80 | -3.64 | 35.18 | 15.41 | 95.16 | 0.92 |
| 福建 | 13.72 | 6.98 | 26.14 | 37.01 | 24.95 | 35.81 | 0.31 |
| 江西 | 1.41 | 1.68 | 3.54 | 2.63 | 56.41 | 130.24 | 2.24 |
| 山东 | 9.57 | 4.81 | 22.45 | 30.94 | 17.09 | 54.55 | 1.65 |

# 评价主要财务指标表（主题类旅游景区）

| | 偿债能力状况 | | | | 发展能力状况 | | |
|---|---|---|---|---|---|---|---|
| 应收账款周转率(次) | 资产负债率(%) | 流动比率(%) | 速动比率(%) | 长期资产适合率(%) | 销售增长率(%) | 资本积累率(%) | 总资产增长率(%) |
| 11.86 | 55.28 | 86.02 | 66.67 | 151.17 | 7.55 | 23.82 | 14.77 |
| 34.57 | 65.08 | 111.50 | 109.53 | 111.04 | 2.74 | -3.36 | -1.30 |
| 3.51 | 29.31 | 103.11 | 94.65 | 200.73 | 3.80 | 3.57 | 4.69 |
| 4.20 | 52.59 | 130.98 | 90.06 | 159.76 | -32.64 | 19.72 | 18.14 |
| 3.94 | 72.72 | 72.93 | 58.47 | 203.71 | 24.10 | 61.32 | 9.24 |
| 3.72 | 64.66 | 40.23 | 30.11 | 72.19 | -24.04 | -36.00 | -14.07 |
| 810.15 | 54.61 | 77.35 | 76.75 | 129.41 | 17.73 | 4.27 | 1.28 |
| — | — | — | — | — | — | — | — |
| 199.51 | 7.33 | 54.97 | 45.54 | 106.91 | 1.58 | 60.66 | 53.73 |
| 33.13 | 58.65 | 84.67 | 75.33 | 133.75 | 16.34 | 14.31 | 7.84 |
| 4.41 | 66.14 | 70.85 | 59.80 | 129.97 | -5.24 | 30.80 | 12.29 |
| 14.17 | 28.88 | 98.60 | 73.67 | 131.33 | 5.72 | 6.79 | 5.24 |
| 33.48 | 62.72 | 52.71 | 15.44 | 106.56 | 13.67 | 59.79 | 20.58 |
| 35.90 | 61.73 | 115.07 | 45.06 | 179.22 | 37.96 | 1.47 | 0.93 |
| 18.02 | 33.60 | 200.33 | 125.10 | 221.25 | -8.00 | 1.48 | 0.71 |
| 7.62 | 58.13 | 93.04 | 76.79 | 302.23 | 35.12 | 99.47 | 41.54 |

| 地　区 | 财务效益 | | | | 资产营运状况 | | |
|---|---|---|---|---|---|---|---|
| | 净资产收益率(%) | 总资产报酬率(%) | 营　业利润率(%) | 成本费用利润率(%) | 总资产周转率(%) | 流动资产周转率(%) | 存　货周转率(次) |
| 河　南 | 27.50 | 13.60 | 31.84 | 47.18 | 38.25 | 113.42 | 1.08 |
| 湖　北 | 11.61 | 3.51 | 11.71 | 13.52 | 27.02 | 252.37 | 33.93 |
| 湖　南 | 16.36 | 8.88 | 14.04 | 18.76 | 47.49 | 228.70 | 3.38 |
| 广　东 | 22.27 | 16.26 | 38.97 | 64.82 | 39.48 | 290.24 | 12.67 |
| 广　西 | –0.94 | 0.50 | –2.57 | –2.28 | 12.81 | 102.97 | 5.10 |
| 海　南 | 6.63 | 5.79 | 18.45 | 29.51 | 22.51 | 55.34 | 10.59 |
| 重　庆 | 3.40 | 2.66 | 4.65 | 8.94 | 19.66 | 94.20 | 6.76 |
| 四　川 | –0.38 | 1.87 | 1.55 | 2.18 | 15.54 | 37.38 | 0.40 |
| 贵　州 | 6.65 | 5.33 | 10.37 | 15.52 | 21.26 | 72.48 | 1.58 |
| 云　南 | 14.12 | 11.38 | 15.46 | 22.40 | 58.27 | 189.95 | 5.03 |
| 陕　西 | 7.42 | 5.47 | 18.93 | 22.02 | 25.46 | 170.22 | 13.35 |
| 甘　肃 | 24.65 | 8.16 | 4.30 | 31.35 | 24.38 | 73.50 | 0.60 |
| 青　海 | 9.10 | 5.47 | –20.63 | 12.30 | 23.23 | 73.39 | 3.46 |
| 宁　夏 | 17.91 | 18.29 | 18.29 | 22.71 | 83.24 | 404.26 | 47.90 |
| 新　疆 | 15.31 | 7.87 | 22.27 | 32.55 | 25.95 | 48.34 | 0.18 |
| 西　藏 | — | — | — | — | — | — | — |

续表

| | 偿债能力状况 | | | | 发展能力状况 | | |
|---|---|---|---|---|---|---|---|
| 应收账款周转率(次) | 资产负债率(%) | 流动比率(%) | 速动比率(%) | 长期资产适合率(%) | 销售增长率(%) | 资本积累率(%) | 总资产增长率(%) |
| 53.17 | 65.04 | 132.71 | 90.55 | 289.24 | 4.30 | 20.91 | 11.90 |
| 46.74 | 74.92 | 12.99 | 12.46 | 32.87 | 9.82 | 6.12 | –4.25 |
| 17.19 | 61.71 | 99.19 | 56.55 | 221.02 | 10.25 | 13.54 | 8.44 |
| 71.64 | 29.21 | 129.70 | 122.02 | 151.52 | 13.70 | 8.90 | 6.43 |
| 31.84 | 35.10 | 100.45 | 92.96 | 260.98 | 3.15 | 1.38 | –2.59 |
| 42.03 | 39.53 | 183.24 | 181.33 | 195.77 | 10.51 | 3.21 | 10.93 |
| 20.19 | 61.33 | 94.76 | 88.04 | 182.71 | 65.74 | 29.67 | 45.52 |
| 14.28 | 62.20 | 91.72 | 72.91 | 112.47 | –29.51 | 43.70 | 37.52 |
| 24.92 | 63.43 | 47.83 | 37.18 | 70.79 | 15.54 | 9.58 | 38.63 |
| 30.39 | 36.33 | 104.64 | 79.46 | 234.78 | 15.38 | 14.18 | 9.63 |
| 21.17 | 40.14 | 41.08 | 38.03 | 114.55 | 5.49 | 7.70 | 1.85 |
| 8.24 | 68.80 | 57.00 | 33.57 | 92.49 | –6.54 | 28.13 | 22.02 |
| 15.16 | 59.45 | 131.44 | 129.12 | 118.28 | –17.39 | 27.11 | 9.49 |
| 292.19 | 21.55 | 247.12 | 246.25 | 123.34 | 29.85 | 29.00 | 11.17 |
| 8.38 | 59.49 | 100.86 | 28.01 | 137.05 | 16.20 | 45.66 | 17.87 |
| — | — | — | — | — | — | — | — |

# 2013 年度全国旅游行业经济效益

| 地区 | 财务效益 | | | | 资产营运状况 | | |
|---|---|---|---|---|---|---|---|
| | 净资产收益率(%) | 总资产报酬率(%) | 营业利润率(%) | 成本费用利润率(%) | 总资产周转率(%) | 流动资产周转率(%) | 存货周转率(次) |
| 全国 | 7.44 | 5.21 | 4.37 | 8.34 | 46.52 | 92.62 | 2.29 |
| 北京 | −9.77 | −5.12 | −12.42 | −9.53 | 47.78 | 112.83 | 1.20 |
| 天津 | — | — | — | — | — | — | — |
| 河北 | 3.83 | 2.37 | 13.50 | 17.61 | 12.97 | 22.47 | 0.24 |
| 山西 | −5.44 | −3.21 | −26.34 | −20.31 | 12.51 | 50.25 | 3.71 |
| 内蒙古 | 16.84 | 2.06 | 9.56 | 11.96 | 18.30 | 65.22 | 7.02 |
| 辽宁 | 0.03 | 0.03 | 0.17 | 0.05 | 60.82 | 500.73 | 20.79 |
| 吉林 | 12.13 | 6.35 | 4.45 | 4.66 | 142.68 | 409.31 | 26.69 |
| 黑龙江 | −0.37 | −0.27 | −8.29 | −1.59 | 15.61 | 27.61 | 0.76 |
| 上海 | 18.16 | 14.13 | 6.44 | 7.45 | 199.05 | 297.04 | 11.91 |
| 江苏 | 4.19 | 2.74 | 1.74 | 2.14 | 46.27 | 74.79 | 1.22 |
| 浙江 | −11.47 | −0.99 | −16.61 | −11.35 | 17.93 | 37.79 | 6.35 |
| 安徽 | 5.47 | 5.43 | 7.92 | 9.14 | 37.88 | 87.29 | 1.77 |
| 福建 | 3.55 | 2.56 | 4.53 | 6.32 | 41.09 | 80.38 | 5.55 |
| 江西 | 0.48 | 0.42 | 3.38 | 2.42 | 13.54 | 18.45 | 0.22 |
| 山东 | 11.66 | 8.73 | 7.86 | 8.63 | 87.56 | 238.15 | 11.00 |

# 评价主要财务指标表（其他旅游企业）

| | 偿债能力状况 | | | | 发展能力状况 | | |
|---|---|---|---|---|---|---|---|
| 应收账款周转率(次) | 资 产 负债率 (%) | 流动 比率 (%) | 速动 比率 (%) | 长期资产适合率(%) | 销 售 增长率 (%) | 资 本 积累率 (%) | 总资产 增长率 (%) |
| 22.62 | 60.61 | 129.94 | 89.68 | 177.24 | 3.57 | 21.40 | 21.68 |
| 156.75 | 48.52 | 88.94 | 80.35 | 99.05 | 3.61 | −9.32 | −6.21 |
| — | — | — | — | — | — | — | — |
| 1.47 | 53.99 | 218.96 | 155.31 | 223.00 | −28.38 | 3.89 | 5.14 |
| 3.47 | 45.13 | 48.66 | 44.19 | 295.32 | −34.59 | −3.42 | 12.82 |
| 11.22 | 89.51 | 34.50 | 33.12 | 35.06 | 19.88 | 21.42 | 50.07 |
| 98.20 | 13.09 | 186.86 | 154.12 | 108.36 | −2.06 | 0.03 | −4.94 |
| 8.44 | 55.86 | 72.82 | 70.40 | 74.40 | −16.21 | 11.16 | 28.15 |
| 0.42 | 28.88 | 203.81 | 165.36 | 179.76 | 14.17 | 6.07 | 9.75 |
| 29.68 | 47.16 | 171.33 | 134.43 | 162.75 | −7.36 | −4.04 | 0.69 |
| 35.75 | 63.80 | 186.89 | 78.67 | 346.69 | 14.88 | 40.30 | 27.68 |
| 5.20 | 81.05 | 148.77 | 145.39 | 553.94 | −8.83 | 22.07 | 104.57 |
| 13.16 | 57.93 | 167.52 | 117.41 | 192.00 | 1.92 | 7.81 | 13.79 |
| 16.43 | 46.86 | 118.06 | 109.97 | 192.10 | 1.29 | 36.11 | 35.57 |
| 6.66 | 33.29 | 221.47 | 116.88 | 358.02 | 6.20 | 2.06 | 2.21 |
| 55.82 | 55.68 | 71.45 | 58.29 | 115.70 | 10.34 | 12.70 | 18.53 |

| 地　区 | 财务效益 | | | | 资产营运状况 | | |
|---|---|---|---|---|---|---|---|
| | 净资产收益率(%) | 总资产报酬率(%) | 营　业利润率(%) | 成本费用利润率(%) | 总资产周转率(%) | 流动资产周转率(%) | 存　货周转率(次) |
| 河　南 | 8.16 | 5.28 | 9.15 | 10.52 | 35.20 | 71.52 | 1.69 |
| 湖　北 | 3.92 | 5.02 | 6.59 | 10.26 | 33.41 | 108.43 | 4.97 |
| 湖　南 | 13.99 | 11.84 | 20.85 | 26.85 | 50.37 | 122.43 | 2.15 |
| 广　东 | 19.58 | 13.41 | 10.80 | 22.81 | 55.16 | 99.52 | 1.09 |
| 广　西 | 7.03 | 4.79 | 31.81 | 47.90 | 13.93 | 21.09 | 12.29 |
| 海　南 | — | — | — | — | — | — | — |
| 重　庆 | 3.94 | 4.16 | 1.38 | 3.05 | 59.08 | 119.95 | 2.14 |
| 四　川 | 2.80 | 2.42 | 5.02 | 5.15 | 14.73 | 28.84 | 1.48 |
| 贵　州 | −2.38 | −0.99 | −12.16 | −9.70 | 9.28 | 17.63 | 3.93 |
| 云　南 | 1.79 | 0.99 | −98.05 | 1.99 | 22.50 | 32.50 | 0.64 |
| 陕　西 | 12.25 | 10.98 | 8.12 | 8.83 | 135.42 | 135.34 | 21.83 |
| 甘　肃 | 10.35 | 11.19 | 41.87 | 41.10 | 25.35 | 89.63 | 7.56 |
| 青　海 | — | — | — | — | — | — | — |
| 宁　夏 | 6.45 | 5.76 | 0.87 | 0.93 | 604.96 | 778.85 | 133.41 |
| 新　疆 | 0.19 | 0.36 | −8.97 | 1.12 | 18.46 | 98.94 | 13.34 |
| 西　藏 | 25.12 | 22.92 | 17.03 | 20.52 | 129.67 | 330.98 | 14.00 |

续表

| | 偿债能力状况 | | | | 发展能力状况 | | |
|---|---|---|---|---|---|---|---|
| 应收账款周转率(次) | 资产负债率(%) | 流动比率(%) | 速动比率(%) | 长期资产适合率(%) | 销售增长率(%) | 资本积累率(%) | 总资产增长率(%) |
| 9.42 | 62.01 | 91.97 | 74.60 | 109.32 | 10.65 | 19.31 | 24.19 |
| 9.33 | 53.41 | 57.68 | 45.45 | 133.54 | 3.18 | 22.80 | 27.50 |
| 8.39 | 38.31 | 138.81 | 109.04 | 146.30 | –48.79 | 5.64 | –4.51 |
| 23.13 | 53.94 | 166.32 | 86.37 | 237.77 | 9.28 | 29.02 | 29.67 |
| 24.79 | 33.54 | 285.24 | 284.36 | 314.89 | 3.84 | 163.54 | 39.84 |
| — | — | — | — | — | — | — | — |
| 40.75 | 65.39 | 103.28 | 56.18 | 313.64 | 4.53 | 39.63 | 30.23 |
| 42.15 | 78.89 | 156.63 | 139.46 | 148.96 | 33.59 | 6.13 | 11.16 |
| 6.11 | 57.08 | 105.15 | 104.32 | 133.10 | 38.81 | 55.88 | 114.18 |
| 22.22 | 57.40 | 120.20 | 15.44 | 161.51 | 71.56 | 2.56 | –0.95 |
| 452.72 | 37.82 | 241.52 | 230.46 | 718.41 | 13.76 | 7.56 | 17.70 |
| 71.06 | 23.28 | 129.05 | 119.06 | 125.83 | –7.57 | 92.36 | 84.89 |
| — | — | — | — | — | — | — | — |
| 25.44 | 45.39 | 168.94 | 163.35 | 237.00 | 3.37 | 6.23 | 37.30 |
| 24.71 | 29.78 | 69.60 | 66.98 | 133.69 | –37.65 | 4.70 | 3.98 |
| 7.30 | 17.34 | 1161.13 | 951.61 | 186.68 | 0.00 | 28.73 | 42.97 |

# 2013 年度全国旅游行业经济效益

| 地 区 | 人均增加值(元) | | | | |
|---|---|---|---|---|---|
| | 全国旅游行业 | 旅行社 | 旅游饭店 | 旅游景区 | 旅游集团 |
| 全 国 | 89146.88 | 58760.79 | 82167.41 | 114956.11 | 112910.03 |
| 北 京 | 132778.67 | 96103.90 | 145892.45 | 80190.55 | 133393.03 |
| 天 津 | 71070.37 | 56190.29 | 65852.94 | 156970.24 | 138050.28 |
| 河 北 | 66417.37 | 21846.63 | 66581.48 | 96653.69 | — |
| 山 西 | 32951.76 | 30226.68 | 35976.84 | 24526.01 | — |
| 内蒙古 | 52433.85 | 33865.47 | 56483.07 | 51477.65 | — |
| 辽 宁 | 82719.53 | 51983.37 | 67214.80 | 184743.12 | 82608.30 |
| 吉 林 | 42371.38 | 24678.98 | 36310.12 | 37709.60 | 136235.16 |
| 黑龙江 | 61719.05 | 36415.36 | 76467.71 | 49741.80 | 29402.33 |
| 上 海 | 136795.89 | 111218.82 | 136739.08 | 181979.87 | 136122.69 |
| 江 苏 | 82254.74 | 84820.21 | 71688.05 | 102169.17 | 120207.32 |
| 浙 江 | 99632.34 | 50380.43 | 109186.76 | 116483.91 | 100286.97 |
| 安 徽 | 78370.66 | 39047.30 | 57851.57 | 125760.73 | 106451.98 |
| 福 建 | 98331.04 | 43591.03 | 111451.13 | 82264.98 | 70704.07 |
| 江 西 | 50898.47 | 34796.92 | 53703.00 | 59690.39 | — |
| 山 东 | 88456.47 | 66956.56 | 63109.29 | 101626.39 | 4324.42 |

# 评价补充财务指标表（全部旅游企业）

| | 人均财政贡献(元) | | | | | |
|---|---|---|---|---|---|---|
| 其他旅游企业 | 全国旅游行业 | 旅行社 | 旅游饭店 | 旅游景区 | 旅游集团 | 其他旅游企业 |
| 124808.84 | 15147.10 | 7512.21 | 13419.24 | 15871.43 | 27549.52 | 27829.02 |
| 48756.61 | 29243.19 | 14780.49 | 27973.33 | 11498.89 | 35188.19 | 5029.47 |
| — | 12901.45 | 8625.75 | 11032.15 | 41680.96 | 9155.41 | — |
| 68293.60 | 9930.11 | 2421.14 | 8683.28 | 19112.59 | — | 12228.12 |
| — | 5538.23 | 2961.32 | 6249.58 | 5368.18 | — | 3313.59 |
| 73385.40 | 8795.89 | 4886.17 | 9600.08 | 9014.22 | — | 8424.92 |
| — | 11308.68 | 7958.83 | 11724.59 | 10335.13 | 17136.49 | 16604.30 |
| 22580.37 | 7461.15 | 2935.36 | 9383.12 | 3850.19 | 4531.43 | 4397.70 |
| 16641.63 | 13231.15 | 4913.80 | 18648.13 | 3619.84 | 19234.72 | 984.52 |
| 213866.04 | 19335.94 | 11624.51 | 22467.37 | 18172.32 | 20021.34 | 24215.32 |
| 141302.50 | 13874.66 | 7688.88 | 12926.04 | 13624.88 | 44483.05 | 22636.63 |
| 36802.93 | 18443.12 | 6341.34 | 17061.93 | 25438.07 | 25745.08 | 8925.22 |
| 97090.19 | 15667.86 | 4223.18 | 8082.71 | 21977.07 | 42399.28 | 19863.14 |
| 85103.10 | 12905.84 | 5861.25 | 12884.40 | 20805.08 | 9664.80 | 15862.98 |
| 33627.94 | 7442.74 | 3838.88 | 7529.65 | 13894.39 | — | 2434.36 |
| 174266.08 | 15574.39 | 10557.89 | 10329.02 | 14399.40 | 2004.66 | 42818.83 |

| 地区 | 人均增加值(元) | | | | |
|---|---|---|---|---|---|
| | 全国旅游行业 | 旅行社 | 旅游饭店 | 旅游景区 | 旅游集团 |
| 河南 | 74271.00 | 28394.65 | 52444.70 | 108425.97 | — |
| 湖北 | 62387.35 | 43294.98 | 59948.45 | 83992.27 | 85659.00 |
| 湖南 | 66624.51 | 40861.81 | 59760.35 | 82968.97 | — |
| 广东 | 130411.14 | 58305.86 | 105763.98 | 228239.13 | 132141.02 |
| 广西 | 55248.30 | 27046.67 | 46988.87 | 54206.94 | 74607.46 |
| 海南 | 110074.73 | 33458.61 | 99543.58 | 173776.60 | — |
| 重庆 | 54100.16 | 51283.08 | 63953.73 | 62209.31 | 16797.58 |
| 四川 | 82796.26 | 56430.85 | 67435.80 | 93603.71 | 190976.82 |
| 贵州 | 58226.98 | 32922.43 | 62670.41 | 50661.79 | — |
| 云南 | 68618.95 | 36603.62 | 53184.04 | 130379.73 | 185370.90 |
| 陕西 | 61868.91 | 26581.55 | 52128.12 | 72216.57 | 80544.66 |
| 甘肃 | 60885.83 | 29750.09 | 62197.09 | 66124.41 | 473712.38 |
| 青海 | 67272.63 | 30592.32 | 68231.40 | 32521.24 | 143486.86 |
| 宁夏 | 91193.89 | 30103.84 | 68187.06 | 124379.44 | — |
| 新疆 | 138407.57 | 69294.21 | 66296.55 | 613216.94 | –69389.83 |
| 西藏 | 35959.34 | 26683.64 | –14611.85 | — | — |

续表

| | 人均财政贡献(元) | | | | | |
|---|---|---|---|---|---|---|
| 其他旅游企业 | 全国旅游行业 | 旅行社 | 旅游饭店 | 旅游景区 | 旅游集团 | 其他旅游企业 |
| 232670.71 | 10311.19 | 2596.98 | 6506.54 | 17269.04 | — | 33463.95 |
| 87588.28 | 8661.00 | 5991.90 | 8989.87 | 9853.92 | 9580.31 | 17354.77 |
| 149944.58 | 11270.96 | 4744.19 | 9678.04 | 13665.39 | — | 36785.05 |
| 161420.35 | 18306.49 | 8846.09 | 17348.86 | 19270.22 | 21012.47 | 46923.19 |
| 108188.72 | 8875.24 | 2924.44 | 7948.90 | 7177.87 | 14531.86 | 17668.61 |
| — | 16074.58 | 3677.66 | 13612.92 | 28383.60 | — | — |
| 69128.26 | 10216.99 | 5199.70 | 8843.41 | 10868.64 | 13983.26 | 19507.30 |
| 171711.06 | 12411.61 | 14367.25 | 10377.62 | 17503.88 | 17929.14 | 18016.07 |
| 19147.56 | 9326.81 | 3826.25 | 10051.23 | 8124.95 | — | 7786.58 |
| -166808.57 | 11855.94 | 4300.81 | 8703.81 | 13621.58 | 26189.09 | 21605.67 |
| 94311.27 | 10349.03 | 2669.85 | 10938.23 | 8640.67 | 11827.91 | 20470.69 |
| 34557.00 | 8190.19 | 2584.77 | 7207.68 | 14214.21 | 688.08 | 15428.31 |
| — | 7080.96 | 3550.26 | 7679.79 | 2128.53 | 9877.75 | — |
| — | 8058.35 | 2192.77 | 8120.88 | 9692.98 | — | 2954.67 |
| 96881.00 | 15608.74 | 7534.92 | 11487.96 | 45332.37 | 2817.21 | 12307.19 |
| 144228.62 | 5485.75 | 2335.31 | 6597.67 | — | — | 2246.75 |

# 2013 年度全国旅游行业经济效益

| 地　区 | 入境旅游收入比率(%) | 自联入境旅游收入比率(%) | 国内旅游收入比率(%) |
|---|---|---|---|
| 全　国 | 7.89 | 3.06 | 56.93 |
| 北　京 | 7.73 | 4.72 | 32.50 |
| 天　津 | 9.90 | 9.50 | 70.58 |
| 河　北 | 4.96 | 0.90 | 66.37 |
| 山　西 | 10.00 | 3.63 | 54.04 |
| 内蒙古 | 6.11 | 2.02 | 70.48 |
| 辽　宁 | 14.61 | 3.82 | 41.18 |
| 吉　林 | 10.98 | 3.61 | 66.22 |
| 黑龙江 | 14.64 | 8.93 | 41.19 |
| 上　海 | 3.76 | 1.81 | 60.05 |
| 江　苏 | 3.81 | 1.23 | 60.42 |
| 浙　江 | 6.91 | 2.65 | 65.67 |
| 安　徽 | 4.76 | 0.94 | 85.14 |
| 福　建 | 10.04 | 4.44 | 71.22 |
| 江　西 | 6.73 | 0.68 | 77.60 |
| 山　东 | 13.05 | 4.11 | 61.08 |

# 评价补充财务指标表（全部旅行社）

| 出境旅游收入比率(%) | 自联入境旅游收入毛利率(%) | 国内旅游收入毛利率(%) | 出境旅游收入毛利率(%) |
|---|---|---|---|
| 35.18 | 7.23 | 6.63 | 5.44 |
| 59.78 | 7.93 | 5.56 | 5.33 |
| 19.52 | 4.55 | 5.75 | 9.98 |
| 28.67 | 6.44 | 9.82 | 6.75 |
| 35.96 | 9.01 | 6.48 | 4.60 |
| 23.41 | 14.23 | 11.82 | 9.19 |
| 44.21 | 5.09 | 4.99 | 5.05 |
| 22.81 | 4.41 | 12.45 | 4.83 |
| 44.17 | 5.71 | 6.95 | 2.72 |
| 36.19 | 9.66 | 3.92 | 5.43 |
| 35.77 | 5.50 | 8.61 | 4.92 |
| 27.42 | 11.03 | 9.11 | 5.21 |
| 10.10 | 7.13 | 5.87 | 4.35 |
| 18.74 | 5.14 | 7.84 | 6.49 |
| 15.66 | 5.18 | 7.50 | 6.05 |
| 25.88 | 5.07 | 9.02 | 7.38 |

| 地　区 | 入境旅游收入比率(%) | 自联入境旅游收入比率(%) | 国内旅游收入比率(%) |
|---|---|---|---|
| 河　南 | 8.89 | 6.75 | 64.42 |
| 湖　北 | 11.56 | 1.20 | 61.54 |
| 湖　南 | 21.24 | 1.48 | 56.58 |
| 广　东 | 5.56 | 2.44 | 51.06 |
| 广　西 | 8.62 | 5.06 | 74.22 |
| 海　南 | 7.02 | 2.26 | 88.82 |
| 重　庆 | 8.26 | 4.66 | 56.65 |
| 四　川 | 12.91 | 5.76 | 62.62 |
| 贵　州 | 14.27 | 4.01 | 68.45 |
| 云　南 | 7.64 | 2.33 | 86.11 |
| 陕　西 | 14.30 | 5.11 | 65.25 |
| 甘　肃 | 11.65 | 3.36 | 65.06 |
| 青　海 | 4.81 | 2.00 | 71.93 |
| 宁　夏 | 13.89 | 1.08 | 68.45 |
| 新　疆 | 10.47 | 5.37 | 57.90 |
| 西　藏 | 43.87 | 35.80 | 56.13 |

续表

| 出境旅游收入比率(%) | 自联入境旅游收入毛利率(%) | 国内旅游收入毛利率(%) | 出境旅游收入毛利率(%) |
|---|---|---|---|
| 26.68 | 5.08 | 8.79 | 5.07 |
| 26.90 | 13.46 | 11.09 | 5.24 |
| 22.18 | 2.57 | 4.99 | 6.87 |
| 43.38 | 7.01 | 7.65 | 5.56 |
| 17.15 | 10.25 | 5.84 | 4.37 |
| 4.16 | 3.94 | 5.87 | 9.93 |
| 35.09 | 4.01 | 4.85 | 4.64 |
| 24.47 | 4.18 | 5.03 | 5.06 |
| 17.28 | 8.70 | 5.22 | 3.27 |
| 6.25 | 3.01 | 5.70 | 5.11 |
| 20.45 | 11.10 | 5.88 | 5.75 |
| 23.29 | 7.02 | 7.71 | 3.67 |
| 23.26 | 5.83 | 8.57 | 6.67 |
| 17.66 | 11.50 | 4.73 | 8.10 |
| 31.63 | 12.05 | 8.62 | 6.90 |
| 0.00 | 21.77 | 37.12 | — |

# 2013年度全国旅游行业经济效益

| 地 区 | 入境旅游收入比率(%) | 自联入境旅游收入比率(%) | 国内旅游收入比率(%) |
|---|---|---|---|
| 全 国 | 9.26 | 3.59 | 41.21 |
| 北 京 | 6.75 | 4.03 | 27.60 |
| 天 津 | 18.80 | 18.77 | 42.59 |
| 河 北 | 7.35 | 1.41 | 35.09 |
| 山 西 | 10.74 | 4.57 | 41.41 |
| 内蒙古 | 7.56 | 2.30 | 45.60 |
| 辽 宁 | 15.52 | 3.86 | 35.54 |
| 吉 林 | 12.04 | 1.46 | 50.94 |
| 黑龙江 | 14.79 | 8.70 | 37.25 |
| 上 海 | 4.36 | 2.18 | 33.35 |
| 江 苏 | 4.53 | 1.42 | 46.29 |
| 浙 江 | 11.23 | 4.22 | 38.11 |
| 安 徽 | 6.15 | 1.04 | 74.46 |
| 福 建 | 12.09 | 5.88 | 63.06 |
| 江 西 | 11.37 | 0.31 | 58.55 |
| 山 东 | 16.57 | 5.33 | 49.10 |

# 评价补充财务指标表（经营出境游旅行社）

| 出境旅游收入比率(%) | 自联入境旅游收入毛利率(%) | 国内旅游收入毛利率(%) | 出境旅游收入毛利率(%) |
|---|---|---|---|
| 49.53 | 6.78 | 6.14 | 5.44 |
| 65.65 | 6.65 | 5.06 | 5.33 |
| 38.61 | 4.53 | 6.27 | 9.98 |
| 57.56 | 6.42 | 12.99 | 6.75 |
| 47.85 | 9.45 | 4.91 | 4.60 |
| 46.84 | 7.78 | 12.36 | 9.19 |
| 48.93 | 5.05 | 4.27 | 5.05 |
| 37.02 | 3.98 | 5.96 | 4.83 |
| 47.96 | 5.60 | 4.65 | 2.72 |
| 62.29 | 9.95 | 5.32 | 5.43 |
| 49.19 | 5.24 | 5.76 | 4.92 |
| 50.66 | 12.01 | 8.67 | 5.21 |
| 19.40 | 5.59 | 4.48 | 4.35 |
| 24.85 | 5.15 | 4.93 | 6.49 |
| 30.08 | 8.76 | 4.17 | 6.05 |
| 34.33 | 4.94 | 8.33 | 7.38 |

| 地　区 | 入境旅游收入比率(%) | 自联入境旅游收入比率(%) | 国内旅游收入比率(%) |
|---|---|---|---|
| 河　南 | 13.60 | 10.53 | 44.29 |
| 湖　北 | 15.17 | 1.57 | 46.48 |
| 湖　南 | 26.93 | 1.77 | 42.80 |
| 广　东 | 5.47 | 2.33 | 44.45 |
| 广　西 | 11.57 | 9.41 | 53.85 |
| 海　南 | 11.74 | 4.42 | 78.13 |
| 重　庆 | 9.27 | 5.65 | 48.14 |
| 四　川 | 14.50 | 6.57 | 54.90 |
| 贵　州 | 16.83 | 7.89 | 49.00 |
| 云　南 | 7.23 | 3.79 | 73.79 |
| 陕　西 | 14.47 | 4.33 | 48.00 |
| 甘　肃 | 13.02 | 3.70 | 43.43 |
| 青　海 | 6.31 | 3.70 | 47.49 |
| 宁　夏 | 17.94 | 0.71 | 57.86 |
| 新　疆 | 10.85 | 6.18 | 49.99 |
| 西　藏 | 0.00 | 0.00 | 100.00 |

续表

| 出境旅游收入比率(%) | 自联入境旅游收入毛利率(%) | 国内旅游收入毛利率(%) | 出境旅游收入毛利率(%) |
|---|---|---|---|
| 42.10 | 5.06 | 6.16 | 5.07 |
| 38.35 | 13.68 | 12.25 | 5.24 |
| 30.27 | 2.22 | 4.53 | 6.87 |
| 50.08 | 7.06 | 7.05 | 5.56 |
| 34.57 | 10.28 | 7.72 | 4.37 |
| 10.13 | 3.97 | 8.88 | 9.93 |
| 42.59 | 4.00 | 5.22 | 4.64 |
| 30.61 | 4.45 | 4.30 | 5.06 |
| 34.16 | 8.65 | 4.88 | 3.27 |
| 18.98 | 3.03 | 2.62 | 5.11 |
| 37.53 | 7.91 | 4.78 | 5.75 |
| 43.55 | 6.91 | 4.40 | 3.67 |
| 46.20 | 5.73 | 3.86 | 6.67 |
| 24.20 | 11.82 | 3.29 | 8.10 |
| 39.16 | 11.90 | 8.55 | 6.90 |
| 0.00 | — | 100.00 | — |

# 2013 年度全国旅游行业经济效益

| 地 区 | 入境旅游收入比率(%) | 自联入境旅游收入比率(%) | 国内旅游收入比率(%) |
|---|---|---|---|
| 全 国 | 4.55 | 1.76 | 95.45 |
| 北 京 | 17.63 | 11.77 | 82.37 |
| 天 津 | 0.82 | 0.04 | 99.16 |
| 河 北 | 2.59 | 0.40 | 97.41 |
| 山 西 | 7.77 | 0.80 | 92.23 |
| 内蒙古 | 4.66 | 1.73 | 95.34 |
| 辽 宁 | 6.10 | 3.40 | 93.90 |
| 吉 林 | 9.27 | 7.04 | 90.73 |
| 黑龙江 | 12.92 | 11.58 | 87.08 |
| 上 海 | 2.94 | 1.31 | 97.06 |
| 江 苏 | 1.89 | 0.72 | 98.11 |
| 浙 江 | 1.81 | 0.80 | 98.19 |
| 安 徽 | 3.26 | 0.82 | 96.74 |
| 福 建 | 3.76 | 0.05 | 96.24 |
| 江 西 | 1.70 | 1.07 | 98.30 |
| 山 东 | 2.28 | 0.39 | 97.72 |

# 评价补充财务指标表（经营非出境游旅行社）



| 出境旅游收入比率(%) | 自联入境旅游收入毛利率(%) | 国内旅游收入毛利率(%) | 出境旅游收入毛利率(%) |
|---|---|---|---|
| 0.00 | 9.90 | 7.14 | 4.57 |
| 0.00 | 12.43 | 7.28 | — |
| 0.02 | 11.64 | 5.53 | 4.57 |
| 0.00 | 8.32 | 8.71 | — |
| 0.00 | 1.36 | 8.63 | — |
| 0.00 | 25.73 | 11.55 | — |
| 0.00 | 11.12 | 7.59 | — |
| 0.00 | 4.61 | 18.45 | — |
| 0.00 | 7.27 | 18.58 | — |
| 0.00 | 8.96 | 3.26 | — |
| 0.00 | 8.70 | 12.21 | — |
| 0.00 | 3.80 | 9.32 | — |
| 0.00 | 8.96 | 7.05 | — |
| 0.00 | 3.25 | 13.79 | — |
| 0.00 | 4.11 | 9.68 | — |
| 0.00 | 10.96 | 10.05 | — |

| 地　区 | 入境旅游收入比率(%) | 自联入境旅游收入比率(%) | 国内旅游收入比率(%) |
|---|---|---|---|
| 河　南 | 0.74 | 0.21 | 99.26 |
| 湖　北 | 3.08 | 0.33 | 96.92 |
| 湖　南 | 5.63 | 0.69 | 94.37 |
| 广　东 | 6.14 | 3.19 | 93.86 |
| 广　西 | 5.72 | 0.78 | 94.28 |
| 海　南 | 3.73 | 0.75 | 96.27 |
| 重　庆 | 3.54 | 0.02 | 96.46 |
| 四　川 | 6.58 | 2.52 | 93.42 |
| 贵　州 | 11.64 | 0.04 | 88.36 |
| 云　南 | 7.84 | 1.61 | 92.16 |
| 陕　西 | 14.09 | 6.05 | 85.91 |
| 甘　肃 | 10.10 | 2.98 | 89.90 |
| 青　海 | 3.29 | 0.28 | 96.71 |
| 宁　夏 | 2.96 | 2.07 | 97.04 |
| 新　疆 | 8.86 | 1.95 | 91.14 |
| 西　藏 | 50.62 | 41.31 | 49.38 |

续表

| 出境旅游收入比率(%) | 自联入境旅游收入毛利率(%) | 国内旅游收入毛利率(%) | 出境旅游收入毛利率(%) |
|---|---|---|---|
| 0.00 | 10.57 | 10.83 | — |
| 0.00 | 6.35 | 9.76 | — |
| 0.00 | 10.66 | 5.57 | — |
| 0.00 | 6.16 | 9.48 | — |
| 0.00 | 9.78 | 4.78 | — |
| 0.00 | 3.80 | 4.16 | — |
| 0.00 | 19.09 | 3.98 | — |
| 0.00 | 1.29 | 6.80 | — |
| 0.00 | 16.46 | 5.42 | — |
| 0.00 | 2.97 | 6.91 | — |
| 0.00 | 13.84 | 6.60 | — |
| 0.00 | 7.22 | 9.55 | — |
| 0.00 | 7.91 | 10.96 | — |
| 0.00 | 9.84 | 7.32 | — |
| 0.00 | 14.03 | 8.76 | — |
| 0.00 | 21.77 | 7.28 | — |

# 2013 年度全国旅游行业经济效益

| 地　区 | 平均客房出租率(%) | 平均房价(元) | 房费收入比　率(%) | 餐饮收入比　率(%) |
|---|---|---|---|---|
| 全　国 | 55.54 | 346.70 | 43.10 | 41.46 |
| 北　京 | 60.83 | 548.75 | 47.48 | 33.04 |
| 天　津 | 50.35 | 468.53 | 41.05 | 50.86 |
| 河　北 | 46.80 | 274.12 | 36.82 | 47.69 |
| 山　西 | 53.90 | 279.14 | 40.41 | 47.26 |
| 内蒙古 | 47.64 | 260.70 | 39.51 | 49.11 |
| 辽　宁 | 54.08 | 384.84 | 40.99 | 44.89 |
| 吉　林 | 51.65 | 283.58 | 40.25 | 45.74 |
| 黑龙江 | 53.50 | 338.16 | 50.60 | 35.09 |
| 上　海 | 60.04 | 517.72 | 49.23 | 36.15 |
| 江　苏 | 53.79 | 342.24 | 36.12 | 52.59 |
| 浙　江 | 54.98 | 345.55 | 30.38 | 42.69 |
| 安　徽 | 48.44 | 227.14 | 38.38 | 50.26 |
| 福　建 | 55.70 | 349.44 | 41.58 | 43.95 |
| 江　西 | 57.91 | 253.61 | 55.18 | 38.39 |
| 山　东 | 52.63 | 302.76 | 38.20 | 50.33 |

# 评价补充财务指标表（全部旅游饭店）

| 商品收入比率(%) | 娱乐收入比率(%) | 餐饮毛利率(%) | 商品毛利率(%) | 娱乐毛利率(%) |
|---|---|---|---|---|
| 3.83 | 1.24 | 50.60 | 26.85 | 72.16 |
| 1.71 | 0.96 | 58.08 | 59.75 | 87.30 |
| 2.31 | 1.29 | 39.43 | 26.41 | 77.19 |
| 2.13 | 1.26 | 44.76 | 53.69 | 73.25 |
| 2.02 | 0.86 | 43.09 | 28.07 | 51.39 |
| 2.98 | 0.30 | 46.74 | 54.08 | 62.14 |
| 1.19 | 1.06 | 52.94 | 65.88 | 65.66 |
| 0.64 | 0.40 | 47.99 | 39.18 | 89.68 |
| 5.59 | 1.51 | 56.81 | 38.61 | 54.58 |
| 1.37 | 0.28 | 56.70 | 25.55 | 87.26 |
| 2.28 | 1.19 | 51.13 | 18.21 | 76.68 |
| 18.05 | 1.20 | 48.86 | 19.20 | 75.74 |
| 3.18 | 0.37 | 46.74 | 36.97 | 79.95 |
| 0.56 | 3.12 | 48.90 | 41.93 | 59.47 |
| 0.86 | 0.24 | 40.81 | 34.83 | 75.31 |
| 2.66 | 0.82 | 44.74 | 39.83 | 86.03 |

| 地　区 | 平均客房出租率(%) | 平均房价(元) | 房费收入比　率(%) | 餐饮收入比　率(%) |
|---|---|---|---|---|
| 河　南 | 60.28 | 215.45 | 43.27 | 43.49 |
| 湖　北 | 55.53 | 278.06 | 47.66 | 42.23 |
| 湖　南 | 63.20 | 225.87 | 40.71 | 43.32 |
| 广　东 | 58.62 | 401.30 | 44.33 | 38.50 |
| 广　西 | 52.96 | 204.59 | 44.25 | 42.71 |
| 海　南 | 53.16 | 532.69 | 62.58 | 29.61 |
| 重　庆 | 55.76 | 327.76 | 44.55 | 38.04 |
| 四　川 | 55.44 | 342.64 | 48.74 | 38.15 |
| 贵　州 | 62.53 | 287.34 | 57.90 | 34.94 |
| 云　南 | 56.37 | 210.27 | 55.09 | 27.19 |
| 陕　西 | 54.73 | 263.64 | 44.13 | 47.23 |
| 甘　肃 | 50.39 | 200.82 | 45.88 | 43.92 |
| 青　海 | 45.96 | 310.46 | 54.07 | 34.41 |
| 宁　夏 | 46.44 | 304.38 | 41.45 | 46.84 |
| 新　疆 | 48.51 | 262.56 | 44.45 | 44.59 |
| 西　藏 | 37.86 | 336.21 | 48.95 | 35.39 |

续表

| 商品收入比　率(%) | 娱乐收入比　率(%) | 餐　饮毛利率(%) | 商　品毛利率(%) | 娱　乐毛利率(%) |
|---|---|---|---|---|
| 2.38 | 1.14 | 43.47 | 43.86 | 73.11 |
| 1.20 | 1.33 | 48.28 | 43.76 | 74.28 |
| 2.08 | 3.51 | 47.55 | 51.90 | 72.93 |
| 1.57 | 2.11 | 56.62 | 38.02 | 60.87 |
| 1.68 | 2.36 | 48.41 | 54.91 | 68.63 |
| 0.97 | 0.76 | 55.58 | 23.26 | 86.71 |
| 4.74 | 0.75 | 51.54 | 23.12 | 66.42 |
| 1.53 | 2.13 | 52.01 | 46.17 | 80.50 |
| 1.58 | 0.45 | 51.36 | 47.41 | 58.13 |
| 1.96 | 2.65 | 42.84 | 22.22 | 50.19 |
| 1.64 | 0.50 | 48.42 | 32.61 | 65.10 |
| 3.03 | 0.59 | 41.71 | 53.30 | 86.66 |
| 1.56 | 0.19 | 53.18 | 33.04 | 83.13 |
| 1.95 | 0.13 | 46.02 | 34.27 | 55.17 |
| 0.91 | 1.10 | 48.35 | 37.97 | 70.60 |
| 0.11 | 0.02 | 62.42 | 48.58 | 51.84 |

# 2013 年度全国旅游行业经济效益

| 地　区 | 平均客房出租率(%) | 平均房价(元) | 房费收入比　率(%) | 餐饮收入比　率(%) |
|---|---|---|---|---|
| 全　国 | 54.09 | 679.62 | 45.23 | 41.39 |
| 北　京 | 61.56 | 838.85 | 47.25 | 35.85 |
| 天　津 | 42.39 | 685.18 | 41.03 | 53.30 |
| 河　北 | 39.41 | 483.04 | 42.55 | 37.63 |
| 山　西 | 57.09 | 411.11 | 41.76 | 42.78 |
| 内蒙古 | 43.86 | 566.18 | 41.83 | 49.51 |
| 辽　宁 | 51.84 | 624.63 | 41.67 | 44.24 |
| 吉　林 | 70.11 | 393.01 | 47.80 | 37.85 |
| 黑龙江 | 59.93 | 961.60 | 58.74 | 32.92 |
| 上　海 | 59.49 | 932.66 | 47.17 | 42.32 |
| 江　苏 | 51.90 | 538.25 | 39.80 | 51.60 |
| 浙　江 | 49.87 | 581.35 | 33.86 | 51.60 |
| 安　徽 | 35.62 | 446.60 | 50.17 | 41.51 |
| 福　建 | 57.82 | 588.13 | 39.88 | 43.10 |
| 江　西 | 64.58 | 516.22 | 59.35 | 34.97 |
| 山　东 | 48.05 | 624.60 | 44.24 | 45.47 |

# 评价补充财务指标表（五星级饭店）

| 商品收入比率(%) | 娱乐收入比率(%) | 餐饮毛利率(%) | 商品毛利率(%) | 娱乐毛利率(%) |
|---|---|---|---|---|
| 1.49 | 1.20 | 57.79 | 47.72 | 79.87 |
| 1.79 | 0.69 | 62.78 | 86.84 | 96.17 |
| 1.19 | 1.21 | 40.54 | 42.24 | 96.27 |
| 2.82 | 3.35 | 49.07 | 75.00 | 73.50 |
| 0.54 | 3.31 | 49.25 | 57.89 | 56.27 |
| 0.00 | 0.00 | 51.52 | — | — |
| 1.25 | 1.69 | 56.11 | 92.88 | 65.45 |
| 0.15 | 1.50 | 39.08 | 61.86 | 98.76 |
| 2.80 | 0.00 | 70.23 | 66.66 | 30.44 |
| 1.39 | 0.24 | 57.79 | 20.64 | 87.65 |
| 1.07 | 0.97 | 56.91 | 34.15 | 85.41 |
| 3.51 | 1.57 | 56.51 | 34.07 | 84.07 |
| 0.25 | 0.00 | 60.88 | 44.22 | — |
| 0.19 | 2.08 | 55.85 | 37.59 | 67.23 |
| 1.63 | 0.06 | 47.55 | 33.22 | 97.54 |
| 1.05 | 1.84 | 59.65 | 39.01 | 92.84 |

| 地 区 | 平均客房出租率(%) | 平均房价(元) | 房费收入比率(%) | 餐饮收入比率(%) |
|---|---|---|---|---|
| 河 南 | 49.42 | 532.98 | 46.18 | 39.38 |
| 湖 北 | 57.81 | 603.04 | 53.80 | 38.24 |
| 湖 南 | 48.19 | 510.69 | 32.41 | 40.93 |
| 广 东 | 61.16 | 643.07 | 43.23 | 40.36 |
| 广 西 | 45.81 | 519.38 | 44.64 | 38.49 |
| 海 南 | 52.05 | 867.17 | 63.03 | 29.43 |
| 重 庆 | 55.34 | 538.80 | 46.55 | 38.64 |
| 四 川 | 49.67 | 774.87 | 50.93 | 35.36 |
| 贵 州 | 55.34 | 829.74 | 53.59 | 41.50 |
| 云 南 | 55.35 | 465.01 | 59.58 | 20.05 |
| 陕 西 | 54.20 | 593.98 | 51.18 | 41.74 |
| 甘 肃 | 38.12 | 489.76 | 52.41 | 35.90 |
| 青 海 | 48.50 | 845.63 | 57.80 | 30.71 |
| 宁 夏 | 32.76 | 925.06 | 49.11 | 37.30 |
| 新 疆 | 43.69 | 520.42 | 37.72 | 45.04 |
| 西 藏 | — | — | — | — |

续表

| 商品收入比 率(%) | 娱乐收入比 率(%) | 餐 饮毛利率(%) | 商 品毛利率(%) | 娱 乐毛利率(%) |
| --- | --- | --- | --- | --- |
| 1.60 | 3.89 | 44.37 | 32.33 | 83.74 |
| 0.14 | 0.31 | 58.80 | 66.32 | 88.42 |
| 0.31 | 7.14 | 58.64 | 16.31 | 76.66 |
| 2.35 | 1.71 | 59.65 | 37.81 | 65.58 |
| 2.36 | 0.00 | 54.04 | 81.60 | — |
| 1.28 | 0.90 | 59.91 | 16.29 | 87.63 |
| 1.08 | 0.19 | 59.26 | 49.36 | 82.01 |
| 0.42 | 2.38 | 64.07 | 52.40 | 95.95 |
| 1.39 | 0.00 | 63.30 | 91.45 | — |
| 1.12 | 0.32 | 53.73 | 19.47 | 96.55 |
| 0.78 | 0.00 | 49.23 | 72.84 | — |
| 0.00 | 0.33 | 30.59 | — | 91.65 |
| 4.76 | 0.36 | 58.23 | 35.52 | 82.05 |
| 0.00 | 0.10 | 59.46 | — | — |
| 0.83 | 2.17 | 53.51 | 46.93 | 72.40 |
| — | — | — | — | — |

# 2013 年度全国旅游行业经济效益

| 地 区 | 平均客房出租率(%) | 平均房价(元) | 房费收入比 率(%) | 餐饮收入比 率(%) |
|---|---|---|---|---|
| 全 国 | 56.20 | 354.83 | 39.97 | 40.36 |
| 北 京 | 61.51 | 492.15 | 46.83 | 30.58 |
| 天 津 | 49.55 | 522.38 | 45.57 | 44.23 |
| 河 北 | 50.11 | 293.24 | 35.64 | 46.51 |
| 山 西 | 50.64 | 308.71 | 37.48 | 51.52 |
| 内蒙古 | 51.39 | 333.97 | 41.80 | 52.25 |
| 辽 宁 | 54.05 | 343.91 | 38.81 | 46.24 |
| 吉 林 | 45.70 | 351.95 | 36.45 | 49.89 |
| 黑龙江 | 53.48 | 363.87 | 42.68 | 36.28 |
| 上 海 | 62.00 | 497.87 | 44.94 | 31.91 |
| 江 苏 | 54.19 | 330.38 | 31.97 | 53.87 |
| 浙 江 | 57.15 | 375.36 | 23.44 | 34.86 |
| 安 徽 | 47.70 | 256.25 | 36.63 | 49.88 |
| 福 建 | 57.20 | 315.37 | 42.73 | 46.07 |
| 江 西 | 57.75 | 282.95 | 56.64 | 35.71 |
| 山 东 | 55.01 | 342.06 | 37.05 | 48.17 |

# 评价补充财务指标表（四星级饭店）



| 商品收入比率(%) | 娱乐收入比率(%) | 餐饮毛利率(%) | 商品毛利率(%) | 娱乐毛利率(%) |
|---|---|---|---|---|
| 7.40 | 1.50 | 49.47 | 21.58 | 70.08 |
| 1.28 | 1.19 | 56.25 | 38.03 | 78.87 |
| 4.39 | 2.31 | 46.21 | 16.14 | 72.13 |
| 2.27 | 1.19 | 46.89 | 51.54 | 72.83 |
| 0.85 | 0.46 | 46.19 | 38.23 | 24.07 |
| 0.18 | 0.69 | 51.30 | 47.06 | 59.82 |
| 1.14 | 0.18 | 51.45 | 37.98 | 89.28 |
| 0.22 | 0.34 | 52.29 | 48.76 | 80.06 |
| 10.43 | 2.95 | 51.92 | 33.75 | 61.90 |
| 1.23 | 0.34 | 56.09 | 28.64 | 94.44 |
| 4.15 | 2.04 | 49.71 | 11.95 | 74.25 |
| 34.74 | 1.02 | 47.47 | 18.13 | 77.49 |
| 3.89 | 0.52 | 45.80 | 46.55 | 82.34 |
| 0.62 | 4.61 | 43.40 | 55.77 | 56.08 |
| 0.48 | 0.47 | 42.61 | 54.30 | 76.52 |
| 2.88 | 0.63 | 44.25 | 36.47 | 79.65 |

| 地 区 | 平均客房出租率(%) | 平均房价(元) | 房费收入比 率(%) | 餐饮收入比 率(%) |
|---|---|---|---|---|
| 河 南 | 59.40 | 283.69 | 45.93 | 41.32 |
| 湖 北 | 56.04 | 315.21 | 48.17 | 39.41 |
| 湖 南 | 63.44 | 302.95 | 43.02 | 41.55 |
| 广 东 | 56.74 | 387.51 | 43.86 | 37.09 |
| 广 西 | 56.60 | 230.81 | 43.31 | 45.31 |
| 海 南 | 57.66 | 325.37 | 67.02 | 26.67 |
| 重 庆 | 61.65 | 324.51 | 47.26 | 39.79 |
| 四 川 | 54.98 | 396.86 | 51.20 | 37.48 |
| 贵 州 | 64.03 | 305.87 | 57.49 | 34.55 |
| 云 南 | 58.89 | 277.99 | 51.34 | 26.90 |
| 陕 西 | 53.53 | 326.16 | 45.57 | 45.92 |
| 甘 肃 | 50.92 | 276.68 | 47.48 | 42.73 |
| 青 海 | 41.61 | 382.88 | 46.85 | 40.11 |
| 宁 夏 | 52.99 | 287.77 | 44.40 | 48.80 |
| 新 疆 | 47.08 | 296.69 | 42.47 | 49.26 |
| 西 藏 | 48.71 | 376.19 | 48.78 | 36.58 |

续表

| 商品收入比率(%) | 娱乐收入比率(%) | 餐饮毛利率(%) | 商品毛利率(%) | 娱乐毛利率(%) |
|---|---|---|---|---|
| 1.97 | 0.59 | 47.45 | 58.97 | 63.30 |
| 0.99 | 2.65 | 50.90 | 38.91 | 79.68 |
| 2.86 | 3.81 | 49.67 | 69.74 | 74.13 |
| 1.13 | 2.94 | 56.09 | 48.43 | 56.71 |
| 1.47 | 4.02 | 50.05 | 31.16 | 65.39 |
| 0.50 | 0.72 | 53.94 | 70.99 | 82.85 |
| 2.49 | 1.33 | 47.88 | 46.52 | 65.83 |
| 1.01 | 1.75 | 51.90 | 52.67 | 80.33 |
| 1.72 | 0.40 | 49.66 | 40.01 | 57.69 |
| 2.77 | 3.32 | 43.12 | 13.69 | 50.73 |
| 1.78 | 0.45 | 50.70 | 20.55 | 75.76 |
| 5.51 | 0.50 | 44.74 | 58.26 | 78.26 |
| 0.06 | 0.05 | 51.61 | 22.07 | 36.23 |
| 1.77 | 0.03 | 42.38 | 43.62 | 98.88 |
| 0.67 | 0.57 | 49.20 | 34.64 | 69.68 |
| 0.00 | 0.00 | 63.00 | — | — |

# 2013 年度全国旅游行业经济效益

| 地　区 | 平均客房出租率(%) | 平均房价(元) | 房费收入比　率(%) | 餐饮收入比　率(%) |
|---|---|---|---|---|
| 全　国 | 56.05 | 213.68 | 41.53 | 44.07 |
| 北　京 | 59.29 | 356.85 | 47.46 | 31.32 |
| 天　津 | 55.09 | 373.22 | 37.02 | 53.57 |
| 河　北 | 44.01 | 196.89 | 36.50 | 52.56 |
| 山　西 | 58.12 | 246.34 | 42.53 | 44.74 |
| 内蒙古 | 49.87 | 202.50 | 36.54 | 46.28 |
| 辽　宁 | 55.21 | 203.77 | 39.84 | 46.32 |
| 吉　林 | 51.10 | 199.32 | 41.34 | 49.08 |
| 黑龙江 | 53.72 | 191.67 | 55.18 | 35.25 |
| 上　海 | 55.31 | 314.62 | 42.74 | 31.68 |
| 江　苏 | 54.48 | 209.36 | 31.41 | 56.35 |
| 浙　江 | 56.68 | 238.85 | 35.54 | 47.72 |
| 安　徽 | 54.93 | 160.59 | 34.18 | 55.31 |
| 福　建 | 52.58 | 213.28 | 40.08 | 43.57 |
| 江　西 | 57.05 | 190.35 | 52.12 | 42.36 |
| 山　东 | 53.68 | 207.37 | 36.03 | 54.98 |

# 评价补充财务指标表（三星级饭店）

| 商品收入比 率(%) | 娱乐收入比 率(%) | 餐 饮毛利率(%) | 商 品毛利率(%) | 娱 乐毛利率(%) |
|---|---|---|---|---|
| 2.96 | 1.15 | 42.09 | 31.28 | 66.63 |
| 1.84 | 1.35 | 47.03 | 28.52 | 88.34 |
| 1.47 | 0.55 | 29.60 | 48.22 | 62.97 |
| 1.26 | 0.53 | 39.41 | 38.57 | 73.53 |
| 3.68 | 0.13 | 38.05 | 23.56 | 64.68 |
| 7.39 | 0.24 | 41.52 | 54.81 | 66.69 |
| 1.22 | 1.27 | 45.97 | 36.81 | 57.51 |
| 2.20 | 0.00 | 42.07 | 36.48 | 55.18 |
| 0.43 | 1.09 | 49.16 | 22.97 | 30.96 |
| 3.56 | 0.62 | 46.10 | 34.67 | 80.15 |
| 1.78 | 0.44 | 44.10 | 27.08 | 62.74 |
| 5.42 | 1.50 | 41.12 | 22.48 | 64.82 |
| 3.88 | 0.38 | 42.14 | 23.93 | 75.39 |
| 0.88 | 3.80 | 43.07 | 32.40 | 57.19 |
| 0.91 | 0.07 | 36.26 | 26.20 | 72.56 |
| 3.38 | 0.39 | 39.00 | 43.54 | 81.28 |

| 地　区 | 平均客房出租率(%) | 平均房价(元) | 房费收入比　率(%) | 餐饮收入比　率(%) |
|---|---|---|---|---|
| 河　南 | 62.38 | 170.67 | 40.76 | 46.71 |
| 湖　北 | 56.80 | 175.06 | 42.26 | 47.98 |
| 湖　南 | 65.75 | 174.52 | 42.59 | 46.24 |
| 广　东 | 59.87 | 266.88 | 47.15 | 34.52 |
| 广　西 | 53.38 | 138.51 | 45.85 | 44.11 |
| 海　南 | 54.29 | 143.20 | 58.05 | 28.06 |
| 重　庆 | 55.66 | 204.21 | 37.53 | 32.05 |
| 四　川 | 58.17 | 219.60 | 42.99 | 40.18 |
| 贵　州 | 64.77 | 198.26 | 61.04 | 29.86 |
| 云　南 | 55.40 | 155.11 | 57.40 | 30.56 |
| 陕　西 | 54.86 | 190.75 | 42.34 | 48.52 |
| 甘　肃 | 51.85 | 150.35 | 43.02 | 45.95 |
| 青　海 | 48.50 | 190.61 | 58.00 | 31.29 |
| 宁　夏 | 45.05 | 212.10 | 34.41 | 50.69 |
| 新　疆 | 52.77 | 182.34 | 56.06 | 37.98 |
| 西　藏 | 11.07 | 337.83 | 42.17 | 27.40 |

续表

| 商品收入比　率(%) | 娱乐收入比　率(%) | 餐　饮毛利率(%) | 商　品毛利率(%) | 娱　乐毛利率(%) |
|---|---|---|---|---|
| 2.95 | 1.12 | 40.14 | 39.12 | 61.19 |
| 2.07 | 0.93 | 40.27 | 44.49 | 57.23 |
| 2.83 | 1.27 | 42.51 | 41.19 | 64.85 |
| 1.13 | 2.71 | 49.16 | 29.61 | 61.02 |
| 1.52 | 1.43 | 42.53 | 48.58 | 67.24 |
| 0.40 | 0.10 | 46.01 | 38.97 | 22.14 |
| 14.57 | 1.01 | 44.10 | 16.76 | 62.57 |
| 2.75 | 2.74 | 42.40 | 48.39 | 72.33 |
| 2.24 | 1.16 | 36.24 | 31.26 | 58.55 |
| 2.27 | 2.71 | 37.71 | 31.20 | 56.21 |
| 1.70 | 0.70 | 44.39 | 36.57 | 65.71 |
| 1.68 | 0.89 | 44.16 | 32.59 | 92.37 |
| 0.57 | 0.24 | 48.43 | 12.37 | 99.25 |
| 3.18 | 0.24 | 43.55 | 29.62 | 50.00 |
| 1.42 | 0.25 | 38.69 | 26.70 | 57.86 |
| 0.40 | 0.27 | 56.18 | 50.42 | 51.84 |

# 2013 年度全国旅游行业经济效益

| 地　区 | 平均客房出租率(%) | 平均房价(元) | 房费收入比　率(%) | 餐饮收入比　率(%) |
|---|---|---|---|---|
| 全　国 | 55.75 | 154.19 | 46.18 | 41.82 |
| 北　京 | 57.96 | 272.79 | 56.39 | 25.89 |
| 天　津 | 54.49 | 220.71 | 41.29 | 58.18 |
| 河　北 | 45.10 | 177.54 | 30.98 | 64.10 |
| 山　西 | 38.60 | 188.49 | 36.22 | 59.30 |
| 内蒙古 | 44.25 | 136.58 | 41.21 | 49.86 |
| 辽　宁 | 60.17 | 173.73 | 71.86 | 26.83 |
| 吉　林 | 51.37 | 154.67 | 53.97 | 35.76 |
| 黑龙江 | 38.37 | 122.34 | 58.26 | 22.31 |
| 上　海 | 64.88 | 228.08 | 63.71 | 20.74 |
| 江　苏 | 55.16 | 147.69 | 37.06 | 49.25 |
| 浙　江 | 53.43 | 170.44 | 45.88 | 37.70 |
| 安　徽 | 48.06 | 133.83 | 48.77 | 45.39 |
| 福　建 | 60.04 | 142.73 | 38.14 | 41.92 |
| 江　西 | 55.33 | 99.55 | 45.81 | 48.16 |
| 山　东 | 49.66 | 152.50 | 41.24 | 54.02 |

# 评价补充财务指标表（二星级饭店）

| 商品收入比率(%) | 娱乐收入比率(%) | 餐饮毛利率(%) | 商品毛利率(%) | 娱乐毛利率(%) |
|---|---|---|---|---|
| 2.81 | 1.15 | 37.42 | 25.40 | 53.65 |
| 5.15 | 0.65 | 44.32 | 15.29 | 99.95 |
| 0.29 | 0.00 | 43.21 | 42.27 | — |
| 0.25 | 0.02 | 36.51 | 19.26 | 6.87 |
| 1.29 | 0.00 | 35.67 | 38.51 | — |
| 0.87 | 0.01 | 35.24 | 45.54 | 36.65 |
| 0.21 | 0.00 | 38.44 | 46.96 | — |
| 0.06 | 0.00 | 44.85 | 26.40 | — |
| 1.22 | 0.00 | 46.44 | 23.50 | — |
| 2.57 | 0.04 | 47.88 | 11.85 | 48.89 |
| 2.77 | 0.36 | 30.74 | 25.03 | 36.20 |
| 6.35 | 0.55 | 37.11 | 19.50 | 32.04 |
| 0.97 | 0.00 | 42.71 | 13.58 | — |
| 7.47 | 2.54 | 49.63 | 29.09 | 62.47 |
| 0.26 | 0.53 | 41.87 | 27.86 | 24.33 |
| 3.16 | 0.00 | 35.14 | 38.75 | — |

| 地　区 | 平均客房出租率(%) | 平均房价(元) | 房费收入比　率(%) | 餐饮收入比　率(%) |
|---|---|---|---|---|
| 河　南 | 60.62 | 115.96 | 43.77 | 47.79 |
| 湖　北 | 55.08 | 133.01 | 43.50 | 48.26 |
| 湖　南 | 67.58 | 130.68 | 44.54 | 45.62 |
| 广　东 | 64.98 | 184.04 | 56.04 | 22.54 |
| 广　西 | 52.89 | 113.55 | 41.34 | 42.50 |
| 海　南 | 39.72 | 106.71 | 75.00 | 22.96 |
| 重　庆 | 48.07 | 136.32 | 43.64 | 46.40 |
| 四　川 | 60.88 | 144.65 | 40.57 | 47.18 |
| 贵　州 | 59.98 | 146.72 | 70.86 | 24.45 |
| 云　南 | 59.04 | 127.37 | 51.49 | 31.79 |
| 陕　西 | 58.37 | 146.05 | 34.56 | 52.24 |
| 甘　肃 | 48.50 | 143.11 | 44.31 | 47.39 |
| 青　海 | 39.01 | 126.37 | 89.95 | 8.62 |
| 宁　夏 | 50.95 | 102.19 | 86.28 | 0.00 |
| 新　疆 | 46.46 | 113.28 | 60.28 | 34.39 |
| 西　藏 | — | — | — | — |

续表

| 商品收入比 率(%) | 娱乐收入比 率(%) | 餐 饮毛利率(%) | 商 品毛利率(%) | 娱 乐毛利率(%) |
|---|---|---|---|---|
| 2.25 | 0.47 | 36.87 | 37.80 | — |
| 3.37 | 0.42 | 34.15 | 46.92 | 47.59 |
| 1.43 | 2.12 | 32.93 | 27.73 | 60.32 |
| 0.68 | 0.00 | 28.70 | 24.18 | — |
| 1.77 | 1.04 | 39.90 | 53.01 | 88.84 |
| 0.58 | 1.46 | 40.45 | — | 73.49 |
| 1.29 | 0.85 | 23.85 | 41.66 | 98.89 |
| 4.35 | 2.69 | 42.87 | 29.52 | 58.05 |
| 0.14 | 0.04 | 29.88 | 25.08 | 7.82 |
| 1.39 | 5.10 | 39.36 | 37.49 | 41.47 |
| 3.74 | 1.23 | 44.19 | 25.17 | 44.54 |
| 0.96 | 0.05 | 32.16 | 29.09 | 22.19 |
| 0.00 | 0.00 | — | — | — |
| 0.00 | 0.00 | — | — | — |
| 0.24 | 0.00 | 20.78 | 14.35 | — |
| — | — | — | — | — |

二星级饭店

# 2013 年度全国旅游行业经济效益

| 地　区 | 平均客房出租率(%) | 平均房价(元) | 房费收入比　率(%) | 餐饮收入比　率(%) |
|---|---|---|---|---|
| 全　国 | 60.06 | 122.36 | 39.37 | 51.88 |
| 北　京 | 78.27 | 221.49 | 93.04 | 0.00 |
| 天　津 | 38.01 | 128.28 | 13.78 | 82.46 |
| 河　北 | 49.41 | 104.00 | 28.02 | 70.05 |
| 山　西 | 79.90 | 109.43 | 27.70 | 32.94 |
| 内蒙古 | 26.29 | 172.98 | 18.60 | 81.40 |
| 辽　宁 | — | — | — | — |
| 吉　林 | — | — | — | — |
| 黑龙江 | 75.17 | 89.61 | 58.57 | 39.54 |
| 上　海 | 77.46 | 239.43 | 63.72 | 31.70 |
| 江　苏 | — | — | — | — |
| 浙　江 | 57.45 | 73.07 | 26.50 | 67.91 |
| 安　徽 | 61.56 | 70.02 | 37.09 | 0.00 |
| 福　建 | 40.66 | 117.71 | 11.41 | 53.40 |
| 江　西 | — | — | — | — |
| 山　东 | 50.69 | 161.16 | 35.36 | 64.64 |

# 评价补充财务指标表（一星级饭店）

| 商品收入比 率(%) | 娱乐收入比 率(%) | 餐 饮毛利率(%) | 商 品毛利率(%) | 娱 乐毛利率(%) |
|---|---|---|---|---|
| 3.67 | 0.05 | 34.80 | 36.19 | 77.59 |
| 0.00 | 0.00 | — | — | — |
| 0.00 | 0.00 | 51.74 | — | — |
| 1.93 | 0.00 | 28.67 | 35.61 | — |
| 0.00 | 0.00 | 54.59 | — | — |
| 0.00 | 0.00 | 44.07 | — | — |
| — | — | — | — | — |
| — | — | — | — | — |
| 0.00 | 0.00 | 46.29 | — | — |
| 0.82 | 0.00 | 40.28 | 10.80 | — |
| — | — | — | — | — |
| 0.37 | 0.00 | 38.89 | 26.27 | — |
| 5.21 | 0.00 |  | 13.48 | — |
| 35.02 | 0.15 | 40.34 | 37.53 | 33.04 |
| — | — | — | — | — |
| 0.00 | 0.00 | 18.07 | — | — |

一星级饭店

| 地　区 | 平均客房出租率（%） | 平均房价（元） | 房费收入比　率（%） | 餐饮收入比　率（%） |
|---|---|---|---|---|
| 河　南 | — | — | — | — |
| 湖　北 | — | — | — | — |
| 湖　南 | 74.19 | 114.25 | 71.37 | 20.53 |
| 广　东 | — | — | — | — |
| 广　西 | — | — | — | — |
| 海　南 | 61.35 | 55.92 | 10.07 | 82.70 |
| 重　庆 | 55.10 | 88.42 | 54.07 | 39.19 |
| 四　川 | 65.68 | 160.26 | 76.54 | 18.39 |
| 贵　州 | 75.00 | 111.00 | 85.53 | 0.00 |
| 云　南 | 65.53 | 68.69 | 33.36 | 58.30 |
| 陕　西 | — | — | — | — |
| 甘　肃 | 58.46 | 93.17 | 99.62 | 0.30 |
| 青　海 | 98.58 | 154.99 | 64.76 | 35.24 |
| 宁　夏 | — | — | — | — |
| 新　疆 | 25.63 | 97.17 | 32.18 | 50.68 |
| 西　藏 | — | — | — | — |

续表

| 商品收入比率(%) | 娱乐收入比率(%) | 餐饮毛利率(%) | 商品毛利率(%) | 娱乐毛利率(%) |
|---|---|---|---|---|
| — | — | — | — | — |
| — | — | — | — | — |
| 3.34 | 0.00 | 38.75 | 28.46 | — |
| — | — | — | — | — |
| — | — | — | — | — |
| 6.47 | 0.00 | 8.02 | — | — |
| 0.00 | 0.00 | 31.05 | — | — |
| 2.99 | 0.00 | 52.41 | 46.60 | — |
| 0.00 | 0.00 | — | — | — |
| 0.00 | 0.00 | 48.53 | — | — |
| — | — | — | — | — |
| 0.00 | 0.00 | 6.99 | — | — |
| 0.00 | 0.00 | 93.64 | — | — |
| — | — | — | — | — |
| 0.81 | 1.31 | 62.80 | 31.56 | 84.88 |
| — | — | — | — | — |

# 2013年度全国旅游行业经济效益

| 地　区 | 平均客房出租率(%) | 平均房价(元) | 房费收入比　率(%) | 餐饮收入比　率(%) |
|---|---|---|---|---|
| 全　国 | 53.84 | 339.36 | 52.50 | 38.55 |
| 北　京 | 72.51 | 241.24 | 73.69 | 4.91 |
| 天　津 | 69.07 | 435.53 | 36.39 | 63.61 |
| 河　北 | 56.95 | 299.27 | 39.83 | 51.08 |
| 山　西 | 51.43 | 113.70 | 41.03 | 51.86 |
| 内蒙古 | 28.28 | 87.51 | 25.57 | 36.49 |
| 辽　宁 | 66.22 | 216.97 | 65.32 | 31.86 |
| 吉　林 | 68.71 | 235.75 | 45.76 | 21.64 |
| 黑龙江 | 62.66 | 221.74 | 50.17 | 41.80 |
| 上　海 | 60.52 | 334.62 | 63.10 | 28.60 |
| 江　苏 | 54.19 | 383.17 | 46.97 | 45.41 |
| 浙　江 | 53.16 | 359.65 | 44.03 | 49.63 |
| 安　徽 | 28.91 | 229.80 | 36.47 | 58.20 |
| 福　建 | 52.95 | 310.68 | 50.77 | 38.96 |
| 江　西 | — | — | — | — |
| 山　东 | 32.95 | 331.06 | 34.77 | 59.56 |

# 评价补充财务指标表（未评星级饭店）

| 商品收入比 率(%) | 娱乐收入比 率(%) | 餐 饮毛利率(%) | 商 品毛利率(%) | 娱 乐毛利率(%) |
|---|---|---|---|---|
| 0.50 | 0.53 | 53.84 | 40.37 | 72.19 |
| 0.11 | 0.00 | — | 6.35 | — |
| 0.00 | 0.00 | 59.73 | — | — |
| 4.44 | 0.15 | 51.40 | 39.80 | 99.14 |
| 0.00 | 0.00 | 15.83 | — | — |
| 3.78 | 0.27 | 51.23 | 23.91 | 96.68 |
| 0.60 | 0.00 | — | 37.23 | — |
| 0.03 | 0.00 | 47.29 | 9.61 | — |
| 2.70 | 0.26 | 52.93 | — | 46.92 |
| 0.28 | 0.13 | 59.64 | 30.17 | 75.19 |
| 0.49 | 0.57 | 55.65 | 33.12 | 88.36 |
| 0.25 | 0.44 | 49.24 | 45.86 | 79.96 |
| 0.42 | 0.00 | 52.04 | 34.96 | — |
| 0.34 | 0.62 | 48.79 | 35.90 | 61.36 |
| — | — | — | — | — |
| 1.94 | 2.32 | 32.45 | 38.32 | 79.27 |

| 地　区 | 平均客房出租率(%) | 平均房价(元) | 房费收入比　率(%) | 餐饮收入比　率(%) |
|---|---|---|---|---|
| 河　南 | 54.87 | 211.40 | 33.86 | 32.41 |
| 湖　北 | 43.47 | 322.37 | 48.54 | 42.52 |
| 湖　南 | 48.35 | 235.31 | 46.75 | 39.90 |
| 广　东 | 53.35 | 321.08 | 43.01 | 44.12 |
| 广　西 | 39.63 | 185.97 | 41.03 | 29.24 |
| 海　南 | 51.87 | 463.80 | 62.16 | 30.20 |
| 重　庆 | 39.78 | 387.36 | 46.91 | 46.74 |
| 四　川 | 45.07 | 339.46 | 56.89 | 35.54 |
| 贵　州 | 53.23 | 335.51 | 58.86 | 36.27 |
| 云　南 | 40.79 | 156.80 | 58.42 | 29.00 |
| 陕　西 | 54.07 | 168.97 | 20.93 | 76.74 |
| 甘　肃 | 47.94 | 252.69 | 63.36 | 36.19 |
| 青　海 | 43.13 | 88.57 | 62.34 | 35.58 |
| 宁　夏 | — | — | — | — |
| 新　疆 | 39.12 | 149.50 | 30.96 | 65.65 |
| 西　藏 | 37.12 | 103.95 | 75.17 | 21.24 |

续表

| 商品收入比　率(%) | 娱乐收入比　率(%) | 餐　饮毛利率(%) | 商　品毛利率(%) | 娱　乐毛利率(%) |
|---|---|---|---|---|
| 2.75 | 0.27 | 55.23 | 43.88 | — |
| 0.73 | 0.56 | 47.18 | 38.99 | 46.71 |
| 0.98 | 1.97 | 43.12 | 43.86 | 11.68 |
| 0.43 | 0.94 | 58.66 | 28.62 | 55.54 |
| 0.24 | 12.29 | 53.73 | 66.85 | 81.62 |
| 0.29 | 0.60 | 49.68 | 77.67 | 89.48 |
| 0.12 | 0.19 | 59.44 | 32.17 | 49.71 |
| 1.32 | 0.12 | 51.69 | 59.93 | 82.08 |
| 0.21 | 0.13 | 54.25 | 28.26 | 60.00 |
| 0.55 | 0.58 | 25.18 | 34.57 | 23.68 |
| 0.00 | 0.00 | 73.70 | — | — |
| 0.00 | 0.00 | 11.73 | — | — |
| 0.00 | 0.00 | 40.34 | — | — |
| — | — | — | — | — |
| 0.51 | 2.26 | 48.02 | — | 48.29 |
| 2.77 | 0.00 | — | 47.77 | — |

# 2013 年度全国旅游行业经济效益

| 地　区 | 景区门票收入比率(%) | 景区餐饮收入比率(%) | 景区商品收入比率(%) | 景区娱乐收入比率(%) |
|---|---|---|---|---|
| 全　国 | 45.88 | 10.51 | 11.54 | 2.73 |
| 北　京 | 63.70 | 6.41 | 1.23 | 4.28 |
| 天　津 | 28.04 | 1.95 | 23.88 | 13.87 |
| 河　北 | 19.25 | 5.23 | 33.02 | 1.05 |
| 山　西 | 54.53 | 4.70 | 2.82 | 0.00 |
| 内蒙古 | 28.98 | 15.56 | 6.05 | 4.39 |
| 辽　宁 | 78.34 | 4.61 | 3.06 | 2.97 |
| 吉　林 | 32.31 | 31.15 | 11.14 | 2.69 |
| 黑龙江 | 55.31 | 11.14 | 0.64 | 20.16 |
| 上　海 | 49.58 | 11.91 | 5.34 | 0.67 |
| 江　苏 | 48.42 | 10.20 | 8.92 | 1.35 |
| 浙　江 | 47.61 | 8.19 | 5.53 | 1.08 |
| 安　徽 | 63.33 | 13.44 | 5.12 | 0.14 |
| 福　建 | 34.40 | 6.29 | 16.28 | 0.91 |
| 江　西 | 35.05 | 2.98 | 0.97 | 0.78 |
| 山　东 | 46.96 | 7.53 | 7.91 | 2.25 |

# 评价补充财务指标表（全部旅游景区）

| 其他旅游收入比率(%) | 景区餐饮收入毛利率(%) | 景区商品收入毛利率(%) | 景区娱乐收入毛利率(%) | 平均门票价格(元) |
|---|---|---|---|---|
| 29.34 | 38.86 | 37.86 | 43.39 | 35.27 |
| 24.38 | 56.58 | 51.83 | 89.87 | 29.15 |
| 32.26 | 26.67 | 25.13 | 33.69 | 30.40 |
| 41.44 | 35.77 | 43.15 | 46.65 | 12.93 |
| 37.95 | 38.08 | 67.96 | — | 21.84 |
| 45.01 | 42.49 | 22.37 | 62.94 | 24.22 |
| 11.02 | 29.29 | 35.00 | 49.13 | 14.48 |
| 22.71 | 37.53 | 58.11 | 54.05 | 30.21 |
| 12.75 | 33.58 | 29.71 | 31.07 | 25.78 |
| 32.51 | 42.12 | 44.42 | 66.43 | 55.02 |
| 31.11 | 40.38 | 32.53 | 65.92 | 35.46 |
| 37.59 | 29.69 | 42.38 | 63.23 | 33.41 |
| 17.97 | 45.75 | 20.22 | 44.13 | 27.58 |
| 42.11 | 50.91 | 35.69 | 48.59 | 32.15 |
| 60.21 | 47.70 | 55.62 | 38.59 | 37.14 |
| 35.35 | 35.53 | 29.10 | 47.82 | 35.10 |

| 地区 | 景区门票收入比率(%) | 景区餐饮收入比率(%) | 景区商品收入比率(%) | 景区娱乐收入比率(%) |
|---|---|---|---|---|
| 河南 | 62.88 | 4.59 | 9.52 | 2.30 |
| 湖北 | 72.49 | 8.33 | 2.43 | 1.58 |
| 湖南 | 36.99 | 11.33 | 18.48 | 12.65 |
| 广东 | 56.51 | 11.42 | 4.92 | 1.12 |
| 广西 | 64.57 | 6.87 | 3.31 | 0.55 |
| 海南 | 59.73 | 6.95 | 5.32 | 0.00 |
| 重庆 | 41.48 | 12.59 | 16.51 | 3.33 |
| 四川 | 34.68 | 24.48 | 11.13 | 6.36 |
| 贵州 | 59.32 | 11.73 | 5.03 | 4.66 |
| 云南 | 28.29 | 3.97 | 45.19 | 0.05 |
| 陕西 | 38.50 | 19.67 | 7.79 | 6.01 |
| 甘肃 | 15.87 | 1.86 | 41.59 | 0.43 |
| 青海 | 45.39 | 25.42 | 0.47 | 0.00 |
| 宁夏 | 50.71 | 2.38 | 0.80 | 3.93 |
| 新疆 | 8.95 | 61.96 | 10.50 | 0.46 |
| 西藏 | — | — | — | — |

续表

| 其他旅游收入比率(%) | 景区餐饮收入毛利率(%) | 景区商品收入毛利率(%) | 景区娱乐收入毛利率(%) | 平均门票价格(元) |
|---|---|---|---|---|
| 20.70 | 29.39 | 38.93 | 65.86 | 37.56 |
| 15.16 | 58.96 | 66.03 | 79.55 | 61.26 |
| 20.56 | 19.42 | 29.29 | 17.53 | 67.98 |
| 26.03 | 55.96 | 50.32 | 66.07 | 63.10 |
| 24.70 | 40.62 | 38.05 | 35.79 | 34.95 |
| 28.00 | 50.66 | 47.45 | — | 29.45 |
| 26.08 | 28.01 | 31.95 | 41.25 | 30.58 |
| 23.34 | 37.07 | 47.78 | 62.72 | 48.05 |
| 19.25 | 51.15 | 52.81 | 37.23 | 38.76 |
| 22.50 | 41.49 | 40.22 | 68.29 | 25.01 |
| 28.04 | 47.16 | 48.97 | 49.66 | 22.64 |
| 40.25 | 41.00 | 8.45 | 36.23 | 14.15 |
| 28.72 | 63.01 | — | — | 13.30 |
| 42.18 | 23.03 | 69.39 | 56.98 | 38.94 |
| 18.13 | 26.44 | 90.89 | 39.63 | 16.64 |
| — | — | — | — | — |

# 2013年度全国旅游行业经济效益

| 地　区 | 景区门票收入比率(%) | 景区餐饮收入比率(%) | 景区商品收入比率(%) | 景区娱乐收入比率(%) |
|---|---|---|---|---|
| 全　国 | 47.43 | 14.71 | 6.54 | 2.55 |
| 北　京 | 46.33 | 7.61 | 0.12 | 10.37 |
| 天　津 | 99.81 | 0.00 | 0.00 | 0.00 |
| 河　北 | 24.36 | 4.97 | 2.03 | 2.27 |
| 山　西 | 59.39 | 8.13 | 6.91 | 0.00 |
| 内蒙古 | 29.25 | 17.43 | 6.41 | 2.92 |
| 辽　宁 | 58.41 | 9.38 | 5.58 | 6.07 |
| 吉　林 | 41.34 | 12.91 | 13.31 | 3.50 |
| 黑龙江 | 55.97 | 8.98 | 0.71 | 21.56 |
| 上　海 | 14.59 | 22.75 | 2.38 | 1.59 |
| 江　苏 | 41.31 | 19.27 | 15.34 | 1.34 |
| 浙　江 | 53.71 | 10.02 | 3.61 | 0.42 |
| 安　徽 | 59.58 | 16.99 | 2.06 | 0.20 |
| 福　建 | 58.66 | 12.16 | 5.93 | 1.14 |
| 江　西 | 83.21 | 4.18 | 2.71 | 0.00 |
| 山　东 | 42.02 | 18.43 | 9.01 | 4.55 |

# 评价补充财务指标表（自然类旅游景区）

| 其他旅游收入比率(%) | 景区餐饮收入毛利率(%) | 景区商品收入毛利率(%) | 景区娱乐收入毛利率(%) | 平均门票价　格(元) |
|---|---|---|---|---|
| 28.77 | 35.54 | 35.13 | 53.23 | 29.94 |
| 35.57 | 53.89 | 58.87 | 94.35 | 14.15 |
| 0.19 | — | — | — | 28.24 |
| 66.36 | 31.39 | 39.11 | 46.64 | 8.25 |
| 25.56 | 22.24 | 69.72 | — | 17.20 |
| 44.00 | 40.78 | 8.77 | 48.11 | 21.22 |
| 20.57 | 29.31 | 28.12 | 49.13 | 11.50 |
| 28.95 | 31.67 | 61.69 | 54.05 | 30.21 |
| 12.79 | 17.58 | 29.34 | 27.67 | 25.58 |
| 58.69 | 38.37 | 27.20 | 38.81 | 9.37 |
| 22.75 | 38.77 | 24.53 | 45.29 | 28.49 |
| 32.25 | 31.13 | 43.54 | 46.83 | 31.45 |
| 21.17 | 53.62 | 16.76 | 39.39 | 63.58 |
| 22.12 | 55.62 | 73.47 | 66.89 | 30.41 |
| 9.90 | 22.64 | 55.34 | — | 39.23 |
| 25.99 | 35.88 | 31.95 | 49.93 | 22.92 |

| 地　区 | 景区门票收入比率(%) | 景区餐饮收入比率(%) | 景区商品收入比率(%) | 景区娱乐收入比率(%) |
|---|---|---|---|---|
| 河　南 | 65.58 | 5.36 | 0.71 | 1.73 |
| 湖　北 | 67.36 | 9.14 | 2.29 | 2.29 |
| 湖　南 | 52.32 | 10.70 | 1.63 | 1.08 |
| 广　东 | 39.96 | 13.88 | 5.25 | 1.85 |
| 广　西 | 58.01 | 7.48 | 4.00 | 0.50 |
| 海　南 | 64.43 | 4.87 | 3.87 | 0.00 |
| 重　庆 | 60.03 | 5.32 | 13.57 | 4.06 |
| 四　川 | 25.31 | 31.53 | 11.50 | 8.89 |
| 贵　州 | 60.59 | 11.69 | 5.37 | 4.02 |
| 云　南 | 63.18 | 7.16 | 2.52 | 0.10 |
| 陕　西 | 51.33 | 20.71 | 1.65 | 5.50 |
| 甘　肃 | 21.27 | 2.09 | 62.99 | 0.66 |
| 青　海 | 40.27 | 25.59 | 0.00 | 0.00 |
| 宁　夏 | 32.86 | 5.31 | 2.08 | 10.79 |
| 新　疆 | 8.11 | 68.94 | 11.32 | 0.54 |
| 西　藏 | — | — | — | — |

续表

| 其他旅游收入比率(%) | 景区餐饮收入毛利率(%) | 景区商品收入毛利率(%) | 景区娱乐收入毛利率(%) | 平均门票价格(元) |
|---|---|---|---|---|
| 26.62 | 27.98 | 55.14 | 41.19 | 36.67 |
| 18.92 | 53.94 | 69.44 | 79.27 | 55.77 |
| 34.27 | 28.92 | 9.97 | 41.00 | 63.98 |
| 39.06 | 40.90 | 39.59 | 75.03 | 38.28 |
| 30.01 | 38.68 | 38.05 | 35.87 | 34.99 |
| 26.83 | 41.93 | 53.14 | — | 28.16 |
| 17.03 | 36.45 | 33.95 | 31.12 | 23.97 |
| 22.77 | 32.05 | 40.28 | 62.41 | 38.71 |
| 18.33 | 54.82 | 55.06 | 29.06 | 37.69 |
| 27.04 | 34.48 | 51.02 | 74.76 | 26.66 |
| 20.81 | 29.90 | 36.79 | 40.79 | 28.08 |
| 12.99 | 38.15 | 8.33 | 36.23 | 18.72 |
| 34.14 | 30.01 | — | — | 5.29 |
| 48.96 | 19.28 | 71.92 | 57.00 | 23.16 |
| 11.09 | 23.42 | 95.67 | 39.27 | 20.02 |
| — | — | — | — | — |

# 2013 年度全国旅游行业经济效益

| 地　区 | 景区门票收入比率(%) | 景区餐饮收入比率(%) | 景区商品收入比率(%) | 景区娱乐收入比率(%) |
|---|---|---|---|---|
| 全　国 | 38.52 | 6.55 | 19.92 | 1.85 |
| 北　京 | 87.10 | 2.74 | 1.81 | 4.79 |
| 天　津 | 95.31 | 0.00 | 4.69 | 0.00 |
| 河　北 | 10.34 | 19.85 | 10.48 | 0.86 |
| 山　西 | 98.87 | 0.13 | 0.04 | 0.00 |
| 内蒙古 | 26.83 | 1.56 | 2.02 | 0.05 |
| 辽　宁 | 86.23 | 0.00 | 0.00 | 0.00 |
| 吉　林 | 54.10 | 0.00 | 0.00 | 0.00 |
| 黑龙江 | 0.00 | 42.86 | 0.00 | 0.00 |
| 上　海 | 31.02 | 0.31 | 0.07 | 0.00 |
| 江　苏 | 45.60 | 0.36 | 9.64 | 0.15 |
| 浙　江 | 48.72 | 4.69 | 33.16 | 0.14 |
| 安　徽 | 76.84 | 1.23 | 9.86 | 0.00 |
| 福　建 | 8.43 | 0.24 | 0.12 | 0.03 |
| 江　西 | 54.64 | 3.93 | 3.98 | 2.36 |
| 山　东 | 33.83 | 6.93 | 24.02 | 1.51 |

# 评价补充财务指标表（文物类旅游景区）

| 其他旅游收入比率(%) | 景区餐饮收入毛利率(%) | 景区商品收入毛利率(%) | 景区娱乐收入毛利率(%) | 平均门票价格(元) |
|---|---|---|---|---|
| 33.16 | 41.15 | 35.18 | 57.98 | 26.45 |
| 3.55 | 57.82 | 46.94 | 82.28 | 32.38 |
| 0.00 | — | 18.70 | — | 42.22 |
| 58.47 | 43.94 | 20.55 | 39.00 | 10.51 |
| 0.96 | — | — | — | 33.06 |
| 69.54 | 26.19 | 38.27 | — | 83.34 |
| 13.77 | — | — | — | 14.23 |
| 45.90 | — | — | — | 30.00 |
| 57.14 | 8.33 | — | — | — |
| 68.60 | 65.05 | 30.52 | — | 12.95 |
| 44.26 | 43.85 | 48.21 | 50.23 | 21.13 |
| 13.28 | 55.70 | 49.21 | 94.74 | 22.69 |
| 12.08 | 57.51 | 77.57 | — | 44.16 |
| 91.18 | 37.12 | 12.54 | 12.31 | 33.58 |
| 35.08 | 21.54 | 50.00 | 16.67 | 22.40 |
| 33.71 | 25.71 | 19.39 | 61.11 | 36.66 |

| 地　区 | 景区门票收入比率(%) | 景区餐饮收入比率(%) | 景区商品收入比率(%) | 景区娱乐收入比率(%) |
|---|---|---|---|---|
| 河　南 | 36.03 | 0.21 | 56.45 | 0.00 |
| 湖　北 | 85.48 | 3.07 | 1.96 | 0.30 |
| 湖　南 | 6.00 | 2.55 | 83.85 | 0.25 |
| 广　东 | 40.86 | 8.61 | 0.41 | 3.19 |
| 广　西 | 90.94 | 0.00 | 0.00 | 0.00 |
| 海　南 | 64.17 | 9.72 | 6.08 | 0.00 |
| 重　庆 | 0.93 | 75.76 | 0.02 | 14.69 |
| 四　川 | 39.61 | 5.43 | 22.71 | 1.02 |
| 贵　州 | — | — | — | — |
| 云　南 | 77.75 | 3.89 | 1.18 | 0.08 |
| 陕　西 | 27.17 | 17.50 | 13.24 | 6.86 |
| 甘　肃 | 72.39 | 20.17 | 6.28 | 0.00 |
| 青　海 | 96.69 | 0.00 | 3.31 | 0.00 |
| 宁　夏 | 78.26 | 0.91 | 0.11 | 0.00 |
| 新　疆 | 45.58 | 25.94 | 1.14 | 0.30 |
| 西　藏 | — | — | — | — |

续表

| 其他旅游收入比率(%) | 景区餐饮收入毛利率(%) | 景区商品收入毛利率(%) | 景区娱乐收入毛利率(%) | 平均门票价格(元) |
|---|---|---|---|---|
| 7.31 | — | 38.39 | — | 24.46 |
| 9.20 | 55.52 | 80.22 | 77.31 | 43.98 |
| 7.35 | 21.40 | 28.88 | 60.08 | 16.89 |
| 46.93 | 52.35 | 71.40 | 29.70 | 13.86 |
| 9.06 | — | — | — | 31.15 |
| 20.03 | 12.70 | 43.69 | — | 7.52 |
| 8.59 | 16.82 | 19.99 | 50.21 | 9.97 |
| 31.23 | 60.71 | 82.70 | 4.51 | 23.93 |
| — | — | — | — | — |
| 17.09 | 71.76 | — | — | 20.20 |
| 35.23 | 65.85 | 50.28 | 54.48 | 16.30 |
| 1.16 | 50.00 | 53.87 | — | 21.36 |
| 0.00 | — | — | — | 64.44 |
| 20.72 | 25.11 | 26.80 | — | 42.38 |
| 27.04 | 68.46 | 41.79 | 69.04 | 27.22 |
| — | — | — | — | — |

# 2013 年度全国旅游行业经济效益

| 地　区 | 景区门票收入比率(%) | 景区餐饮收入比率(%) | 景区商品收入比率(%) | 景区娱乐收入比率(%) |
|---|---|---|---|---|
| 全　国 | 46.08 | 7.04 | 14.75 | 3.14 |
| 北　京 | 58.68 | 7.92 | 1.44 | 1.10 |
| 天　津 | 22.20 | 2.11 | 25.73 | 15.03 |
| 河　北 | 16.30 | 3.14 | 63.10 | 0.03 |
| 山　西 | 3.55 | 4.84 | 0.30 | 0.00 |
| 内蒙古 | 30.15 | 21.97 | 9.40 | 22.85 |
| 辽　宁 | 98.45 | 0.01 | 0.68 | 0.00 |
| 吉　林 | 0.00 | 95.84 | 4.16 | 0.00 |
| 黑龙江 | 52.20 | 26.22 | 0.19 | 10.42 |
| 上　海 | 57.84 | 9.54 | 6.08 | 0.46 |
| 江　苏 | 55.25 | 4.72 | 3.20 | 1.64 |
| 浙　江 | 39.52 | 6.39 | 3.53 | 2.09 |
| 安　徽 | 65.81 | 10.97 | 8.67 | 0.09 |
| 福　建 | 25.09 | 3.74 | 56.51 | 1.68 |
| 江　西 | 19.18 | 2.57 | 0.32 | 0.97 |
| 山　东 | 52.13 | 2.98 | 3.70 | 1.43 |

# 评价补充财务指标表（主题类旅游景区）

| 其他旅游收入比率(%) | 景区餐饮收入毛利率(%) | 景区商品收入毛利率(%) | 景区娱乐收入毛利率(%) | 平均门票价　格(元) |
|---|---|---|---|---|
| 28.99 | 44.83 | 40.02 | 33.30 | 47.74 |
| 30.87 | 57.41 | 55.03 | 88.56 | 42.42 |
| 34.93 | 26.67 | 25.17 | 33.69 | 29.97 |
| 17.43 | 32.40 | 43.85 | 86.77 | 51.59 |
| 91.31 | 70.79 | 15.65 | — | 4.66 |
| 15.62 | 54.12 | 91.09 | 74.50 | 28.10 |
| 0.86 | 22.49 | 93.64 | — | 17.27 |
| 0.00 | 40.00 | 19.09 | — | — |
| 10.97 | 74.14 | 40.00 | 83.67 | 27.44 |
| 26.08 | 44.23 | 45.97 | 87.35 | 78.93 |
| 35.20 | 45.95 | 56.33 | 80.97 | 50.07 |
| 48.48 | 23.45 | 30.45 | 67.15 | 42.00 |
| 14.47 | 26.76 | 21.70 | 61.07 | 14.62 |
| 12.98 | 24.94 | 29.63 | 27.86 | 41.39 |
| 76.95 | 61.74 | 57.77 | 40.38 | 36.77 |
| 39.75 | 40.27 | 42.78 | 42.19 | 41.82 |

| 地　区 | 景区门票收入比率(%) | 景区餐饮收入比率(%) | 景区商品收入比率(%) | 景区娱乐收入比率(%) |
|---|---|---|---|---|
| 河　南 | 78.08 | 5.34 | 4.18 | 7.81 |
| 湖　北 | 82.89 | 7.13 | 2.82 | 0.06 |
| 湖　南 | 31.52 | 16.20 | 10.04 | 33.27 |
| 广　东 | 69.67 | 9.69 | 4.87 | 0.48 |
| 广　西 | 92.52 | 5.72 | 0.58 | 0.98 |
| 海　南 | 50.11 | 11.12 | 8.26 | 0.00 |
| 重　庆 | 32.88 | 5.88 | 22.77 | 0.24 |
| 四　川 | 60.04 | 10.52 | 6.24 | 0.85 |
| 贵　州 | 52.03 | 11.99 | 3.09 | 8.31 |
| 云　南 | 8.81 | 2.28 | 68.65 | 0.03 |
| 陕　西 | 45.65 | 33.56 | 3.99 | 1.39 |
| 甘　肃 | 2.04 | 0.45 | 0.00 | 0.00 |
| 青　海 | 36.31 | 30.32 | 0.00 | 0.00 |
| 宁　夏 | 42.68 | 0.49 | 0.02 | 0.04 |
| 新　疆 | 9.26 | 24.60 | 6.79 | 0.00 |
| 西　藏 | — | — | — | — |

续表

| 其他旅游收入比率(%) | 景区餐饮收入毛利率(%) | 景区商品收入毛利率(%) | 景区娱乐收入毛利率(%) | 平均门票价格(元) |
|---|---|---|---|---|
| 4.59 | 39.46 | 44.27 | 99.57 | 60.02 |
| 7.09 | 72.77 | 59.65 | 92.84 | 80.79 |
| 8.97 | 12.13 | 34.91 | 16.40 | 113.10 |
| 15.29 | 68.84 | 58.95 | 50.33 | 100.23 |
| 0.20 | 54.22 | 38.14 | 35.58 | 36.19 |
| 30.51 | 59.15 | 43.40 | — | 36.31 |
| 38.23 | 57.89 | 30.82 | 83.23 | 58.88 |
| 22.36 | 50.18 | 45.39 | 95.50 | 98.90 |
| 24.57 | 36.23 | 18.89 | 60.00 | 47.78 |
| 20.23 | 51.72 | 40.06 | 57.78 | 21.09 |
| 15.41 | 26.17 | 19.93 | 38.03 | 49.17 |
| 97.52 | — | — | — | 2.09 |
| 33.37 | 67.67 | — | — | 11.79 |
| 56.78 | 65.27 | 10.00 | 50.00 | 71.60 |
| 59.35 | 71.42 | 44.29 | — | 7.78 |
| — | — | — | — | — |

**责任编辑**：王建华　王　军
**责任印制**：冯冬青

**图书在版编目（CIP）数据**

2014中国旅游财务信息年鉴 / 中华人民共和国国家旅游局编. -- 北京：中国旅游出版社 2014.11
ISBN 978-7-5032-5095-8

Ⅰ.①2…　Ⅱ.①中…　Ⅲ.①旅游业 - 财务信息 - 中国 - 2014 - 年鉴　Ⅳ.F592.6-54

中国版本图书馆CIP数据核字（2014）第256618号

**书　　名**：2014中国旅游财务信息年鉴

**编　　者**：中华人民共和国国家旅游局
**出版发行**：中国旅游出版社
（北京建国门内大街甲9号　邮编：100005）
http://www.cttp.net.cn　E-mail:cttp@cnta.gov.cn
发行部电话：010-85166503
**排　　版**：北京中文天地文化艺术有限公司
**经　　销**：全国各地新华书店
**印　　刷**：北京金吉士印刷有限责任公司
**版　　次**：2014年11月第1版　2014年11月第1次印刷
**开　　本**：787毫米×1092毫米　1/16
**印　　张**：17
**字　　数**：220千
**定　　价**：68.00元
**ISBN**　978-7-5032-5095-8